21世纪高职高专规划教材

酒店管理系列

# 酒店人力资源管理实务（第2版）

主　编　**魏洁文　姜国华**

HOTEL HUMAN RESOURCES MANAGEMENT PRACTICE

中国人民大学出版社

·北京·

# 前言

PREFACE

《酒店人力资源管理实务》自 2015 年第 1 版出版以来，受到教材使用者的认可与好评，让我们感到欣慰并受到鼓励。面对不断发展变化的经济社会环境和酒店行业，为了更好地反映酒店人力资源管理的现状与创新实践，我们对本书进行修订，通过结构与内容上的调整和补充，强调理论与实践相结合，使知识体系更加完善，更具有应用价值。同时，以党的二十大精神为引领，全面贯彻党的教育方针，落实立德树人根本任务，推进习近平新时代中国特色社会主义思想进教材、进课堂、进头脑，力求成为培根铸魂、启智增慧、适应时代要求的精品教材。

作为酒店经营管理者或未来的从业者，必须认识到，在社会不断发展变化的新形势下，人力资源管理始终是一项重要课题，许许多多的现象与问题需要我们给予更多的关注：行业对于员工安全的保护、人力资源管理新技术的应用、数字化时代、智能科技对传统人力资源的影响……与时俱进才能持久发展。了解现实，善于分析思考问题，探索解决路径，不仅是非常有意义的学习过程，也是自身职业能力与素养提升的过程。因此，在本书修订过程中，编写人员在进一步充实原有理论框架的基础上，根据当前酒店行业关注的焦点课题增加了相关的章节与内容，如职业生涯规划与管理；根据“数字原住民”Z 世代的学习特点和高职课堂的特点，将延伸阅读做成二维码知识库；同时面向酒店企业收集了一批实践创新案例及实训课题。

《酒店人力资源管理实务》作为高职高专院校旅游专业与酒店管理专业的教材，同时也是一本适用于酒店员工培训及相关人士学习的参考书。本书内容分十章，包括酒店人力资源管理概述、酒店人力资源规划、工作分析、员工招聘、员工培训、职业生涯规划与管理、薪酬管理、绩效管理、团队沟通与激励、劳动关系管理。本书的编写以系统性、实用性、先进性为指导思想，力求结构简洁明了、逻辑严谨，内容深入浅出，理论联系实际；并努力尝试对传统教材有所突破，避免传统教材的说教与枯燥，有助于读者更好地理解知识要点，提高阅读兴趣；同时也为从事人力资源管理工作的读者提供了具有实践意义的信息，使他们能从经典案例和参考范例中获得启发和指导。

本书由魏洁文、姜国华共同主编，陈春燕、彭磊义、吴俊、钱建伟等参与编写。本书在编写过程中参考了大量文献资料，在此向有关作者表示衷心的感谢。由于编者水平所限，书中难免出现不妥之处，敬请同行、专家和读者指正，提出宝贵意见，以便我们今后修订时不断完善。

**编者**

# 目　录
CONTENTS

# 第一章 酒店人力资源管理概述

【本章导读】

人力资源管理是一门关于管理人的科学，是一个技术性很强的领域。随着大数据时代的来临，人的因素越来越成为组织实现战略目标的关键因素。人力资源是第一资源，人力资源管理是所有管理工作的核心，而酒店的人力资源部承担了酒店人力资源管理的核心工作。本章主要介绍人力资源、人力资源管理、酒店人力资源管理的内涵、历史与发展，并阐述酒店人力资源部的组织结构与主要职责。

【学习目标】

- 理解并掌握人力资源的概念及分析
- 了解人力资源管理的含义、历史与发展
- 掌握酒店人力资源管理的内涵及特点
- 熟悉现代酒店人力资源管理的基本内容
- 掌握酒店人力资源部的组织结构与主要职责

【关键术语】

人力资源、人力资源的数量与质量、人力资源管理、选才、用才、育才、留才、激才、护才、酒店人力资源管理、人力资源部

## 案例导入

### 信奉Y理论的人力资源管理哲学

人的行为部分建立在个人所做的基本假设的基础上，企业也是一样。怎样看待员工，背后隐藏着企业怎样看待人性——关于人性的基本假设，用管理学语言描述，就是企业人力资源管理哲学。20世纪，著名管理学家道格拉斯·麦格雷戈对关于人的假设做了两类区分，即X理论（Theory X）和Y理论（Theory Y）。

X理论的假设是：

（1）从本质上讲，人都不喜欢工作，并且一旦有可能就会逃避工作。

（2）由于人具有不喜欢工作这一特点，因此对大多数人都必须进行强迫、控制以及指挥，甚至以惩罚相威胁，才能使他们发挥最大的能力。

（3）人都愿意被他人指挥并且希望逃避责任。

Y理论的假设则是与X理论对立，即：

（1）人在本质上并不厌恶工作。

（2）外部控制和惩罚威胁并不是能够使人为组织目标而奋斗的唯一手段。

（3）激励的最好办法是满足人的成就感、自尊感和自我实现感等高层次需求。

（4）在适当的条件下，人不仅愿意承担责任而且会主动寻求责任感。

（5）较高的想象力、理解力、创造力等各种能力能够体现在大多数人的身上，而不是仅仅集中在少数人的身上。

毫无疑问，上海波特曼丽嘉酒店是坚定的Y理论的信奉者和实践者，酒店不遗余力地倡导对员工的尊重——尊重他人与自我尊重。为此，酒店必须给员工自信，让他们感觉到自己的工作很重要，而且被无微不至地关怀着。

在上海波特曼丽嘉酒店，员工不是仆人。“我相信，丽嘉的哲学和文化是自尊与互相尊重。”总经理表示，“我们想让员工首先明白，自己本身就是绅士和淑女，而不是佣人，这样他们就会互相尊重、互相支持，以对待客人的方式相互对待。”

有时，这种“尊重”是“不计成本”的。例如：酒店的司机曾经向人力资源部抱怨，他们自己清洗汽车，弄得满身臭汗，出车时客人们都侧目掩鼻。司机们要求酒店把清洗车辆的工作外包，以维护他们的形象。人力资源部研究后认为，尽管将清洗任务外包会给酒店增加额外的开支，但要求显然是合理的，并且维护了酒店的服务品质，司机们的请求很快得到了满足。

员工不再是“员工”，成了“客户”，经理也就不再是“经理”，变成了“服务员”。专门为客户服务的客户满意度系统也被用在了服务员工上。

客户满意度系统是丽嘉酒店集团的招牌服务。它的功能是：在客人入住时收集他们的喜好，并输入酒店全球联网系统。当客人再次入住任何一家丽嘉酒店之前，当地的酒店会根据其喜好布置客房。例如：某个酒店收集到，某位客人的腰不好的信息，需要两床被子，当他下次再入住丽嘉酒店时，他的房间里就总会多一床被子；某位客人喜欢吃香蕉，那么他房间的水果篮里将会以香蕉为主。由于每个人都有不同的生活习惯，这种做法让客人感觉特别受尊重，从而提高了他们的满意度。

员工既然也是酒店的“客人”，他们的喜好理应也在收集之列。平时，部门经理会注意收集员工的喜好，如有人喜欢吃辣的，有人喜欢吃巧克力，在奖励或者他过生日的时候，经理们就会投其所好，奖励他喜欢的东西。有些员工做得好，当他回房间时就会突然看见一瓶香槟，还有一张卡片，上面写着：“谢谢你！你的工作做得很好！”此时，员工的感觉自然就不一样。

对于员工的满意度，上海波特曼丽嘉酒店有一套完整的调查评价体系。一方面，酒店经理每个月要就员工的满意度进行讨论；另一方面，酒店每年还要请第三方公司进行1～2次调查，要求每个部门的员工进行不记名投票，对工作进行评定，并最终得出分数。通过这个调查，员工满意和不满意的地方便一目了然，而总分低的部门则成为“众矢之的”，这极大地督促了管理层为员工解决实际问题。

一般情况下，当每个部门的分数出来后，经理们都会就当中存在的问题，在开会时专门留出时间讨论，然后把解决方案统一提交至人力资源部。一些能够立刻解决的问题就会马上得到解决，而耗资比较大的问题需要高级经理们开会决定，但酒店会给员工一个限时的答复和解决方案。

上海波特曼丽嘉酒店的员工是幸福的，在经理们的服务下，员工的满意度达到96%，这个成绩即便在集团下属的全部36家酒店中也是最高的。上海波特曼丽嘉酒店的员工也是忠诚的：在酒店业雇员平均流动率为150%，其中豪华酒店业为50%的情况下，丽嘉保持在了21.8%。不要小看这一点，因为吸引和保留优秀雇员是人力资源管理者面临的头等挑战。对任何一个管理者来说，一支稳定的员工队伍意味着员工对公司各方面的高认同感，没有这种认同感，所谓的敬业、奉献根本无从谈起，一切精心设计的管理措施也就没有了发挥作用的地方。

员工队伍的稳定性对企业利润的影响也是巨大的。据美国管理协会（AMA）的报告，替换一名雇员的成本（即招聘广告费用、招聘工作费用和新员工培训费用）至少相当于其全年薪酬的30%，对于技能紧缺的岗位，此成本相当于雇员全年薪酬的1.5倍甚至更高。而员工流动所导致的企业成本增加，不仅包括替换成本、离职成本（有关客户、供应商因雇员离职而中断，或维持和恢复成本，以及离职的经济补偿成本等）等有形成本，同时还包括由于该员工的离开而带来的隐性成本，即员工离职对在职员工的工作效率的影响。一支稳定的员工队伍可以使企业在这方面的支出大大减少。

资料来源：郭克莎．2003年度中国企业最佳案例：人力资源［M］．北京：商务印书馆，2003：2-12.

**思考：**

人力资源管理在企业中究竟发挥什么作用？

# 第一节 人力资源与人力资源管理

## 一、人力资源

### （一）人力资源的含义

按照现代经济学的观点，人力资源有广义和狭义之分。广义的人力资源（Human Resource）是指智力正常的人，以人口的存在为基础。狭义的人力资源是指能推动社会、经济发展的，具有智力劳动和体力劳动能力的人的总和，包括数量和质量两个方面。

人力资源并非人口资源，它是指能为社会创造财富，能为社会提供劳务的人及其所具有的能力。人力资源从内容上包含四个方面：一是人的本身体质，二是人的智力，三是人的特定范畴的才干，四是人的意识观念状态和道德准则。只有这四个方面组合起来才能形成人力资源。人力资源前两方面的内容既有先天的成分，又有后天培养追加的成分。人力资源后两方面的内容，则主要是由人本身对各种知识的接受和融合，人受外界社会条件影响由感觉转化为意识而形成的。只有具备以上四个条件才可称为人力资源。

### （二）人力资源分析

1. 人力资源的数量分析

（1）宏观人力资源数量分析。人力资源依附于劳动者个体而存在，人力资源的数量也就取决于劳动者的数量。从宏观上看，人力资源数量（绝对数量）是指一个国家或地区中具有劳动能力、从事社会劳动的人口总数，它是一个国家或地区劳动适龄人口减去其中丧失劳动能力的人口，加上非劳动适龄人口之中具有劳动能力的人口。包括以下几个方面：

1）处于劳动年龄之内、正在从事社会劳动的人口，可称为适龄就业人口。它是人力资源的主要组成部分。

2）尚未达到劳动年龄、已经从事社会劳动的人口，可称为未成年就业人口。

3）已经超过劳动年龄、继续从事社会劳动的人口，可称为老年就业人口。

4）处于劳动年龄之内、具有劳动能力并要求参加社会劳动的人口，可称为待业人口。

5）处于劳动年龄之内、正在从事学习的人口，可称为就学人口。

6）处于劳动年龄之内、正在从事家务劳动的人口。

7）处于劳动年龄之内、正在军队服役的人口。

8）处于劳动年龄之内的其他人口。

前四种是现实的社会劳动力供给，是直接的、已经开发的人力资源；后四种尚未构成现实的社会劳动力供给，是间接的、尚未开发的、潜在的人力资源。

（2）企业人力资源数量分析。企业人力资源数量（绝对数量）包括实际人力资源数量和潜在人力资源数量两个层次。

实际人力资源数量是指企业所直接拥有和控制的员工总数，即正在被企业雇用的员工，包括适龄员工和老年员工，但不包括即将离开企业的员工（即将被解雇的员工、辞职员工、退休员工、病退员工）。

潜在人力资源数量是指现在不被企业直接支配，但企业可以通过各种方式加以开发利用的人力资源。它受企业所在地的人力资源状况、行业的人力资源状况、企业本身人力资源政策等因素的影响。

2. 人力资源的质量分析

人力资源的质量是劳动者各方面能力的综合体现，也称为人力资源素质。可从以下四个方面来分析：

（1）身心素质。包括劳动者的体力、体质、健康状况、心理素质等。

（2）知识水平。主要取决于劳动者的受教育程度、工作经验、接受业务培训的时间和次数等。

（3）专业技能。反映劳动者适应实际工作的能力，可通过与岗位要求的吻合程度进行评价。

（4）职业道德。不管哪种行业，职业道德都是从业人员的基本素质要求。从业人员应力求做到对他人负责、对企业负责、对社会负责，可从爱岗敬业、劳动态度、创新精神等方面进行评价。

**知识拓展**

**人是企业发展的核心**

■ 企业只有一项真正的资源，那就是人。

——彼得·德鲁克

■ 你可以搬走我的机器，烧毁我的厂房，但只要留下我的员工，我就可以东山再起。

——IBM公司创始人托马斯·约翰·沃森

■ 企业说到底是由人组成的，企业管理说到底就是对人的管理。

——海尔集团首席执行官张瑞敏

■ 美国通用电气公司短短几年内市值从60亿美元剧增到300亿美元，最大成功之处是我们所聘用和培养的人才。

——美国通用电气公司前总裁杰克·韦尔奇

## 二、人力资源管理

### （一）人力资源管理的含义

人力资源管理是指根据组织的战略目标制定相应的人力资源战略规划，并为实现组织的战略目标进行人力资源的获取、使用、保持、开发、评价和激励。它是一个充分挖掘人的潜能，激发人的创造力，从而实现个人愿望与组织目标的一系列活动过程，具体可归纳为“六才”工程。

选才——根据人力资源战略规划吸收、寻求优秀人才和组织适用的人力资源。

用才——恰当使用组织的人力资源，用人之长、避人之短，人尽其才、才尽其用，德才兼备、用人合适。

育才——通过培训、教育，提高人力资源质量。

留才——通过薪金、待遇、感情、事业等留住组织所需要的各类人才，保持员工队伍的稳定。通过人力资源的管理，推动本组织事业的发展和战略目标的实现。

激才——通过建立激励机制、采取激励措施，调动员工积极性、激发员工潜能。

护才——通过卫生保健、劳动安全、平等就业等措施保护劳动者合法权益，维护劳动者持续劳动的能力。

本定义强调了人力资源管理的战略性和可操作性，人力资源管理服务于组织战略的制定和战略目标的实现。组织战略的制定要反映人力资源的实际状况，战略目标的实现要通过人力资源管理去获取和安置人力资源、教育和培训人力资源、使用和评价人力资源、激励和保护人力资源以及创建人力资源管理的政策和文化。人力资源管理是以人为中心，科学处理人与人、人与工作、人与组织的关系，达成人与环境的动态平衡。人力资源管理的目的就组织而言是提高生产率，高效率地实现组织目标；就员工而言是提高工作及生活质量，提高工作满意度。

企业成功的关键在于人力资源管理的成功。统计资料表明：在高于同行平均业绩的公司中，有70%的公司把员工的发展作为成功的重要因素，极为重视人力资源的管理，并把人力资源优势作为获取竞争优势的手段。

### （二）人力资源管理的变化与趋势

1. 人力资源管理重心发生变化：从为事业工作到为快乐工作转变，人力资源管理呈现从管理员工到服务员工的发展趋势

如今，人们的价值观正在悄然发生变化，这是因为新一代劳动者进入了职场，而这一代独生子女往往把“快乐”作为第一指标去衡量。员工的追求发生变化，他们的态度、价值观的变化，引发了HR管理的变化。我们知道企业人力资源管理的效率实际上取决于两个方面：一是以企业行政或文化管人、吸引人，即按照企业的规定约束员工的行为；二是以人为本，最大限度地满足员工需求。

既然在当前形势下人们从为事业工作转变到为快乐工作，那么，人力资源的招聘、选拔、培训、激励、评价的要点也随之发生了根本变化，人力资源管理重心也发生了变化。例如：现在企业人力资源管理必须重视对员工的职业生涯规划，这样就要求有更宽泛的职业发展通道给予员工更多的选择；同时对激励的方法也提出了更高要求，即从传统的三大激励模式上升到长效激励模式，人力资源管理已经呈现从管理员工到服务员工的发展趋势。

2. 社会评价指标发生变化：从衡量工作胜任到衡量幸福感转变，考量指标呈现从“6”到“6+2”的发展趋势

如何以人为本？如何能够让员工“快乐工作”？如今出现了一个频率很高的词汇，即“幸福感”。如何衡量政府绩效？当前形势下，衡量政府绩效的其中一个重要指标已经从原来重视GDP发展、发展才是硬道理上升到今天的“幸福感”指标，这不能不说是一个时代的变化。如何衡量企业绩效呢？实际上涉及企业如何提高业绩。富士康“N连跳”事件给了我们警示：招聘员工和岗位配置不仅需要考虑员工的“胜任”问题，而且更需要考虑内部员工的“幸福”问题。

因此，随着从衡量内部员工的工作胜任到快乐工作的转变，进一步发展到企业需要重视社会评价指标的变化，显然对现代企业领导者的考核指标发生了根本变化。当今新经济形势下，对员工的考量指标不仅呈现从决策力、权威力、评估力、沟通力、学习力、创新力这6个指标到“6+2”指标的发展趋势。这其中的“2”就是新经济形势下所增加的：一是社会贡献度；二是“KNOW-HOW”，这正是幸福感指标所衍生出来的。

3. 当今时代发生变化：从工业化时代到信息化时代转变，人力资源管理呈现从刚性管理到柔性管理的发展趋势

信息化作为21世纪的显著标志已成为全球的共识，人力资源管理信息化也成为这一信息化大潮中的热门领域。在信息化时代，一家大型企业的人力资源部门可能只有几个员工，他们只负责企业与外包机构的协调和各项职能之间的统筹工作，这在传统的工业化时代下是难以想象的。与此同时，随着科学技术的迅猛发展和市场竞争的日益加剧，对组织中人力资源管理模式提出了新的要求。传统的人力资源管理工作中的那种以工作任务为核心的刚性管理模式已不能适应当今组织快速发展的需要，取而代之的是以人的个性化管理为核心的柔性管理模式，它是人本管理的一种实践形式。如科学管理之父泰罗将人看作“经济人”“机器的附件”，强调组织权威和专业分工，所以在管理实践中，组织应注重以严格的管理制度为主。虽然这种刚性管理模式促进了管理的规范化，但并不能激起员工持久旺盛的工作热情，相反这种理性的、刚性的管理模式恰好与员工通常所表现出的非理性的、丰富的情感需求及整个管理系统中的多维性联系构成了矛盾。因此，柔性管理应运而生，柔性管理是指强调“以人为中心”，依据企业的共同价值观和文化以及精神氛围而进行的一种人格化管理；它是在研究人的心理和行为规律的基础上，采用非强制性的管理模式，在员工心目中产生一种潜在的说服力，从而达到把组织意志

转变为个人的自觉行为的管理目标。人力资源的柔性管理模式正是冲破了传统的刚性管理模式的有形界限，它以“人性化”为标志，更加强调跳跃和变化、速度和反应、灵敏与弹性；工作中它更加注重平等和尊重、创造和直觉、主动和企业精神、远见和价值实现；它是依据信息共享、虚拟整合、竞争性合作、差异性互补等原则而建立起的一种崭新的人力资源管理模式。它不仅有效契合人力资源信息化时代的特征，同时能够前瞻性地指导组织的实践工作。

**实践经典**

**四季酒店集团对员工的承诺**

世界著名的四季酒店集团对待员工的方式和员工对待客人的方式一样——热情、礼貌和尊重。只有员工满意，员工的工作效率才会高，进而客人才能满意。因此，四季酒店集团建立了一套个人发展、津贴和福利计划作为对员工的承诺，包括：

- 有竞争力的收入和奖励
- 合体的制服
- 员工补助计划
- 职业发展计划
- 职业培训
- 教育津贴
- 免费工作餐
- 内部提升

# 第二节 酒店人力资源管理

## 一、现代酒店人力资源管理的概念

现代酒店人力资源管理是指恰当地运用现代管理中的计划、组织、领导、控制等职能，通过科学、合理的人力资源规划、招聘、配置、培育、开发、绩效评估、考核激励等手段，实现酒店人力资源的优化组合，有效调动全体员工的积极性、主动性、创造性，挖掘员工潜能，实现酒店经营目标。

现代酒店人力资源管理不同于传统的酒店人事管理，现在许多酒店的人事部纷纷更名为人力资源部，这不仅是一种名称上的变化，更反映了酒店员工管理模式的变革，是人事管理的一个划时代的进步。传统的人事管理被看作企业管理中的一项具体职能，其功能被划定为聘请员工、支付薪水、调节劳资纠纷等具体工作，以工作为中心，把人作为一种简单的生产要素和完成工作的工具，靠强制性监督和物质利益的引诱来推动工作的开展，不注重员工潜能的发挥，员工的积极性也难以调动。现代酒店人力资源管理则是以人为中心，强调尊重人与满足人的多方面需求来调动员工的积极性，挖掘员工潜能，把人看作企业的最大资源，强调人与工作的相互适应，并且认为具有良好素质的人力资源队伍绝不是自然形成的，而是通过企业的精心选择、培育、开发、使用、激励等逐渐形成和发展起来的。所以，现代酒店人力资源管理既要继续做好传统的人事管理工作，确保人与工作的最佳组合；又要采用现代科学管理的方法与手段，关注员工各方面的需求，尽可能地激发员工的积极性、主动性、创造性，从而实现现代酒店的经营管理目标。

## 二、现代酒店人力资源管理的意义

### （一）酒店业自身发展的需要

对酒店业来说，产品的生产过程也就是产品的消费过程，客人对产品的要求不仅包括产品的功能和外在服务，还包括内在的服务和心理的满足。例如：在餐厅用餐时，客人的需求通常不是预先一次性提出的，而是在用餐过程中不定时多次提出的，并且随环境条件的变化可能随时改变用餐要求。在酒店员工与客人之间高度频繁的现场动态互动过程中，完成服务产品的生产与消费过程。发现问题、分析问题、解决问题也在这一动态互动过程中得以实现。如果酒店员工处理得当，就会赢得客人的满意；反之，就可能引起客人的不满，招致客人投诉。服务质量的高低直接取决于为客人提供服务的员工的素质、服务态度及服务价值观。强化现代酒店人力资源管理有利于提高员工的素质和服务态度，促进企业发展。

### （二）保证酒店经营活动的顺利进行

人力资源是酒店的第一要素，酒店的经营活动的关键是人的活动，其他活动都是通过人的活动来实现的。所以，人是酒店业务经营活动的中心，是决定因素。要保证现代酒店业务经营活动的正常进行，必须科学地制定人力资源规划并招聘、录用合适的员工，然后对其安置、培训、开发、绩效评估、考核激励等，保证酒店经营目标的实现。而这些正是酒店人力资源管理的基本职能。

### （三）提高酒店素质、增强酒店活力

在市场经济条件下，酒店要想在市场竞争中取得竞争优势，必须提高素质、增强活力。酒店素质归根到底是人的素质，只有重视员工素质的提高，才有酒店素质的真正提高。酒店活力归根到底是人的活力，而人的活力源于人的积极性、主动性、创造性的发

挥，取决于人们的态度和价值观。人是有思想、有感情、有各种需要和目标的社会人、复杂人、自我实现人，仅靠强制的行政监督、物质利益的引诱、上级部门的发号施令或指示难以激发人的活力。只有采用现代人力资源管理的理念、措施、手段和办法，才能调动人的积极性和主观能动性。因此，提高员工素质、激发员工活力，是提高酒店素质、增强酒店活力的关键所在。

### (四) 增强酒店竞争优势

酒店之间的竞争实质上是人才之间的竞争。酒店行业必须尽快实现从“以物为中心、以工作为中心”的传统管理向“以人为中心”的现代管理的转变，实现从传统的人事管理向现代人力资源管理的转变，扩大竞争优势。酒店兴旺、人才为本，为政之要、唯在用人，人才优势是酒店的竞争优势，各类酒店应予以重视。酒店能否发展在很大程度上取决于酒店能否吸引、使用、留住合适的人才，以及酒店的人力资源管理水平。广州白天鹅宾馆之所以能够被世界一流酒店组织接纳为成员，并成为中国第一批五星级酒店之一，主要就在于管理者注重人力资源的投资与管理，造就了一只优秀的人力资源队伍，从而使酒店硬件充分发挥效能，服务质量稳步提升。

## 三、现代酒店人力资源管理的目标与内容

### (一) 现代酒店人力资源管理的目标

管理是一种通过调动人的积极性进而做好各项工作的艺术。酒店管理更要以人为本，突出人力资源管理。现代酒店人力资源管理的目标是：

#### 1. 建立一支专业化员工队伍

酒店要正常运转并取得良好的经济效益和社会效益，不仅要有与酒店各个岗位相适应的员工，而且这些员工的素质应符合酒店业务经营的需要。任何一家酒店想在竞争中取胜，就必须建立一支专业化员工队伍。专业化员工队伍不可能自发形成，只有通过管理者有意识地挑选、培养和激励，经过一定时间的熏陶和锻炼才能逐渐建立。

#### 2. 构建最佳的员工组合

一支优秀的员工队伍，只有经过科学的配置，才能形成最佳的员工组合，即每个人与其他人的行为协调一致，形成合力，团队共同实现酒店的既定目标；否则，即使员工个人特别优秀，也未必能保证取得好的业绩。因此，管理者应制定明确的岗位职责，并使每个员工权责相当，能够各尽所能，产生最大的工作效能，进而建立一个有序、高效的酒店组织。

#### 3. 充分调动员工的积极性

人力资源管理的实质并不在于“管人”，而在于“得人”，谋求人与事的最佳配合，正所谓天时不如地利，地利不如人和。因此，酒店人力资源管理的最佳目标就是充分调

动员工的积极性，即“得人”。也就是通过采取各种有效的激励措施，发挥最佳的群体效应，创造良好的工作环境，使员工安心工作，乐于工作，从而最大限度地发挥员工的积极性、创造性。为此，酒店应建立一套科学的人力资源管理体系，包括招聘员工的程序与方法、培训制度以及优化结构、发挥最佳效应的措施等。

### （二）现代酒店人力资源管理的内容

现代酒店人力资源管理的内容主要体现在以下方面。

1. 人力资源规划

人力资源规划是酒店根据经营管理目标和组织结构需要，对各项工作性质、岗位职责及素质要求进行分析，确定酒店员工的需求数量和需求标准，做好酒店人力资源数量和质量的预测。

2. 工作分析

为了高效率地实现组织目标，有效地进行人力资源开发与管理，酒店的当务之急是了解各项工作的特点以及能胜任工作的各类人员的特点，以便为各项人力资源决策提供科学、客观的依据。这就是工作分析，也称为职务分析。它是人力资源开发与管理的前提条件。

3. 招聘与甄选

酒店应按照人力资源计划招聘所需要的员工，对候选者的知识、技能、行为特征等进行测量和评价。酒店应按照科学的标准招聘并录用员工，达到人与岗位的最佳组合。

4. 培训与开发

为使每个员工都能胜任岗位工作，快速适应工作环境的变化，酒店必须对员工进行经常性培训。由于培训对象不同、培训需要不同，因此酒店的培训方式和内容具有多元化的特点。

5. 职业生涯规划和管理

职业生涯规划和管理是酒店与员工共同制定、基于个人和酒店需要的个人发展目标与发展道路的一系列管理活动。通过职业生涯规划和管理，不仅能使酒店的人力资源得到合理配置，使人尽其才、才尽其用，也能充分调动员工的内在积极性，赢得员工的忠诚，留住人才。

6. 绩效管理

绩效管理是对员工的工作表现和工作业绩进行评估的手段，既是激励员工的有效机制，又是酒店人力资源开发管理效能的反馈。酒店应定期对员工进行考核和评估，考核和评估的结果是员工提升、调职、培训和奖励的依据。

7. 薪酬管理

薪酬福利对员工基本需要的满足至关重要，酒店可根据自身的情况选用适当的薪酬体系，实行合理的奖励和津贴制度，健全的劳动保险和福利待遇对员工工作积极性的发挥具有重要作用。

8. 员工关系管理

从广义上讲，员工关系管理是指各级管理人员和人力资源职能管理人员，通过拟订和实施各项人力资源政策和管理行为，以及其他的管理沟通手段调节酒店和员工、员工与员工之间的相互联系和影响，从而实现组织的目标并确保为员工、社会增值。从狭义上讲，员工关系管理就是酒店和员工的沟通管理，这种沟通更多采用的是柔性的、激励性的、非强制的手段，从而提高员工满意度，支持酒店其他管理目标的实现。其主要职责是：协调员工与管理者、员工与员工之间的关系，引导建立积极向上的工作环境。

## 四、现代酒店人力资源管理的特点

### （一）现代酒店人力资源管理更加突出对人的管理

酒店业的大量工作是同人打交道，是面对面的服务，人的因素尤为重要。对人力资源管理者而言，所面对的是个性、习惯、爱好、兴趣等千差万别的一个个员工；对员工而言，所面对的是形形色色的具有不同个性的客人，这些客人不仅需要酒店提供住宿舒适、饭菜可口、环境宜人的硬件条件，还需要酒店提供热情周到、尊重礼貌、迅速及时的服务。只有当员工能够为客人提供令其满意的服务时，酒店才能赢得并留住客人，实现酒店经营目标，而只有满意的员工才能为客人提供满意的服务。酒店必须树立“员工第一、顾客至上”的管理理念，关心员工、爱护员工、尊重员工，真正把员工当“人”看。并针对“人”的特点，对员工进行培训、教育、开发、激励，使员工充分认识到酒店服务是对人的服务，能够在工作中用善意理解客人，用诚意感动客人，用热情、周到、礼貌的服务赢得客人。酒店应引导员工规划职业生涯，树立职业自豪感。

### （二）现代酒店人力资源管理是全员性管理

酒店兴旺发达，关键在于全体员工的积极性。酒店服务质量的高低、经营效果的好坏涉及酒店的每个部门、每个岗位、每个环节的工作，全员参与管理是酒店人力资源管理的必然要求。但是不能把酒店人力资源管理的全员性片面理解为少数管理部门通过各种规章制度对一线全体员工的严格监督与管理，这是通常所说的“管理全员”。实践证明，单凭这种监督与管理不能从根本上解决酒店的质量与效益问题，往往是越管越死、一线人员的抵触情绪越管越大，因此是不科学的。酒店人力资源管理的全员性，是指通过人力资源管理部门的科学规划，酒店全体成员都能从所在岗位出发参与管理，人力资源管理是酒店全体员工的职责之一。酒店管理人员应该了解和掌握人力资源管理的理论、方法以及人力资源管理的职能，科学合理地选聘、培训、使用、开发、考核、激励员工，给员工创造展示才能的机会和条件，调动员工的积极性，挖掘员工潜能。作为酒店员工，也要积极参与酒店管理，为酒店发展献计献策。

### （三）现代酒店人力资源管理是动态管理

酒店面临的环境是复杂的，面临的客人是多变的，酒店员工也是流动的，员工的心理需求、服务态度、工作目标等在不同时期也有明显的差异。因此，酒店人力资源管理也必须是动态管理。首先，酒店要根据外部环境条件的变化和自身的发展需求动态编制人力资源需求规划，然后根据实际情况进行人力资源的招聘、录用、培训、开发、考核、奖惩、晋升、离职等全过程的动态管理。在工作过程中，应注重了解员工的心理需求、情绪变动、思想动态、素质变化等，采取相应措施，调动员工的工作积极性和主观能动性，实现酒店经营目标。

### （四）现代酒店人力资源管理是科学化管理

现代酒店人力资源管理是一项复杂的、综合性的系统工程，所以，酒店必须建立一整套标准化、程序化、制度化、定量化的管理系统作为保证，进行科学化管理。

标准化是指对酒店所有工作的数量、质量、时间、态度等所做的详细、具体、统一的要求和规定。例如：录用员工要有素质条件标准，岗位培训要有合格标准，服务工作要有质量标准，各部门要有定员标准等。

程序化是指对人力资源管理工作过程进行科学的分段，规定各阶段的先后顺序以及每个阶段的工作内容、达到标准、责任者、完成时间等。程序化管理能够使工作井然有序，各环节协调配合，保证酒店正常运转和经营目标的实现。

制度化是指酒店人力资源管理工作要建立严密的规章制度，以保证招聘、录用、培训、考核、奖惩等工作顺利进行。“没有规矩，不成方圆”。酒店的规矩就是规章制度。科学的规章制度可以使酒店员工做到统一行动。酒店规模越大、设备设施越先进、功能越齐全、分工协作关系越复杂，规章制度就越重要。

定量化是指对酒店经营的过程进行定量分析。通过对酒店经营有关资料的收集、归纳、统计，建立数学模型进行分析和计算，得出确定数据，为酒店经营决策提供科学依据。

**实践经典**

#### 关爱员工就是关爱家人

1927年，万豪品牌在美国华盛顿创立，当年5月20日万豪啤酒店开业，以5美分卖出了第一杯啤酒。为了纪念这个日子，万豪国际集团将5月20日的这一周作为员工的感谢周，以表达对全球万豪大家庭中每位成员的感激之情。在这一周时间内，万豪旗下全球各地的2 800多家酒店都会组织丰富的员工活动，以表达对员工的感激之情。

作为三亚市亚龙湾的一家高档酒店，三亚家化万豪度假酒店非常注重人性化管理以及建立与员工的情感交流。在感谢员工日，酒店会组织包括派发纪念品、电影周、南山寺一日游、高级行政人员为员工服务、认识我们的酒店、清洁沙滩等一系统有意义的活动。三亚家化万豪度假酒店的管理者认为，在所有的酒店管理品牌中，万豪有一种独特的服务精神，那就是用心来照顾员工，让员工感受到酒店就是员工的家。三亚家化万豪度假酒店在建造之初，就在离市区不远处建了一幢高达12层的员工楼，绝大部分员工都住在员工楼里，员工楼的设施非常齐全，包括餐厅、网络室、图书室、电视房、录像厅、健身房、活动室等，每个楼层还配备了多台洗衣机。这幢万豪员工楼已成为目前三亚酒店从业人员住宿方面的样板。



# 第三节 酒店人力资源部的组织结构与主要职责

## 一、酒店人力资源部概述

酒店人力资源部是负责人事管理、劳动工资管理和员工规划与培训三大任务的综合主管机构，是酒店的人事制度、人事关系、招工用人、劳动组织和分配制度、员工培训等一系列组织管理活动的管理职能部门。没有人力资源部门的存在、参与和合作，酒店的组织目标将无法实现。

酒店人力资源部的主要任务是根据酒店的经营目标，合理设置机构，对各机构的不同工作岗位进行分析、评价，设计不同的岗位责任与工作标准，并依此对员工进行招聘、选拔、定岗与调配，使各级各类员工能适合于他们所承担的不同工作，做到人岗匹配，从而保证酒店经营的正常运转。人力资源部还承担着协调酒店内部人事关系、创造良好的工作环境、激励员工、提高士气、增强酒店内部的凝聚力、充分发挥人力资源的作用等重要的管理职能。同时，人力资源部积极为酒店开发新的人力资源。通过员工培训，不断提高员工队伍的素质水准，建立一支稳定而高质量的员工队伍，对酒店提高劳动效率和服务质量，进而对提高管理水平和经济效益发挥重要作用。

## 二、酒店人力资源部的组织结构与岗位职责

### （一）酒店人力资源部的组织结构

酒店人力资源部的组织结构是有效地行使其各项管理职能，并提高管理效率的组织保证。组织结构的设置要做到层次分明，职权制度化，幅度合理化，指挥统一化，渠道

畅通，管理工作效率化。

根据酒店的规模和人力资源部的管理职能需要，酒店人力资源部设置的层次与幅度各有不同。大中型酒店的人力资源部由经理全面负责劳动人事与员工培训两方面的工作，下设副经理协助管理工作，劳动人事与员工培训工作可分别由两名副经理专门负责，具体分工由各职能专员担任（见图1-1）。小型酒店的人力资源部经理统管劳动人事与员工培训工作，不设副经理，而设一名经理助理协助管理工作，劳动人事与员工培训工作不分开专设部门，具体分工由各职能专员担任（见图1-2）。也有的酒店单设人事部和培训部。各种规模酒店的人力资源部一般都直接隶属于总经理领导。人力资源部的组织结构设置没有规定的统一模式，它取决于各酒店的规模大小、人员编制等实际情况，以及对人力资源部各管理职能的具体分工安排。

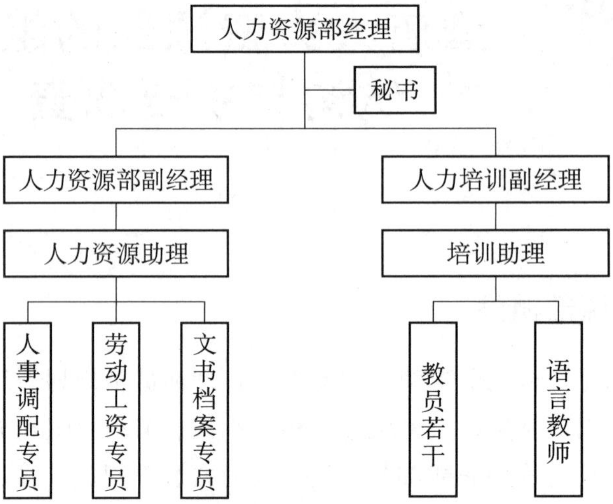


**图1-1　大中型酒店人力资源部组织结构**

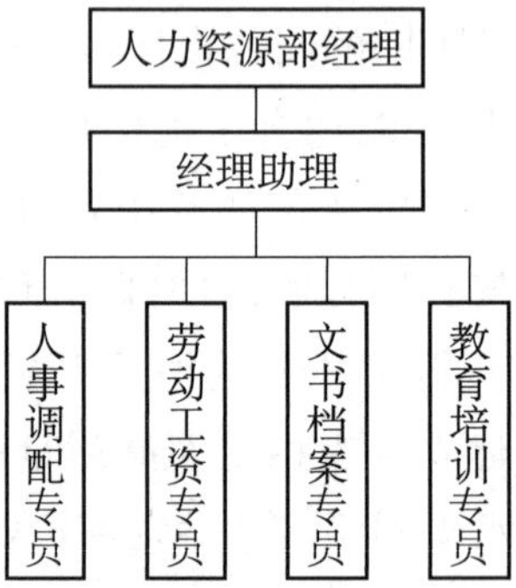


**图1-2　小型酒店人力资源部组织结构**

## （二）酒店人力资源部的主要职责

酒店人力资源部的主要职责有：

（1）根据酒店经营管理需要，设计酒店的结构设置和各部门的人员编制；

（2）根据酒店的人事方针与政策，制定人力资源部业务工作的政策和各项规章制度，按年度制定人力资源工作计划；

（3）负责计划与实施员工招聘工作；

（4）制定并执行定期对员工工作表现进行考评的制度；

（5）执行员工纪律管理，编写《员工手册》，制定并执行有关规章制度；

（6）实施员工奖惩管理制度，处理员工投诉；

（7）负责管理员工档案，做好人事统计；

（8）负责处理员工离职安排；

（9）负责劳动定额和定员编制等劳动组织管理；

（10）根据国家与酒店的工资福利政策，做好工资、福利及劳动保护工作；

（11）全面负责酒店员工的各级各类培训管理工作；

（12）在酒店范围内，就人事、劳动和培训管理工作，发挥建议、咨询、服务和协调功能。

### （三）酒店人力资源部各主要岗位职责

1. 人力资源部经理岗位职责

（1）在总经理的直接领导下，主持本部门的全面工作，组织并督促部门人员全面完成本部门职责范围内的各项任务；

（2）负责编制公司人力资源规划及年度计划；

（3）组织公司员工招聘，办理公司员工人事变动事宜；

（4）负责制定工资、福利计划，协调解决劳资纠纷；

（5）编制员工培训、教育计划，并组织实施；负责制定、完善并执行公司人事、劳资、劳动纠纷等有关管理制度，并做好考核、评估工作；

（6）负责人力资源管理信息系统的建立，为酒店人力资源管理决策提供依据；

（7）按时完成酒店领导交办的其他工作。

2. 人事调配主管岗位职责

（1）在人力资源部经理的直接领导下，统一负责酒店的人事工作，保证全体员工的有效管理；

（2）根据酒店发展情况，编制人员招聘计划及公司人力资源规划；

（3）组织酒店员工招聘，办理酒店员工人事变动事宜；

（4）负责制定工资、福利计划，协调解决劳资纠纷；

（5）对酒店员工进行人事方面的咨询服务，协调员工关系，调动员工积极性；

（6）做好人事宣传工作；

（7）按时完成酒店领导交办的其他工作。

3. 人力培训主管岗位职责

(1) 在人力资源部经理的直接领导下，负责酒店人力资源培训与教育工作；

（2）负责编写酒店人力资源培训、教育发展规划及年度计划，在领导批准后组织实施；

（3）负责酒店新员工岗位培训，并对参加人员进行考核；

（4）负责合理安排培训资源，检查培训质量和教学效果；

（5）组织收集、编写各类培训教材和资料；

（6）负责收集国内外酒店培训信息资料；

（7）完成酒店领导交办的其他工作。

4. 人力资源部文员岗位职责

（1）在人力资源部经理的直接领导下，协助日常人事管理工作；

（2）参与办理员工福利，组织员工活动，宣传人事制度与酒店规章；

（3）协助人力资源部经理安排有关招聘工作；

（4）整理员工人事档案；

（5）准备人力资源部必需的文具和办公用品；

（6）打印及管理人力资源部的来往信件、文件并准确存档；

（7）按要求发送各类文件；

（8）完成酒店领导交办的其他工作。

## 复习思考

1. 人力资源的含义是什么？
2. 人力资源管理的概念是什么？
3. 酒店人力资源管理的任务及特点是什么？
4. 新时代人力资源管理的发展有何变化？
5. 人力资源部的工作职责与组织架构是什么？

## 应用分析

### 酒店业巨无霸打造未来领导者

洲际酒店集团是全球客房数最多、网络分布最广的专业酒店管理集团，旗下拥有多个闻名遐迩的品牌，包括洲际酒店及度假村、皇冠假日酒店及度假村、英迪格酒店、假日酒店及度假村、智选假日酒店等。洲际酒店集团旗下拥有、管理、出租或托管的酒店达4 500多家，共有672 000多间客房，遍布全球将近100个国家和地区，并有1 000多家在建酒店。洲际酒店集团也是世界上客房拥有量最大、跨国经营范围最广的酒店集团。洲际酒店集团于1984年进入中国市场，是最先进入中国的国际酒店管理公司，也是目前在中国接管酒店最多的超级酒店集团，旗下酒店遍布多个城市，年总收益超过10亿美元。

洲际酒店集团如今在中国的发展速度被认为是前所未有的。而人才是企业快速、可持续发展的关键。洲际酒店集团在中国拥有 60 000 多名员工。作为接待业的一员，洲际酒店集团在快速发展的同时，同样也面临酒店业人才短缺等问题。不同的是，这个曾获得“最适宜工作的 25 大公司”“英国最受欢迎公司”“亚洲最佳雇主”等荣誉的企业自有解决之道。

一方面，洲际酒店集团在其官网上开辟了全球招聘主页，据有关资料，已有超过 180 万人访问了该主页，超过 100 万人表达了就业意向（2012 年）；另一方面，洲际酒店集团已从坐等“招人”转变为协助“育人”，从人才的“接收方”“购买者”迈向人才的“生产者”，主动参与人才生产过程，更从育优秀人才到打造“未来英才”。这些行动对集团自身的人力资源发展，甚至对整个行业的人员素质提升，都有明显的作用。其中，其合作育人的模式值得旅游院校研究和借鉴，从某种意义上，起到了推动、促进国内旅游院校进一步改革发展的效果；而打造“未来英才”的管理培训生制度，既能给优秀的酒店专业学生前景和希望，也对我们的育人理念、培养模式有积极的启示。

1. 洲际酒店集团英才培养学院——迈向专业人才的“生产者”

洲际酒店集团长期致力于对中国本土人力资源的培养，为了满足中国日益发展的酒店业对人力资源的大量需求，集团实践了业内领先的校企合作办学模式，与优秀的专业院校共同成立洲际酒店集团英才培养学院。该学院的使命是：为整个行业培养可持续发展的酒店人才。英才培养学院可为每所学校提供不同等级的学历及学位课程，除了各院校专业教师讲授的理论课程外，集团的高级管理人员还定期为学生传授行业实践经验，此外，所有学生均将获得洲际酒店集团旗下酒店实习的机会。首家英才培养学院于 2006 年 6 月在上海成立，之后，该合作模式在全国各地迅速发展，吸引了大量有志于进入中国飞速发展的酒店业的青年学生。例如：近年来，该集团与南京、杭州等多地优秀旅游院校签署合作协议，将英才培养学院从原来的 12 所扩展到 24 所，每年可培养近 5 000 名毕业生，能更好地满足华东地区对酒店业专门人才的需求，并且为更多旅游及酒店专业学生提供在洲际酒店集团旗下酒店以及整个行业的就业机会。洲际酒店集团建立了以英才培养学院为中心的育才模式（见图 1－3）。

2. 管理培训生计划——打造“最有实力的未来领导者”

如今，管理培训生（Management Trainee，MT）在国内已不再陌生，其起源于国外大企业里以“培养公司未来领导者”为主要目标的特殊项目。具体而言，管理培训生是大企业自主培养企业中高层管理人员的人才储备计划，通常是这些培训生在公司各个不同部门实习，了解整个公司运作流程后，公司再根据其个人专长做相关安排，他们中的大多数人可以胜任部门、分公司负责人等职位。传统的接待业（包括高星级酒店）在快速发展中不仅面临“用工荒”的困扰，难以吸引优秀人才、人才流失率高等也是其人才资源建设中需要攻克的一些难点。可以说，管理培训生制度引入酒店业，吸引能并让优秀的管理人才快速成长，对改变这种局面产生了积极效果。在这方面，洲际酒店集团应

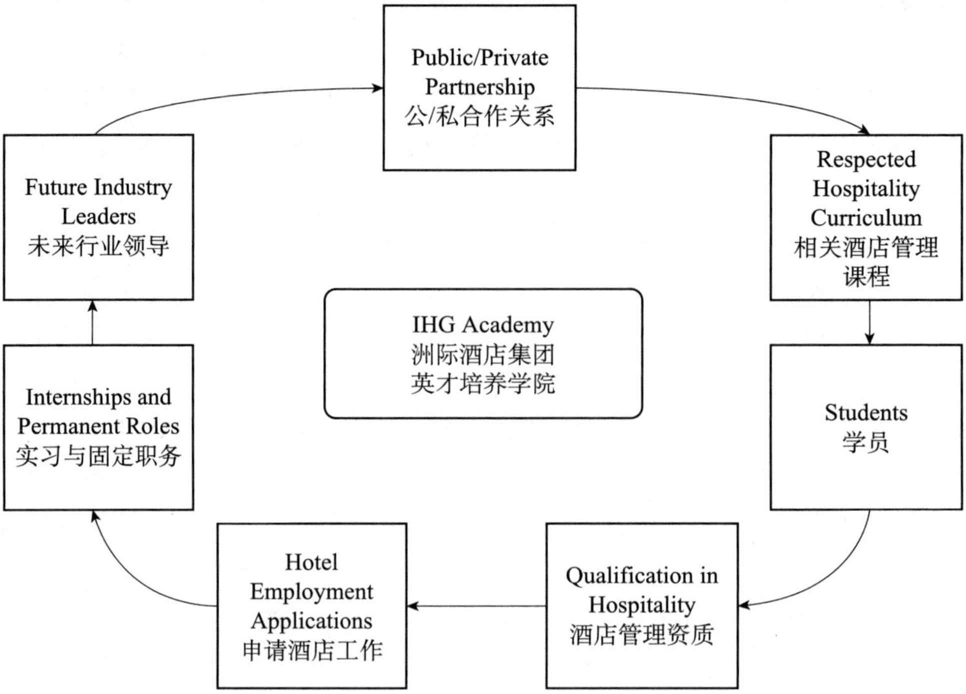


**图 1-3　以洲际英才培养学院为中心的育才模式**

该说是做得最成熟和成功的。

在中国，洲际酒店集团管理培训生项目通过 12～18 个月，让管理培训生学会如何运行一家大型酒店的内外事务，以及成为未来酒店管理者的素质，成为“最有实力的未来领导者”。在整个过程中，洲际酒店集团对人才选拔标准、招聘与选拔程序、培养方案、培训与发展、薪酬与福利等各环节都有明确规定。

● 人才选拔标准

近期获得学士学位的毕业生、中国公民或永久中国居民、较高的英文水平、出色的人际沟通技巧、优秀的领导力素质，对酒店充满热情，并且至少需 6 个月的酒店业工作或实习经验。

● 招聘与选拔程序

集团为寻找“最有实力的未来领导者”，应聘者需经过以下步骤严格筛选：在线申请→在线预筛选→电话面试→初步面试→评估中心→在线能力测试→最终环节面试。

● 培养方案

**表 1-1　培训方案**

| 阶段 | 目的 | 时间 | 具体安排 |
|---|---|---|---|
| 一阶段 | 定向导入 | 4 至 6 个月 | 管理培训生将学习酒店内每一个功能如何有助于业务的全面成功，要经历酒店客房部、食品和饮料部、销售及市场推广及其他业务支持等各部门 |

续前表

| 阶段 | 目的 | 时间 | 具体安排 |
| --- | --- | --- | --- |
| 二阶段 | 选择部门（路径） | 4至6个月 | 在已经尝试过所有不同部门后，管理培训生可以选择一个希望专业从事的部门。其间，公司还会提供高水平课程，便于他们更深入地研究所选择的部门工作 |
| 三阶段 | 为未来做准备 | 4至6个月 | 在最后阶段，管理培训生会得到一个作为领导者在其专业领域开展工作的机会，他将会体验到完成“未来领袖计划”之后的工作生活。在这段时间内，管理培训生还可以提交一项由其推动且属于自己的计划 |

● 培训与发展

洲际酒店集团承诺为“未来之星”提供世界一流的培训和发展机会，包括基于经验的学习、教学为基础的学习、关系为基础的学习三大部分（见表1-2）。

**表1-2　培养与发展方式与内容**

| 方式 | 内容 |
| --- | --- |
| 基于经验的学习 | 酒店和公司的登记程序<br>部门职能轮换计划<br>在职培训<br>技术和专业系统培训<br>项目的设计和实施<br>在最后阶段的代理位置 |
| 教学为基础的学习 | 品牌服务行为和加速领导力发展计划，如工作坊、电子学习课程 |
| 关系为基础的学习 | 由酒店总经理作为其教练<br>定期与区域人力资源经理进行探讨 |

● 薪酬与福利

对于薪酬与福利也有明确的规定，在一开始的时候，管理培训生将获得与在当地酒店的市场主管大致相同的薪酬与福利待遇。

**分析：**

洲际酒店集团面向专业学生的人才发展措施与目前酒店业人力资源发展的趋势有哪些契合点？

## 实践训练

**实践一　酒店服务员的岗位说明书**

实践目的：通过走访酒店，熟悉不同岗位酒店服务员的工作情况，选取一个自己感兴趣的工作岗位，根据所学到的工作说明书的内容和编制方法，编制所选取的岗位的工作说明书（包括职位描述和任职要求）。

实践要求：应当了解酒店服务员所包含的不同岗位的大致工作职责，熟悉工作说明书编制的方法和流程。选取的酒店应该允许进行调研并且交通比较方便。

实践指导：

（1）每组同学都应该通过网络收集资料，了解酒店的组织结构以及不同岗位的工作职责，并选定1～2个自己最感兴趣的工作岗位，岗位尽量是服务员层次，这样基数比较大，方便调研。

（2）全班同学自由组合、有序分组，一组3～4人为宜，选取不同类型的酒店进行调研。

（3）每个小组根据自身情况选定一个准备调研的酒店，并做好初步的衔接工作，防止调研工作影响酒店的日常工作。

（4）每个小组选定最适合自己的职位分析方法，编制职位分析记录表、问卷或者面谈提纲等，应该与指导老师进行充分的沟通，使得表格相对完善。

（5）每个小组根据选定的不同方法和编制的材料选择恰当的时间到酒店进行调研，收集资料。

（6）根据收集到的资料编制职位描述和任职要求，在小组讨论的基础上修改完善，交由指导老师和酒店HR审核。

（7）指导老师应根据岗位说明书编写内容的完整性、格式、语句表达、用词的准确性进行评定。

**实践二　酒店人事部工作岗位了解**

实践目的：通过走访酒店，熟悉酒店人事部的工作内容、工作流程及工作范围，选取某个工作岗位，罗列其主要工作任务和工作流程图。

实践要求：自由选择一家不同类型酒店作为调查对象，在了解酒店基本情况的基础上，准备好向酒店人事部主管及相关人员的各类问题，在访谈的基础上形成访谈报告，了解清楚被调查酒店人事部较为完整的工作内容、工作流程及工作范围等。

实践指导：

（1）每组同学都应该通过网络收集资料，对不同类型酒店人力资源部相关工作岗位进行初步了解。

（2）全班同学自由组合、有序分组，一组3～4人为宜，选取不同类型的酒店进行调研。

（3）每个小组根据自身情况选定一个准备调研的酒店，并做好初步的衔接工作，防止调研工作影响酒店的日常工作。

（4）每个小组选定最适合自己的职位分析方法，编制职位分析记录表、问卷或者面谈提纲等，应该与指导老师进行充分的沟通，使得表格相对完善。

（5）每个小组根据选定的不同方法和编制的材料选择恰当的时间到酒店进行调研，收集资料。

（6）根据收集到的某个岗位资料，罗列其工作任务，画出工作流程，在小组讨论的基础上修改完善，交由指导老师和酒店HR进行审核。

(7) 指导老师应根据岗位说明书编写内容的完整性、格式、语句表达、用词的准确性进行评定。

**延伸阅读**

酒店员工职业倦怠调查报告

# 第二章 酒店人力资源规划

【本章导读】

人力资源规划是酒店发展战略的重要组成部分，也是酒店人力资源管理各项工作的起点与依据。有效的人力资源规划可以预防机构臃肿，降低经营成本，优化人力资源的配置。本章主要介绍了人力资源规划的含义以及酒店人力资源规划的内容，分析了酒店整体规划与人力资源规划的关系，说明了酒店人力资源规划的共同要求。同时进一步阐述了制定与实施酒店人力资源规划的程序，酒店人力资源总体规划和具体规划的编制，实现人力资源供求平衡的措施，以及人力资源需求预测和供给预测的方法。

【学习目标】

- 理解并掌握酒店人力资源规划的概念
- 了解酒店人力资源规划在酒店经营管理中的作用
- 了解酒店人力资源规划的种类和内容
- 熟悉酒店人力资源规划编制的一般程序
- 掌握影响酒店人力资源供给预测和需求预测的因素
- 掌握酒店人力资源供给预测和需求预测的方法
- 掌握酒店人力资源规划中平衡供需的措施

【关键术语】

人力资源规划、战略计划、经营计划、年度计划、经验判断法、专家预测法、趋势分析法、比例分析法、净需求、员工流失率、员工留存率、员工流动、人员继任法、人员核查法、马尔柯夫转移矩阵法

**案例导入**

### 人力资源部经理为何会疲于应付?

某酒店集团在短短6年之内由一家小旅馆发展成为国内著名的酒店集团。近年来，由于高级管理人员中有2人跳槽，酒店经营受到严重影响，集团总经理召开紧急会议，命令人力资源部经理3天之内招到合适的人员顶替空缺。人力资源部经理两天两夜没睡觉，奔走于全国各地人才市场，最后勉强招到2名已经退休的高级管理人员。人力资源部经理刚刚喘口气，分店经理又打电话给他说自己所在的酒店已经超编了，不能接收前几天派过去的5名大学生。人力资源部经理怒气冲冲地说："是你自己说缺人，我才招来的，现在又不要了!"分店经理说："是啊，我两个月前缺人，你现在才给我，现在早就不缺了。"人力资源部经理解释道："招人也是需要时间的，我又不是孙悟空，你一说缺人，我就变出一个给你……"

**思考：**

1. 上述案例中的人力资源部经理为何会疲于应付？有什么办法能解决这种现象吗？

2. 你觉得人力资源部最重要的职责是什么？

# 第一节　酒店人力资源规划概述

## 一、酒店人力资源规划的概念

人力资源规划（Human Resource Planning）又称人力资源计划，是指为实现组织发展目标与战略，根据组织内外部环境的变化，运用科学的方法对所属人力资源的供需进行预测，制定合适的政策和措施，以确保组织在需要的时候和需要的岗位上得到所需要的人力资源的过程。人力资源规划是一种战略规划，它着眼于组织未来的经营管理活动，该项活动预先准备各种人力，并持续、系统地分析组织在不断变化的条件下对人力资源的要求，开发、制定与组织长期效益相适应的政策及策略。因此，人力资源规划是组织整体战略规划的有机组成部分。

酒店人力资源规划就是进行酒店人力资源供需预测，并使之平衡，获得可持续发展的过程。对酒店人力资源规划的理解，需要抓住几个要点：

（1）人力资源规划连接酒店现实状况与未来的发展，在顺应与尊重现实的基础上着眼于解决未来企业人力资源的需要。人力资源规划是指导企业如何支配与运用人力资源以达到目标的方法与手段，通过分析事物的因果关系，探求适应未来的发展途径，以作为目前的决策依据。

（2）通过人力资源规划确保酒店和各部门在需要的时间和岗位上获得所需要的合格人员，并使组织和个人得到长期发展，并且在酒店和员工目标最匹配的情况下，使人力资源的供给和需求达到平衡。

（3）酒店人力资源规划要有明确、清晰的人力资源计划和政策作保障，如招聘、培训开发、晋升与降职、退休、奖罚、人事调动等计划或措施。它确保酒店人力资源规划目标的实现和员工需要的满足。

（4）酒店人力资源规划是一个动态、持续的过程。不能片面地将人力资源规划理解为只是收集信息和制定相关的人事政策，依赖以往规划就可以一劳永逸。如果人力资源规划与组织战略目标的变化、环境的变化、市场需求的变化和人才自身发展需要的变化不相适应，就会导致人力资源得不到合理的利用，从而严重影响人力资源的稳定性，甚至造成酒店人才的流失。

（5）酒店人力资源规划立足于组织和个体长期利益的一致性，因此人力资源规划要创造良好的条件，能充分发挥每个人的主观能动性和创造性，提高工作效率，使组织目标得以实现。

## 二、酒店人力资源规划的作用

为了实现酒店的战略目标与管理目标，必须对人力资源在质量和数量上有所规划。任何酒店竞争战略的成功与否很大程度上取决于人力资源的参与程度。制定科学的人力资源规划，有助于酒店合理利用人力资源，提高员工劳动效率，降低人力成本，增加酒店经济效益。因此，酒店人力资源规划对于酒店的发展具有重要意义。

### （一）有利于酒店制定战略目标和总体发展规划

人力资源规划与酒店总体发展规划是互为依据、相互支持的关系（见图 2－1）。酒店总体发展规划为人力资源规划的制定提供了方向和支持，反过来，人力资源规划又有利于酒店整体战略目标和发展规划的制定，可以促使战略目标顺利实现。酒店高层管理者在制定战略目标和发展规划时，需要依据酒店自身的各种资源条件，特别是人力资源条件。人力资源规划为酒店高层管理者了解目前企业人才状况，在一定时期内进行人员调动、培训、招聘等，以及制定科学、理性的决策奠定基础。

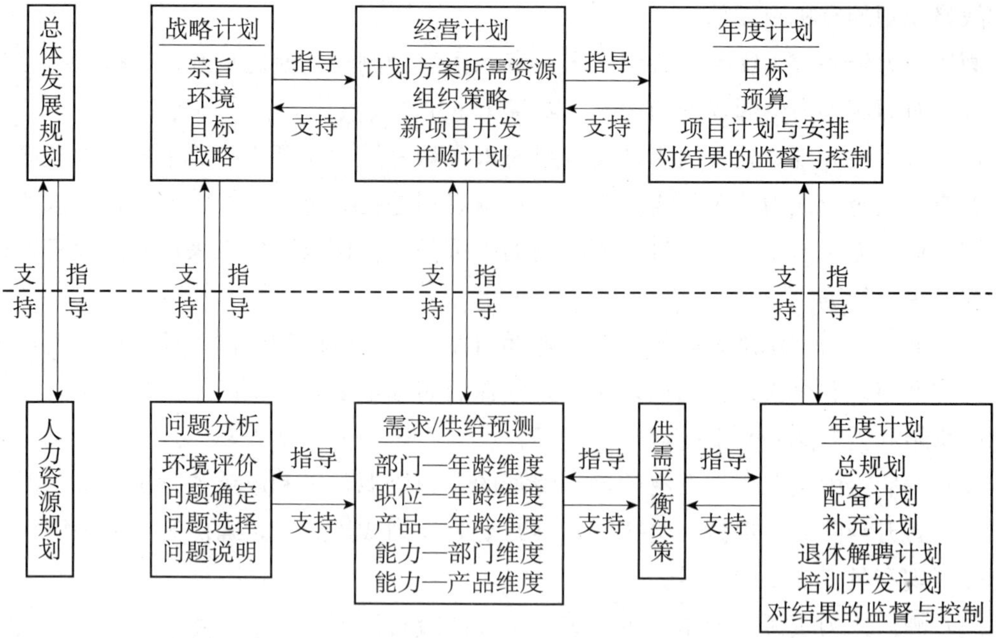


**图 2－1　人力资源规划与酒店总体发展规划的关系**

### （二）确保酒店在生存和发展过程中对人力资源的需求

酒店的生存和发展与人力资源的结构密切相关。在静态组织条件下，人力资源规划并非必要。因为静态组织意味着它的生产经营领域不变、所采用的技术不变、组织规模不变，也就意味着会对人力资源的数量、质量和结构均不发生变化。显然这是不可能的。对于内外环境不断变化的酒店来说，人力资源的供给和需求平衡不可能自动实现，酒店要分析供求差异，并采取适当的手段调整差异。这也是人力资源规划的基本职能。例如：酒店大量引进管理新技术，使计算机系统部分代替了原来的手工操作，提高了工作效率，节省了人力，同时要求酒店对员工进行培训以使其掌握新技术，提高个人能力和素质。在这种情况下，酒店如果没有事先对人员情况进行分析和了解，没有采取提高员工素质或招聘高素质人才的措施，就会由于现有人员不能胜任而导致管理活动不能正常运转。同时，酒店内部的其他人力因素也在不断地变化，如自然减员、辞职、岗位调动、职位升降等，因此人力资源部门必须分析酒店人力资源的供给与需求之间的差异，制定各项规划来满足企业对人力资源的需要。

### （三）为酒店管理提供重要依据

在大型和具有复杂结构的酒店中，人力资源规划的作用特别明显。因为随着酒店规模的扩大和结构的复杂化，管理的工作量和难度也在增加，无论是确定人员的需求量、供给量，还是职务、人员以及任务的调整，不进行规划显然是难以实现的。例如：什么时候需要补充人员、补充哪些层次的人员、如何避免各部门人员提升机会的不均等的情况、如何组织多种需求的培训等。这些管理工作在没有人力资源规划的情况下，就避免不了头痛医头、脚痛医脚的混乱状况。因此，人力资源规划是组织管理的重要依据，它会为酒店的录用、晋升、培训、人员调整以及人力成本的控制等活动提供准确的信息和依据。

### （四）有利于合理利用人力资源，提高酒店劳动效率，降低人力成本

酒店人力资源规划对预测中长期的人力成本有重要的作用。人力成本中最大的支出是工资，而工资总额在很大程度上取决于组织中的人员分布状况。人员分布状况指的是组织中的人员在不同职务、不同级别上的数量状况。当一个酒店规模小的时候，处于低级职务的人多，人力成本相对便宜；但随着时间的推移，人员数量的增加和人员的职务等级水平上升，工资的成本也就增加，如果再考虑物价上涨的因素，人力成本就可能超过酒店的承受能力。人力资源规划可以调整人力配置不平衡的状况，进而谋求人力资源的合理化使用，使人力成本控制在合理的支付范围内，从而提高酒店的劳动效率。人力资源规划还可以通过对现有的人力资源结构的分析和检查，找出影响人力有效运用的主要矛盾，充分发挥人力效能，降低人力成本在总成本中的比重，提高酒店的经济效益。如果没有人力资源规划，未来的人力成本是未知的，难免会发生成本上升、效益下降的趋势，因此，在预测未来酒店发展的条件下，有计划地逐步调整人员的分布状况，把人力成本控制在合理的支付范围内，是人力资源规划的重要作用。

### （五）有利于发挥酒店人事决策功能

人力资源规划的信息往往是人事决策的基础，如采取何种晋升政策、制定何种报酬分配政策等。人事政策对管理的影响是非常大的，而且持续时间长，调整起来相当困难。为了避免人事决策的失误，准确的信息是至关重要的。例如：一家酒店在未来某一时间缺乏某类有经验的员工，而这种经验的培养又不可能在短时间内实现，那么如何处理这一问题呢？如果从外部招聘，有可能找不到合适的人员，或者成本高，而且有可能需要一个阶段的工作适应过程。如果自己培养，就需要提前进行培训，同时还要考虑培训过程中人员的流失可能性等问题。显然，在没有确切信息的情况下，无法考量这些存在的问题，决策也就无法保证是客观而准确的。

### （六）有利于发挥员工潜力，调动员工的积极性

酒店人力资源规划不仅是面向酒店的规划，而且是面向员工的规划。酒店的人事政策如果出现了较严重的问题，往往是因为没有制定科学、细致的人力资源规划。许多酒店面临频繁的员工跳槽，表面上看起来是因为酒店无法给员工提供优厚的待遇或者晋升渠道，实际上显示了酒店人力资源规划的空白或不足，因为并不是每个酒店都能提供有吸引力的薪金和福利来留住人才。但是，许多缺乏资金、处于发展初期的中小型酒店照样可以吸引到优秀人才并迅速成长。它们的成功之处在于立足酒店自身情况，营造酒店与员工共同成长的组织氛围，充分发挥团队精神，规划酒店的宏伟前景，让员工对未来充满信心和希望，同酒店共同发展，为有远大志向的优秀人才提供施展才华、实现自我

超越的广阔空间。因此，酒店人力资源规划要着力考虑员工的发展。在人力资源规划的基础上，引导员工进行职业生涯规划和管理，让员工清晰了解未来的职位空缺，看到自己的发展前景，从而去积极地努力争取。这样的人力资源规划不仅能使员工发挥潜力，而且对调动员工积极性也非常有益。

## 三、酒店人力资源规划的种类与内容

### （一）酒店人力资源规划的种类

酒店人力资源规划的种类繁多，可以根据实际需要灵活选择。

#### 1. 按规划期的长短划分

按规划期的长短划分，可分为短期人力资源规划、中期人力资源规划和长期人力资源规划三类。短期人力资源规划是指6个月至1年的规划，其目标比较明确，内容也比较具体，更多地体现为执行性计划。长期人力资源规划一般是指5年及以上的规划，由于规划的时间比较长，对各种因素不可能作出准确的预测，因此这类规划往往是指导性的，具有强烈的战略性，在具体实施时要随着内外部环境的变化不断调整。中期人力资源规划则介于长期人力资源规划和短期人力资源规划之间，一般是指1年以上5年以内的规划。对短期人力资源规划来说，中期人力资源规划具有一定的指导性，但对长期人力资源规划来说，它又强调具体战术，常常是长期人力资源规划的阶段性目标与规划。

#### 2. 按规划的范围划分

按规划的范围划分，可分为整体人力资源规划和部门人力资源规划。整体人力资源规划是指在整个酒店范围内进行的规划，它将酒店的所有部门都纳入规划的范畴，具有全局性和整体性。部门人力资源规划则是指在整个部门范围内进行的规划。整体人力资源规划是在部门人力资源规划的基础上进行的。

#### 3. 按规划的性质划分

按规划的性质划分，可分为战略性人力资源规划和战术性人力资源规划。前者的主要特点是具有全局性和长远性，通常是酒店人力资源战略的表现形式；后者一般是指具体的、短期的规划，具有专门针对性的业务计划，主要包括人员补充计划、人员分配计划、人员接替和提升计划、工资激励计划等。

### （二）酒店人力资源规划的内容

酒店人力资源规划是一个连续的过程，主要包括两个层面：酒店人力资源总体规划和酒店人力资源业务计划。制定酒店人力资源规划时，要保持各项计划和政策的一致性，确保通过计划的实施使未来酒店对人力资源的需求得到满足，人力资源战略目标得以实现。

#### 1. 酒店人力资源总体规划

酒店人力资源总体规划是指在计划期内人力资源管理的总目标、总政策、实施步骤和总预算的安排，它是连接人力资源战略和人力资源管理具体行动的桥梁。酒店人力资源总体规划一般包括以下几个方面：

（1）与酒店的总体规划有关的人力资源规划总原则、总目标、总方针，以及任务的说明。

（2）有关酒店人力管理的各项政策策略及其有关说明。

（3）酒店内部人力资源的供给与需求预测、酒店外部人力资源情况与预测。

（4）酒店人力资源净需求。酒店人力资源净需求可在人力资源供需预测的基础上得出。

2. 酒店人力资源业务计划

酒店人力资源业务计划包括职务编制计划、人员补充计划、人员分配计划、人员提升计划、教育培训计划、工资计划、保险福利计划、劳动关系计划、人员裁减计划、退休解聘计划等。这些业务计划是总体规划的展开和具体化。每一项业务计划都由目标、任务、政策、步骤及预算等部分组成。这些业务计划的结果能保证人力资源总体规划目标的实现。

由于酒店人力资源规划的内容涉及人员补充、培训、分配使用、晋升、工资等具体方面及其内在联系，因此在制定各项业务计划时应注意相互之间的平衡与协调。例如：在酒店分配计划中强调对有发展潜力的管理人员与员工进行职位轮换，如果没有相应的教育培训计划作保证，则上述计划就难以实现。

酒店人力资源规划的详细内容如表 2-1 所示。

**表 2-1　酒店人力资源规划内容一览表**

| 计划类别 | 目标 | 政策 | 预算 |
| --- | --- | --- | --- |
| 总体规划 | 总目标（绩效、人力资源总量控制、员工满意度等） | 基本政策（扩大、缩小、保持稳定等） | 总预算 |
| 人员补充计划 | 合理的人力资源数量与结构，较高的员工绩效 | 人员素质标准、人员来源范围、初始工资等 | 招聘、选拔、录用费用 |
| 人员分配计划 | 部门编制、人力资源结构优化、绩效改善、职位匹配、各部门定岗定员标准、绩效考评目标 | 任职条件、职位轮换范围及时间等 | 按使用范围、差别及人员状况决定工资、福利、薪酬预算 |
| 人员接替和提升计划 | 确保后备人才数量，优化人才结构及绩效目标 | 选拔晋升标准、晋升比例，未提升人员安置等 | 职务变动引起的工资变动 |
| 教育培训计划 | 提高素质、技能，改善技巧，转变态度和作风等 | 训练时间的保证，培训效果的评估等 | 教育培训总投入及脱产损失 |
| 薪酬激励计划 | 减少人才流失，提高士气，改进绩效等 | 工资政策、激励政策、激励重点等 | 增加的工资、奖金总额预算 |
| 劳动关系计划 | 降低非期望离职率，改进劳资关系，减少投诉，增加员工参与度等 | 鼓励员工参与管理，加强沟通 | 法律诉讼费 |
| 退休解聘计划 | 编制合理，降低劳务成本，提高劳动生产率 | 退休政策及解聘程序 | 退休人员安置费、人员重置费 |

# 第二节 酒店人力资源规划的程序与影响因素

## 一、酒店人力资源规划的程序

酒店人力资源规划的程序，一般可以分为调查分析、预测、制定与实施和评估反馈四个阶段（见图2-2）。

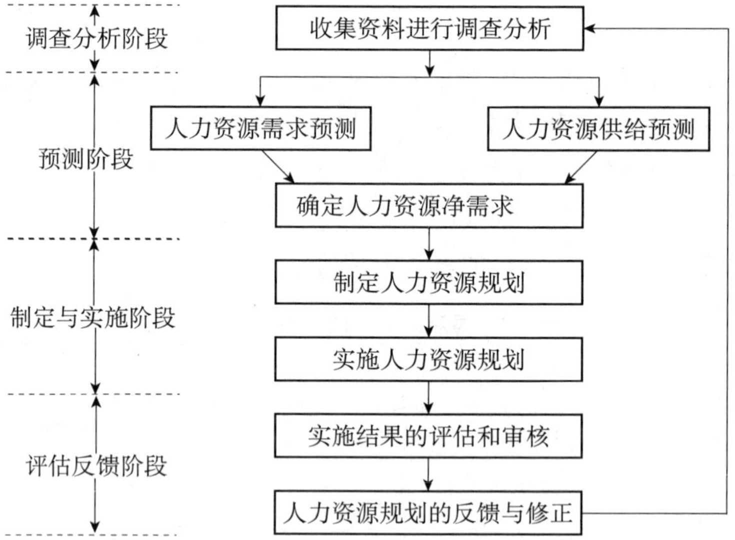


**图2-2 酒店人力资源规划的程序**

### （一）调查分析阶段

酒店内外部相关信息是制定酒店人力资源规划的依据。调查分析阶段的主要任务就是广泛收集酒店内外部的各种信息资料，并进行分析与整理，为后续阶段确定使用方法和工具做好准备。

酒店内部信息资料主要包括：酒店总体战略、人力资源战略、员工流动状况、员工素质、人力资源成本及其变动趋势、产品的市场占有率、岗位需求变化等。

酒店外部信息资料主要包括：宏观经济发展趋势、酒店行业的发展前景、主要竞争对手的动向、相关技术发展情况、劳动力市场相关人才的供需状况、政府有关政策法规等。

### （二）预测阶段

预测阶段是人力资源规划中的关键阶段。在所收集的人力资源信息的基础上，采用定性与定量相结合、以定量为基础的各种统计方法和预测模型，对酒店未来的人力资源状况进行预测，并在此基础上确定人力资源供需差异。

1. 人力资源预测

人力资源预测主要从需求和供给两个方面进行。供给预测包括：一是酒店内部人员拥有量预测；二是酒店外部供给量预测，即确定在规划期内的某一时期可以从外部获取的各类人员数量。酒店在进行人力资源预测时，应把重点放在内部人员拥有量的预测上，根据现有人力资源及未来变动情况，预测规划期内各时点的人员拥有量。至于外部供给量预测，则着重于关键人员、高级管理人员、专业技术人员的预测。需求预测将在第三节详细阐述。

2. 供需差异确定

酒店在对员工未来的需求与供给数据预测的基础上，将本酒店人力资源需求的预测数与在同期本单位自身可供给的人力资源预测数进行比较分析，就可以计算出供需差异，确定各类人员的净需求。如果净需求是正值，表明组织这类人员欠缺，需要通过招聘、调配或酒店内部提升等方式补充；如果是负值，则表明酒店在这方面人员出现过剩，需要采取裁员、精简等方式。

### （三）制定与实施阶段

规划的制定与实施紧密相连。因此，本阶段工作主要包括两个方面。

1. 制定酒店人力资源规划

酒店应首先拟定人力资源战略，根据人力资源战略制定总体规划，再制定各项具体的业务计划以及相应的人事政策，以便各部门贯彻执行。酒店人力资源规划的制定要保持各项计划和政策的一致性，确保通过计划的实施使未来酒店对人力资源的需求得到满足，酒店人力资源战略的目标得以实现。酒店人力资源供求达到平衡是人力资源规划的基本要求。

2. 实施酒店人力资源规划

酒店人力资源规划的实施是人力资源规划的实际操作环节。在实施过程中要注意协调好各部门、各环节的关系，并将其转化成有具体计划目标、日期、时间进度安排和资源投入的可操作项目，然后分解执行。在规划实施阶段，关键问题是必须有实现既定目标的组织保证。由于在实施过程中，许多可控或不可控因素都可能对酒店人力资源管理措施产生影响，因此要对人力资源规划进行动态的调整和监控，只有这样才能达到预期的目标，起到其应有的作用。

### （四）评估反馈阶段

有些酒店往往存在只重视人力资源规划的制定与实施，而忽视人力资源规划的评估工作，这可能导致人力资源规划流于形式，最终影响组织战略目标的实现。对人力资源规划的实施结果进行评估可以明确规划的有效性，了解问题所在，促使规划得以更好地落实。

酒店人力资源规划是一个持续循环的动态过程，它具有滚动发展的性质。酒店将人力资源的总体规划和各项业务计划付诸实施后，要根据实施的结果进行评估，并及时反馈评估结果，以修正人力资源规划，使其更切合实际，更好地促进酒店目标的实现。

1. 酒店人力资源实施结果的评估

在实施人力资源规划的同时，要进行定期与不定期的评估和审核。通过人力资源的评估和审核工作，可以对规划的执行者造成一定的压力，以避免规划的实施流于形式。在评估和审核的方法上，可以采用目标对照审核法，即以原定目标为标准逐项评估和审核；也可以采用广泛收集并分析、研究有关数据的方法，如在某一时段内各类人员的流动情况、员工的生产积极性等。

在对酒店人力资源规划进行评估时，一定要尽量做到客观、公正和准确。同时，要进行成本-效益分析以及审核规划的有效性。对于酒店人力资源是否有效运用，可从若干指标显示出来，如人力成本降低、劳动生产率提高、服务质量改善等。

2. 对人力资源规划的反馈与修正

这是人力资源规划过程的最后一步，也是比较容易被忽视的一个阶段。评估结果出来后，应及时进行反馈，进而对原规划的内容进行适时的修正，以确保规划的可操作性和滚动发展相衔接。

## 二、酒店人力资源规划的影响因素

影响酒店人力资源规划的因素是多种多样的，总体上可分为酒店内部的影响因素和酒店外部的影响因素。

### （一）酒店内部的影响因素

1. 组织目标变化

组织目标主要是指经营目标和管理目标。目标是组织持续发展的方向和动力。酒店人力资源规划的最终目标是通过人员的规划与管理获得和保持酒店的竞争优势。随着市场需求日趋变化，市场竞争越来越激烈，加上组织内部员工结构与工作行为等因素的变化，组织为了保持稳定和持续的发展，需要根据外部环境的变化和自身情况的变化适时调整经营目标和管理目标，而目标的改变必然会影响组织对人力资源的需求情况。因此，酒店的人力资源规划必须根据组织目标的变化进行相应的调整。酒店制定酒店人力资源规划时不仅要了解酒店现状，更要认清酒店的战略目标方向和内外环境的变化趋势；不仅要了解酒店现实的人力资源表现，更要认清酒店人力资源的潜力。

2. 组织形式变化

组织形式是随着经济体制的变革、管理制度的改革而变化的。例如：过去我国酒店企业实行的企业领导制度是经理负责制，组织形式比较繁杂；而现在推行的是现代企业制度，这一改革必然会给人力资源的需求带来相应的变化，从而要求人力资源规划也作出相应的调整，以符合现代化新型组织形式的要求，从而促进企业制度的合理化和不断完善。

3. 高层管理人员变化

组织高层管理人员的变化往往会使企业的经营目标发生变化，从而影响人力资源规划，而且不同的高层管理人员对人力资源管理的观念以及所持的态度不同，也会影响对人力资源管理的支持和重视程度。如果酒店的高层管理人员能够认识到人力资源管理在组织中的重要作用，而且对开展人力资源管理活动给予足够的重视和支持，那么人力资源规划工作就能顺利地进行，而制定出的人力资源规划也会促进酒店经营战略的制定和实施。

4. 员工流动与素质变化

一方面，随着社会的进步和酒店行业的发展，酒店业员工的整体素质在不断地提高，酒店企业中知识型员工的构成、管理人员的比重也相应发生变化。在这种形势下，传统的人事管理体制和方法已不能适应发展的需求，现代人力资源开发、管理体制和方法的运用越来越普遍，而人力资源规划作为人力资源管理的基础工作，必须作出相应的调整，以保证人力资源管理活动既能适应员工素质的变化，又能促进员工素质的提高。

另一方面，酒店企业的员工流动率高是比较普遍的现象，这也使企业现实中的员工队伍素质处于不稳定的状态，因此人力资源规划也需要根据这种变化不断地调整和修改。

### （二）酒店外部的影响因素

1. 劳动力市场的变化

酒店制定人力资源规划的最重要依据之一就是劳动力市场的供给与需求的预测。即在不同的人力资源供求情况下应该制定不同的人力资源规划。劳动力市场是酒店的外部人员储备，通过这种储备酒店能够招聘到其所需的员工。酒店员工的能力在很大程度上决定酒店能否顺利地完成自己的目标。由于可从酒店外部聘用新的员工，因此劳动力市场便是人力资源管理必须考虑的一个外部环境因素。劳动力市场是随时变化的，这就引起酒店劳动力的变化。在这种变化中，酒店内部每个人的变化都会影响管理者对于劳动力问题的处理方式。目前酒店急需大量的优秀管理人才，人力资源规划应充分满足酒店对管理人才的需求，认真拟定优秀管理人才的补充、在职员工的培训与选拔以及薪酬激励等规划内容，力争为酒店招聘和培养更多的适应酒店需求的管理人才。

2. 政府政策的变化

政府相关政策的制定与修改会影响酒店企业的人力资源规划。例如：从防止外地劳动力进入本地劳动力市场到允许人才自由流动，大学毕业生就业政策的调整与实施等，都会促使酒店企业制定相应的人力资源规划，来扩大人力资源的招聘范围，更广泛地吸引人才，为企业的持续发展提供充足的人力保证。

3. 市场竞争

行业发展现状会对企业人力资源规划产生影响。在酒店行业激烈的市场竞争中，一些酒店企业由于不能满足市场需求，经营不善，以至发展前景黯淡。在这种情况下，企业会考虑调整经营结构，转变经营方向以改变现状。相应地，企业人力资源规划也会调整或改变。

# 第三节　酒店人力资源规划预测与平衡

## 一、酒店人力资源需求预测

人力资源的需求预测就是估计组织未来需要多少员工，需要什么类型的员工。因此，人力资源的需求预测应该以组织的目标为基础，既要考虑现行的组织结构、生产率水平等因素，又要预见到未来由于组织目标调整而导致的一系列变化，如组织结构的调整、产品结构的改变、新技术的采用等，以及由此而产生的人力资源需求在数量和技能两方面的变化。

酒店人力资源需求预测的基本方法可分为主观法和客观法，具体方法有：经验判断法、专家预测法、趋势分析法、比例分析法等。

### （一）经验判断法

经验判断法是最常用的预测方法之一，即各级经理或管理人员根据自己的经验和直觉，自下而上和自上而下地确定未来所需人员。

采用自下而上的形式预测人力资源需求时，由部门经理提交人力资源需求预测方案，通过酒店人力资源部上报最高管理层审批。在许多时候，也可以采用自上而下的形式，由最高管理层预测酒店及各部门人力资源的需求情况，人力资源部参与讨论，提出建议。人力资源部要与部门经理讨论预测结果，并征得部门经理的同意。

最好的预测方法是将自下而上和自上而下两种形式结合起来。由最高管理层为部门经理准备一个人力资源规划指南，明确酒店未来经营活动的基本设想，以及预期所要实现的目标。部门经理根据规划指南对本部门的人力资源需求进行预测。人力资源部要为业务部门的人力资源需求预测提供咨询和帮助。同时，人力资源部要对酒店整体的人力资源需求进行预测。由主要部门负责人组成的人力资源规划小组对业务部门和人力资源部的需求预测报告进行审核和协调，将修改后的人力资源需求预测报告提交最高管理层审批。

### （二）专家预测法

专家预测法是一种定性预测的方法。它采用问卷的方式，以正面的形式收集各位专家对酒店未来人力资源需求量及其相关因素的分析，并经多轮反复，最终达成一致。

专家既可以是外部聘请的，又可以是酒店内部有丰富经验的管理人员或技术人员。具体做法是：第一，确定专家，并将所需要预测的内容编写成若干简明扼要的问题以问卷形式列出；第二，将问卷寄给所选定的专家，请他们在互不沟通、相互独立的方式下完成问卷；第三，归纳、分析专家的意见，并将结果反馈给每个专家，请他们修改自己的问卷，再将修改后的意见寄回；第四，在分析和讨论统计资料的基础上找出结果，得出结论。

在实施过程中，专家是在互不通气的情况下进行预测的，专家个人既不受其他专家预测结果的影响，也不受外界因素的干扰，因此能充分表达自己的意见，结果比较客观。但这种方法的难点在于问卷的设计和问题的提出是否具有专业性，这些问题对于预测酒店人力资源需求是否具有信度和效度。

### （三）趋势分析法

趋势分析法是通过找出企业中对劳动力数量和结构影响最大的因素，并分析由于这一因素的变动而导致企业劳动力数量和结构的变化规律，由此预测未来企业的人力资源需求。使用这一方法时，一般分为六个步骤：（1）确定适当的与员工人数有关的组织因素；（2）将这一组织因素与劳动力数量的历史记录进行比对，并绘制二者的关系图；（3）借助关系图计算每人单位时间的平均产量（劳动生产率）；（4）确定劳动生产率的趋势；（5）对劳动生产率的趋势进行必要的调整；（6）对预测年度的情况进行推测。对于酒店来说，客房部可以通过这一方法，根据客房数量、客房出租率以及服务员每人每天清洁客房卫生的次数来估计未来的人力资源需求。

在运用趋势分析法时，可以根据经验估计，也可以利用计算机进行较为复杂但更准确的回归分析。所谓回归分析法，就是利用历史数据找出某一个或几个组织因素与人力资源需求量的关系，并将这一关系用一个数学模型表示出来，借助这个数学模型推测未来人力资源的需求。

### （四）比例分析法

比例分析法，又称经验预测法，由于酒店中各部门的人员数量的配比有一定的比例关系，如酒店的前台人员、餐厅人员、客房人员、管理人员等人员数量与酒店的客房数量、服务项目、设施设备等情况直接相关，因此可按同等酒店的经验数量与比例确定本酒店的数量。如一般情况下，酒店客房部的员工占酒店员工总数的20％～30％，普通酒店员工总数与酒店客房数的比例大致在1∶1.5～1∶2。酒店管理人员也可按员工总数确定比例关系。

## 二、酒店人力资源供给预测

酒店人力资源需求预测只是人力资源规划的一个方面，通过需求预测，酒店可以了解到未来某个时期为实现酒店目标所需的人员数量和人员技能要求。除此之外，酒店还需要了解能够获得多少所需的人员，从何种渠道获得这些人员。

人力资源供给预测，又称人力资源拥有量预测，是人力资源预测的又一个关键环节。只有进行人员拥有量预测并把它与人员需求量相对比之后，才能制定各种具体的规划。

人力资源供给预测包括两部分：一是人力资源内部供给预测，即根据现有人力资源及其未来变动情况，预测计划期内人员拥有量；二是人力资源外部供给预测，确定在计划期内各类人员的可供量。

### （一）人力资源内部供给预测分析

人力资源内部供给预测应在对组织现有人员状况分析的基础上，考虑组织内部人员的流动状况，了解有多少员工仍然留在现在岗位上，有多少员工因岗位轮换、晋升、降级离开现在岗位到新岗位工作，有多少员工因退休、调离、辞职或解雇等原因离开酒店。

1. 现有人员状况分析

对现有人员进行分析是人力资源内部供给预测的基础。分析现有人员状况时，可以根据从人力资源信息系统或人员档案中收集的信息，按不同要求，从不同的角度进行分析。例如：分析员工的年龄结构有助于发现组织是否存在年龄老化或短期内会出现退休高峰等问题；分析员工的工龄结构有助于了解员工的流失状况和留存状况；分析现有人员的技能和工作业绩有助于了解哪些员工具有发展潜力，具有何种发展潜力，是否可能成为管理梯队的成员，未来可能晋升的位置是什么。除此之外，还可以根据需要对组织的管理人员与非管理人员的比例、技术工人与非技术工人的比例、直接生产人员与间接生产人员的比例、生产人员与行政人员的比例等进行分析，以便了解组织的专业结构、不同人员的比例结构等。技能清单是分析现有人员状况的有效方法。

2. 员工流失分析

员工流失是造成组织人员供给不足的重要原因，因此在对人力资源内部供给进行预测时，员工流失分析是不容忽视的因素。员工流失分析可以借助一系列指标来进行。

员工流失率是员工流失分析的一个重要指标，其计算公式为：

$$\text{员工流失率}=\frac{\text{一定时期内（通常为一年）离开组织的员工人数}}{\text{同一时期的员工人数}}\times 100\%$$

员工流失分析的目的在于掌握员工流失的数量，分析员工流失的原因，以便及时采取措施。所以，在进行员工流失分析时，既要从组织角度计算总的员工流失率，又要按部门、专业、职务、岗位级别等分别计算流失率，这样才有助于了解员工流失的真正情况，进而分析员工流失原因。

员工留存率也是员工流失分析的一个重要指标，它是指经过一定时期后仍然留在酒店的员工人数占期初员工人数的比率。例如：某酒店客房部期初有 10 名管理人员，2 年后留在酒店的有 7 名，则 2 年留存率为 70%；5 年后仍留在酒店的有 4 人，则 5 年留存率为 40%。通过员工留存率分析，酒店可以了解若干年后有多少员工仍留在酒店，有多少员工将离开酒店。

3. 组织内部员工流动分析

组织内部的岗位轮换、晋升或降级是管理工作的需要，也是员工发展的需要。因岗位轮换、晋升或降级而导致的组织内部人员的变动往往会产生一系列连锁反应。如酒店财务总监退休，财务部的财务经理升职为财务总监，会计师升职为财务经理等。由于财务总监一人退休，产生了一系列的岗位空缺：财务总监、财务经理、会计师……组织内部员工的流动既是组织人力资源供给的内部来源，又会产生新的岗位空缺。很多酒店通过管理人员梯队计划、退休计划和岗位轮换计划来掌握组织内部员工的流动情况，发现工作空缺，为人力资源供给预测提供信息。

### (二) 人力资源内部供给预测方法

1. 人员继任法

运用人员继任法时，人力资源部首先对酒店的人员进行详细调查并与决策者确定哪些人有能力升迁到更高层次的位置；然后绘制相应的管理职位人员储备评价图，也称管理人员继任图（见图 2-3），列出岗位可以替换的人选。采用这一方法的步骤是：1）确定需要制定人员接替计划的管理职位；2）确定每个管理职位的接替人选，所有可能的接替人选都应该考虑到；3）评价接替人选，主要是判断其目前的工作情况能否达到提升要求，并将接替人选分成不同的级别；4）确定职业发展需要，将个人的职业目标与组织目标相结合。

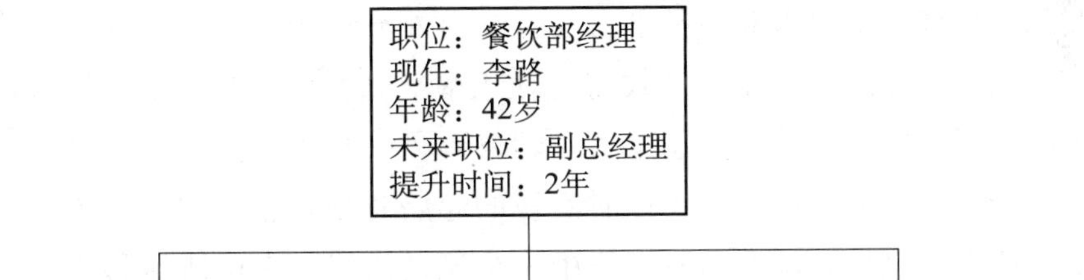


**图 2-3 管理人员继任图**

2. 人员核查法

为了获取员工的工作经历、受教育程度、特殊技能等与工作有关的信息，人力资源部可设计人员核查表（见表 2-2），逐项填写相关信息。这些信息可以输入电脑，以便在需要人力资源时随时查用，还可以帮助人力资源规划人员估计现有员工调换工作岗位的可能性和测定哪些人可以补充当前的职位空缺等。

运用人员核查法时，可以指导酒店内部人力资源供应状况，其主要作用如下：（1）评价目前酒店不同种类员工的供应状况；（2）确定晋升和换岗的候选人；（3）确定员工是否需要接受特定的培训或发展项目；（4）帮助员工确定职业计划与职业途径。

**表 2-2　人员核查表**

| | | | | | |
|---|---|---|---|---|---|
| 姓名 | | 性别 | | 出生日期 | |
| 部门 | | 职称 | | 入职日期 | |
| 教育背景 | 类别 | 学习时间 | 毕业学校 | 主修专业 | 学位种类 |
| | 中专/高中 | | | | |
| | 本科 | | | | |
| | 硕士 | | | | |
| | 博士 | | | | |
| 培训背景 | 培训时间 | 培训地点 | 培训内容 | 培训机构 | 培训考核 |
| | | | | | |
| | | | | | |
| | | | | | |
| 技能 | 技能种类 | 考核时间 | 考核地点 | 考核机构 | 等级水平 |
| | | | | | |
| | | | | | |
| | | | | | |
| 备注 | | | | | |
| 员工签名 | | 直属上级签名 | | 人力资源部负责人签名 | |

3. 马尔柯夫转移矩阵法

随着时间的推移，组织内部的员工会在组织内外流动和转移。马尔柯夫转移矩阵的基本假定是：组织内部的员工流动模式与流动比率（概率）会在未来大致重复。也就是说，在一定的时间段中，从某一状态（类）转移到另一状态（类）的人数比例与以前的比例相同，这个比例称为转移率，用该时间段的起始时刻状态（类）人数占总人数的百分值来表示。所以可以根据过去的时间段中人员流动的资料来构成转移矩阵，作为预测依据。如果给定各个状态（类）的人数、转移率和从外界补充进来的人员数目，那么各类人员的未来时间段的人数就可以预测出来。

下面以某酒店的员工变动为例加以说明。

如表 2-3 和表 2-4 所示，该酒店的工作级别为 A～D。其中，A 为最高级别，D 为最低级别，表中的每个元素表示一个时期到另一个时期、从一个岗位到转移到另一个岗位的人数比例。例如：AA 表示在任何一年内 80%的 A 岗位的员工仍留在 A 岗位，而有 20%的员工离开企业；BA 表示任何一年内，10%的 B 岗位的员工晋升到 A 岗位，75%的 B 岗位的员工仍留在原岗位，另有 15%的员工离职，以此类推。

表 2-3 马尔柯夫分析矩阵表 I

| 工作级别 | 初始人数 | A | B | C | D | 离职 |
|---|---|---|---|---|---|---|
| A | 10 | 0.8 | | | | 0.2 |
| B | 20 | 0.1 | 0.75 | | | 0.15 |
| C | 40 | | 0.05 | 0.8 | 0.05 | 0.1 |
| D | 60 | | | 0.15 | 0.7 | 0.15 |

表 2-4 马尔柯夫分析矩阵表 II

| 工作级别 | 初始人数 | A | B | C | D | 离职 |
|---|---|---|---|---|---|---|
| A | 10 | 8 | | | | 2 |
| B | 20 | 2 | 15 | | | 3 |
| C | 40 | | 2 | 32 | 2 | 4 |
| D | 60 | | | 9 | 42 | 9 |
| 终止期员工人数 | 130 | 10 | 17 | 41 | 44 | 18 |

通过各岗位员工流动的概率和规划初期每个岗位员工的数量，就可以预测酒店未来员工的供给量。将规划初期每个岗位员工的数量与相应的员工流动概率相乘，然后纵向相加，即可得到酒店内员工的净供给量。如表 2-4 所示，可以预测下一年 A 岗位将有 10 人，B 岗位将有 17 人，C 岗位将有 41 人，D 岗位将有 44 人。

### (三) 人力资源外部供给预测

人力资源外部供给预测在某些时候对酒店制定人力资源规划可能更加重要。由于人力资源外部供给预测受到的影响因素较为广泛且不易控制，因此应引起足够的重视。人力资源外部供给预测是建立在对劳动力市场、科技发展、市场竞争以及酒店的政策法规等外部影响因素进行环境扫描与分析的基础上完成的。

## 三、酒店人力资源供给与需求的平衡

在明确了人员的供给与需求之后，可将两者进行对比，决定预测期内某一时期企业对人员的净需求，即预测的需求值与供给值之差。在对人员供给和需求进行平衡时，不仅要确定整个企业的净需求，而且要确定每一岗位的净需求，这是因为在总供给与总需求平衡的情况下，某些岗位的人员有可能短缺，而另一些岗位的人员则有剩余。同时，在对人员供需进行平衡时，要对人员短缺岗位对人员技能的需求与人员剩余岗位的剩余人员所拥有的技能进行比较，以便在进一步的人力资源规划中采取相应的措施来解决人员剩余与短缺问题。如果两者的技能相似，就可以把剩余人员调整到人员短缺的岗位上去。

### (一) 人力资源短缺情况下的平衡

如果预测的结果是人力资源短缺，主要采取两种办法：利用酒店现有员工和从外部招聘新员工。

利用酒店现有员工的方法有：(1) 通过内部招聘将某些员工调到员工短缺的工作岗

位上；(2) 通过内部提拔和继任计划及时解决人力资源短缺问题，其中继任计划的具体做法是人力资源部门对企业的每位管理人员进行详细调查并与决策者确定哪些人适合晋升到更高层次的位置，然后绘制相应的职业计划储备评价图，列出适合的接替人选；(3) 通过技能培训提高劳动生产率，使员工能用较少的工作时间生产更多的产品。此外，通过重新设计更高效的工作程序和操作方法、提高机器设备的利用效率、提高员工工作效率等手段也可间接地缓解人力不足的问题。

企业也可以采取从外部招聘新员工的办法来解决人员短缺问题。从外部招聘新员工时会受到劳动力市场状况的影响。如果所需劳动力种类在劳动力市场上处于过剩状态，招聘就很容易；相反，如果同类人员在劳动力市场上处于紧缺状态，招聘难度就大得多。

企业能否成功地获得所需的合格人员，取决于劳动力市场的发展状态和企业自身的人力资源政策。例如：即使企业所需的人员在劳动力市场上处于短缺状态，如果企业的经济实力强大，愿意出高于市场水平的工资来招聘所需人员，就会具有强大的吸引力。

### （二）人力资源剩余情况下的平衡

在人力资源剩余情况下，解决问题的办法有三种：重新安置、永久性裁员和降低人力成本。

如果企业内部的剩余人员只是局部的，可以采取重新安置的办法来解决剩余人员问题。当只是某些岗位出现剩余人员，而另一些岗位却存在短缺现象时，就可以把剩余人员安置到需要人员的岗位上去。不过，重新安置的一个前提是剩余人员必须具有新工作岗位所需的技能和知识。因此，重新安置需要提早计划，培训在先。人力资源规划要求企业人力资源管理人员综合运用计划、培训和调配手段来管理企业的人力资源。

永久性裁员是解决人员过剩的另一种办法。但是，要注意的是，即使在西方发达国家，企业采取这种方法时也是十分谨慎的，因为它不仅涉及员工本人及其家庭的利益，而且会对整个社会产生影响。只有在企业经营出现严重亏损，生产难以为继，或生产不可能恢复的情况下，才采取这种办法。在裁员之前，企业会告知员工目前企业的经营状况和困难所在，并尽力为剩余人员寻找新的工作岗位，在企业内部确实无法安置的情况下，方可裁员。

解决人员过剩的第三种办法是降低人力成本，包括暂时解雇、减少工作时间、工作分担和降低工资等。这些措施是市场经济国家中企业通常采用的办法。这些办法的优势在于：当预测到企业出现过剩人员时，不是简单地将其裁掉，而是留有缓冲余地，让企业和员工共同分担困难。如果员工个人不愿维持工资低、工作不充分的现状，可以另谋高就。

### （三）酒店员工供需结构性失衡的平衡

酒店员工供需结构性失衡，是指某些部门或岗位人员过剩，而另一些部门或岗位人员短缺。对于这种供需失衡，可以通过以下措施进行调节。

(1) 通过酒店内部人员的晋升和调任来满足空缺岗位对人力资源的需求。

(2) 对于供过于求的普通人力资源，可以有针对性地对其进行培训，提高员工的知识技能，将其培养为企业需要的人才，补充到空缺的岗位上去。

(3) 通过人力资源外部流动来补充酒店某些岗位的人力资源需求，并释放另一些岗位过剩的人力资源。

总之，酒店人力资源的供需平衡，不仅需要使员工在供给和需求的总量上保持平衡，更重要的是使员工在质量、层次、类别等供需结构上实现平衡。因此，应通过员工培训、绩效激励等方式，最大限度地开发利用人力资源的潜力，实现人力资源最佳配置，使酒店和员工的需要在互动中得到充分满足。

## 复习思考

1. 什么是人力资源规划？人力资源规划有哪些内容？
2. 人力资源规划的作用是什么？
3. 怎样进行人力资源规划？
4. 简述人力资源需求预测的方法。
5. 简述人力资源供给预测的方法。
6. 如何对人力资源供需进行有效的平衡？

## 应用分析

截至2020年5月，某经济型酒店管理公司E在全国18个省52个市拥有147家分店、员工2 622人。E公司在人力资源管理方面已经取得了一定的成绩，全体员工流失率低于10%，总部员工平均工龄近7年。而一般经济型酒店的员工流失率在30%左右，整个酒店行业平均流失率则高于50%。E公司员工构成如下表所示：

1. 按直营店、加盟店分

| 集团总部 | 直营店 | 加盟店 | 员工总数 |
| --- | --- | --- | --- |
| 310人 | 2 102人 | 210人 | 2 622人 |

2. 按年龄分

| 25岁以下 | 25～44岁 | 35～50岁 | 50岁以上 |
| --- | --- | --- | --- |
| 20% | 60% | 19% | 1% |

3. 按学历分

| 本科学历及以上 | 大专学历 | 中专学历及以下 |
| --- | --- | --- |
| 22% | 49% | 29% |

4. 历年员工数量

| 2009年 | 2010年 | 2011年 | 2012年 |
|---|---|---|---|
| 1 698人 | 2 670人 | 2 740人 | 2 622人 |

上述内容反映了E公司现有员工的基本情况：总体人数近三年保持小幅度增减变动，年龄以25～34岁为主，学历多在大专以上，集团以直营店为主，直营店店员人数较多。随着E公司战略目标的实施，未来十年将有非常大的人力资源需求，而保证充足、优质的专业人才的供给，是E公司人力资源规划的主要方面。此外，除了企业扩张带来的人才稀缺的风险外，还面临被同行“挖人”的风险，一些品质较好、四星以上的单体酒店和一些处于崛起中的区域性连锁酒店倾向于“挖人”。面对这样的“内忧外患”，E公司如何做好自身的人力资源规划及人员招聘与员工稳定显得尤为重要。

根据人力资源管理理论，酒店的人力资源规划可通过四个过程实现。第一，先进行酒店战略及酒店人力资源需求分析。E公司应结合本企业的战略发展目标来对人员进行需求分析。第二，对现有人力资源进行盘点。通过盘点，了解企业现有员工的状况，并清楚企业缺乏的人才。第三，对酒店未来人力资源的供应进行预测。通过对人才供应的预测，了解本企业人员需求与供给之间的差距，继而制定应对策略。第四，通过前期对本企业人力资源需求与供给的调查和分析，制定人力资源规划策略，以实现人力资源的优化管理。E公司在人力资源规划方面缺乏科学的管理体系，未来E公司人力资源规划可以参照以上措施进行改进和完善。

**分析：**

借助第二章的相关方法对E公司今后五年的人力需求进行预测。

## 实践训练

**实践一　酒店人力资源现状分析**

实践目的：从不同角度对酒店人力资源现状进行分析，为人力资源规划书的编制和设计打下基础。

实践要求：从员工性别、年龄、学历、职称、从业时间、用工性质、管理结构、流失状况等角度，对酒店现有人力资源现状进行分析。

实践指导：

（1）每组同学都应该通过网络收集资料，了解相关酒店用工情况。

（2）全班同学自由组合、有序分组，一组3～4人为宜，选取不同类型的酒店进行调查。

（3）每个小组根据自身情况选定一个准备调研的酒店，并做好初步的衔接工作，防止调研工作影响酒店的日常工作。

（4）每个小组从酒店获取相关数据进行类别分析，得出酒店及各部门用工特点及困境，交由指导老师和酒店 HR 审核。

（5）每个小组根据选定的不同方法和编制的材料选择恰当的时间到酒店进行调研，收集资料。

（6）指导老师和酒店相关人员应根据用工现状分析项目内容的完整性、格式、语句表达、用词的准确性进行评定。

**实践二　酒店人力资源需求预测**

实践目的：掌握酒店人力资源需求预测的方法和程序。

实践要求：假设你是一名人力资源部的实习生，需要协助某部门经理制定人力资源需求表，请通过调查和访谈的方式了解酒店部门实际运营情况，并根据所学知识进行需求预测。

实践指导：

（1）每组同学都应该通过网络收集资料，了解不同类型酒店相关职务岗位和人员编制，进行人力资源盘点，统计人员的超编、缺编以及是否符合职务资格要求。

（2）全班同学自由组合、有序分组，一组 3～4 人为宜，选取不同类型的酒店进行调研。

（3）每个小组根据自身情况选定一个准备调研的酒店，并做好初步的衔接工作，防止调研工作影响酒店的日常工作。

（4）每个小组选定最适合自己的需求预测方法，依据人才市场供给现状，将酒店现有情况和未来发展结合分析，进行下一年度的酒店用人预测。

（5）每个小组根据选定的不同方法和编制的材料选择恰当的时间到酒店进行调研，收集资料。

（6）根据收集到的酒店用工资料，以部门为单位计算每个部门的用工预测，并阐释原因，交由指导老师和酒店 HR 审核。

（7）指导老师应根据人力资源需求预测项目内容的完整性、格式、语句表达、用词的准确性进行评定。

## 延伸阅读

丽晶酒店应用人力资源管理系统

巴黎酒店国际集团概况与战略规划

# 第三章 工作分析

【本章导读】

工作分析是酒店人力资源管理中最基本的工作，是为酒店制定正确的人事决策而收集有关信息，并将这些信息作为依据编制成工作说明书和职务规范的过程。工作分析是一个动态的过程，因此，酒店要按照自身发展的要求，不断地进行工作分析，以便为人力资源的其他工作提供重要的依据。本章在明确酒店工作分析的概念和任务的基础上，具体阐述工作分析的程序和方法。

【学习目标】

- 理解工作分析的定义及相关概念
- 掌握工作分析的任务和类型
- 了解工作分析的作用
- 了解工作分析的程序
- 掌握工作分析的方法
- 理解职位描述的编制内容及要求
- 能够独立编写一份职位描述和任职资格

【关键术语】

工作分析、工作说明书、职位描述、任职资格、行动、任务、职责、职位、职务、工作、职业、观察法、问卷调查法、面谈法、工作日志法、关键事件法

## 案例导入

### 工作分析能否这样进行

王亮，2019年7月毕业于浙江某高校旅游管理专业，刚刚进入浙商酒店人力资源部工作。上班的第二天午休时，王亮和人力资源部经理被叫到了酒店会议室，总经理与主管人事的李总召见他们。

李总：小王，很高兴你的加盟，为了让你有机会展示自己的才能，我和总经理决定由你来系统地做一下酒店每个岗位的工作分析。有什么问题可以提出，我们会尽量提供帮助。

总经理：我们酒店以前做过工作分析，有全面的工作分析资料，你可以先参考一下，会有所启发。

小王：（先沉默了一下，因为感觉事情并不简单）好吧，我先试着去做，有问题随时请求你们的帮助。

任务就这样下来了，对于小王来说，真的有点难度，“我根本就不怎么了解酒店情况，而且工作分析说起来简单，要做好恐怕不容易”，小王暗自思忖。

浙商酒店成立于2013年，是当地小有名气的一家四星级酒店。酒店员工虽然不到300人，但是组织结构安排得井井有条，从生产到销售，酒店都配备了一批精干人马。去年，在当地旅游行业并不十分景气的情况下，元都酒店凭借独特的经营方式和强有力的人力资源后盾，依然取得了不错的经济效益，在同行中遥遥领先。今年为了迎接更好的机遇、更大的挑战，酒店领导班子决定进行深度改革，同时也引进了一批更专业的人才（小王就是基于此引进的），用总经理的话说，“专业的人才，做专业的事”。但是，由于组织架构的变动，有些岗位名称变了，有些部门名称变了，也有一些员工的部门隶属关系变了，部门主要职能变了。因此，有些员工开始迷茫：“我现在该做什么呀？”总经理就提出让小王进行系统的工作分析，明确每个岗位的职责。

翻开酒店的人事文件，在看过“管理责任程序”后的附件二“部门职责说明”之后就是小王最想参考的“工作说明书”了，可是他细看之后，发现和现在酒店的岗位安排有较大的距离，而且这份工作说明书并不规范。现从中选一例供大家讨论。

人力资源部工作说明书

人力资源部经理：

1. 负责酒店的劳资管理，并按绩效考评情况实施奖惩；
2. 负责统计、评估酒店人力资源需求情况，制定人员招聘计划并按计划招聘酒店员工；
3. 按实际情况完善酒店《员工工作绩效考核制度》；
4. 负责向总经理提交人员鉴定、评价的结果；
5. 负责管理人事档案；

6. 负责本部门员工工作绩效考核；

7. 负责完成总经理交代的其他任务；

8. 负责按月收集各部门绩效考核表，并按酒店《员工工作绩效考核制度》进行人员绩效考核，按时上报人力资源部经理；

9. 负责收集各部门的培训需求，制定培训计划；

10. 负责执行经审批的培训计划，并进行培训考核，撰写培训总结；

11. 完成总经理交代的其他工作。

小王看完后仔细思考了一下，虽然不知道这份工作说明书是怎么做出来的（据说是经过深思熟虑，反复推敲后成文的），但是他觉得里面存在很多问题。

为了圆满完成浙商酒店的第一项工作任务，小王不再依赖原有文件，他开始竭尽所能地收集资料。首先弄清楚新的组织架构图中出现的每一个名词的含义，搞清楚酒店的人员安排，即所谓的定岗定编。然后利用互联网，查询与每个职位有关的信息，对照自己酒店的情况进行取舍。为此，“工作说明书”这个关键词被无数次地搜索过，图书馆、书店留下了他的脚印，美国《职业名称词典》(*the Dictionary of Occupational Titles*）也第一次走进了小王的脑海。

经过各种途径的资料收集，同时多次向人力资源专家和李总请教，小王的工作说明书有了雏形。但由于各种原因，在准备做工作分析的过程中，小王并没有去请教各部门经理，也没有做过任何调查问卷，可以说小王的工作说明书是完全凭他自己的理解做的。他准备向总经理交差。

**思考：**

1. 浙商酒店安排王亮做工作分析合适吗？为什么？

2. 如果你是王亮，会如何完成此项任务？

# 第一节 工作分析概述

## 一、工作分析的定义、任务和类型

### （一）工作分析的定义

工作分析（Job Analysis）是人力资源开发与管理的首要工作，亦称职务分析，是指根据工作内容，分析工作的性质、繁简难易、责任轻重，执行工作应具备的学识技能与经验，进而制定担任工作所需的资格条件。换句话说，工作分析就是收集与工作岗位有关信息的过程，并以此来确定工作的任务和内容，以及哪种人（从知识、技能、能力等方面考虑）可以胜任。

任何组织都有自己的目标，目标的实现是通过有组织、有计划的活动来进行的，每一项活动又都通过具体的工作来完成。为了高效率地实现组织目标、有效进行人力资源开发与管理，企业要做的第一件事就是了解企业中各种工作的特点以及能胜任各种工作的各类人员的特点，以便为各项人力资源决策提供科学、客观的依据。工作分析是人力资源开发与管理的前提条件，如果企业不进行工作分析，不重视工作分析，就难以进行有效的人力资源开发与管理，也难以实现组织的战略目标。

要做好工作分析，首先必须准确、有效地收集信息。工作分析所需的信息主要有以下几个方面：

1. 工作活动

工作活动包括：整体工作目标或任务、工作/操作流程或步骤、工作日志、个人工作目标或任务、任职人员执行具体工作时的步骤、执行这些活动的原因、执行这些活动的具体时间安排等。

2. 员工行为

员工行为包括：个体行为（包括认知、决策、沟通交流等）、工作本身对承担者的要求（如消耗多少能量、需要走多远路程等）。

3. 工作资源

工作资源包括：使用的机器、工具、设备和其他辅助设施，使用的原材料，生产的产品，提供的服务，完成工作需运用的知识等。

4. 绩效标准

绩效标准包括：工作质量标准、工作数量标准、工作所消耗的原材料标准、工作所消耗的时间标准、允许的工作误差标准、其他方面的绩效标准等。

5. 工作背景

工作背景包括：工作的物理环境（如工作场所的温度、噪音、湿度、亮度等），工作计划（如工作作息表、工作日程表等），组织背景与发展规划，组织内的人际关系，有关激励机制和政策等。

6. 工作要求

工作要求是指对个人知识、技能、文化程度、经验、个人特性方面的要求。包括学历及接受培训情况、工作经历、体质、兴趣爱好及相貌特征等。

### （二）工作分析的任务

工作分析直接服务于人力资源的开发与管理，有助于高效实现组织的战略目标。具体来说，工作分析有两个方面的任务：一是职位描述，是对工作内容本身进行的书面说明，主要包括工作名称、工作特征、工作要求、工作流程等用来说明工作的构成与要求；二是任职资格，是对从事并完成工作的人员所提出的具体要求，对承担该项工作必须具备的基本素质和条件所做的书面说明，也就是通常所说的从事某项工作应具备的资格条件，主要包括完成工作所必需的知识、技能、经验、能力和人格特征等。应根据一项工作到底需要任职者具备什么样的知识、经验、技能及人格特征来确定任职资格，而不应根据该工作的现任员工实际具备的知识、经验、技能及人格特征来确定。

对某项具体工作来说，工作分析要完成以下八个方面的工作，概括为“7W1H”。

(1) 工作内容（What）：罗列并描述职位所从事的工作内容，包括所要完成的工作任务、工作职责、工作流程等。换句话说，就是要明确不同的职位完成的工作是什么，需要完成的具体工作活动是什么，是体力活动还是脑力活动等。

(2) 工作原因（Why）：为什么要完成此项工作？理由是否充分？说明工作原因主要是为明确工作性质和重要性，它为如何完成工作提供证据。

(3) 工作地点（Where）：对完成工作的地点有何要求？具体工作的场所与空间范围是什么？

(4) 工作时间（When）：是指完成工作的具体时间。需要多长时间？具体要求什么时间开始、什么时间完成？是否需要加班、倒班？

(5) 工作条件（Which condition）：是指工作的物理环境和社会环境。完成工作对设施、温度、照明、安全措施、设备工具等有什么具体要求，所要明确的是工作的物理环境，而社会环境主要包括工作团体的情况、社会心理气氛、同事关系及部门关系等。

(6) 工作主体（Who）：从事某项工作的人必须具备一定的知识、技能、能力、兴趣、体格、行为特点等心理及生理条件。因此，工作分析要明确由谁来完成此项工作，对完成工作所需配备的人员有什么要求，对人员有哪些具体的数量、知识、技能、人格等方面的要求。

(7) 工作关系（For whom）：明确该职务的工作隶属关系，明确工作内容之间的联系和工作中与其他人的联系。具体地说，就是向谁负责，向谁汇报，与谁协同合作。

(8) 工作方式（How to do）：根据工作内容与工作性质的要求确定完成工作所需的资料、机器设备、材料，明确员工完成工作活动的方法与程序。即解决员工如何完成该项工作，具体方法是什么，具体的操作程序和动作规范是什么等。

在解决上述问题的过程中，我们始终要坚持多问几次“为什么”，以保证工作分析的正确性。例如：对工作主体的提问：由谁来完成此项工作？为什么由他来完成？为什么不是由别人来完成？有没有更合适的人来完成该项工作？通过提问，说明由他做该项工作的原因，如果理由不充分，就需更换工作主体。

### (三) 工作分析的类型

每项工作都有各自的工作特质，工作内容、工作责任也各不相同。因此，在进行具体的工作分析时，对信息的收集、分析的方法等也有不同的要求。为便于研究，将工作分析分为以下三种类型。

1. 以任务为导向的工作分析

以任务为导向的工作分析的目的在于工作任务的保质、保量、按时完成，要求描述详尽、具体的工作操作规范和任务清单，如时间规定、操作步骤、产品的数量与质量标准等。与具体任务安全、有效地完成及科学合理的操作标准有关的信息特别重要，工作分析一般采用以现场观察为主的分析方法，如任务清单分析法、功能性工作分析法等。

2. 以人为导向的工作分析

以人为导向的工作分析的目的在于对员工产生有效激励，调动员工的积极性、主动性、创造性，挖掘员工潜能，提高工作满意度。工作分析时应抛弃具体、教条的工作操作规定，通过定性分析的方法描述工作的内容和任务。工作描述是指导性的任务概述，工作规范也是灵活的，由员工参与制定的。与任职者素质，工作满意度，人、机、环境之间关系相关的信息是最重要的信息。常用的工作分析方法有关键事件法、指导导向分析法、才能分析法等。

3. 以价值为导向的工作分析

以组织价值作为衡量工作绩效的标准，需要提供有关环境的动态信息、组织存在价值和组织使命信息、各工作环节价值创造方面的信息等。常用的工作分析方法有工作流程分析法、投入-产出分析法、职位分析问卷法等。

## 二、工作分析的相关概念

进行工作分析时，要用到很多相关的名词术语，相关人员应对这些术语进行规范并加以解释，从而有利于工作分析的开展。

### （一）行动

行动（Action）是指工作活动中不便再继续分解的最小动作单位。如客房服务员清扫客房、进房时敲门的动作。行动是工作最基本的构成要素，为客观、准确地描述工作内容与工作职责提供了极大的方便。它包括最基本的动作（如伸手、抓起、安置或放下等），也包括由几个基本动作构成的复合动作（如运送等）。

### （二）任务

任务（Task）是指为了达到某种目的所从事的一系列活动，由一个或多个动作要素组成。例如：客房清洁任务是由整理床铺、擦尘、卫生间清洁、吸尘等一系列操作构成的。

### （三）职责

职责（Responsibility）是指工作个体所从事工作的特定范围，通常代表这一特定范围内的几项主要活动，它一般由几个可能不相关的任务组成。例如：餐厅值台服务员的职责包括向客人介绍菜肴、把食物和饮料端给客人、为客人结账等。

### （四）职位

职位（Position）是指在一定时期，组织要求个体完成的一项或多项责任的总和。一般来说，职位与个体是一一匹配的，有多少个员工就有多少个职位。

### （五）职务

职务（Headship）是指工作岗位所具有的职责和权限的有机统一体。习惯上更多地体现为职位承担者所拥有权力的大小，分为行政职务和技术职务两种类型。如职务为总经理的人，就负有对酒店的全部管理权力。职务应充分体现权责对等的原则。

### （六）工作

工作（Job）是指一个或一组职责类似的职位所形成的组合。一项工作可能只涉及一个职位，也可能涉及多个职位。例如：在酒店中，客房销售这项工作是由前厅接待员、销售部的销售员、销售经理等职位共同配合完成的。

### （七）职业

职业（Profession）是指由不同组织中的相似工作组成的跨组织工作集合。例如：会计师、工程师、教师、医生、接待员等，无论他们在哪里工作，都需要类似的知识、技能和责任。只要从事同一活动，就属于同一职业。

## 三、工作分析的作用

工作分析是人力资源开发与管理的基础与核心，是企业人力资源规划、招聘、培训、薪酬制定、绩效评估、考核激励等各项人力资源管理工作的依据。大量实践证明，科学的工作分析可以最大限度地提高人力资源使用效率、挖掘人力资源潜能、降低人力资源使用成本，促进人力资源开发与管理工作的规范化、科学化，有效改善组织整体绩效。工作分析的系统模型如图 3－1 所示。

工作分析将对人力资源开发与管理产生全方位的影响，其作用主要体现在以下几个方面。

### （一）工作分析是制定人力资源规划的基础

工作分析是对组织中各种工作职位的内容、要求、流程以及完成此项工作员工的素质、知识、技能等信息收集、分析、整理和描述的过程。全面而深入的工作分析有助于制定与组织战略目标、内外环境相一致的人力资源规划。特别是在科学技术快速发展、

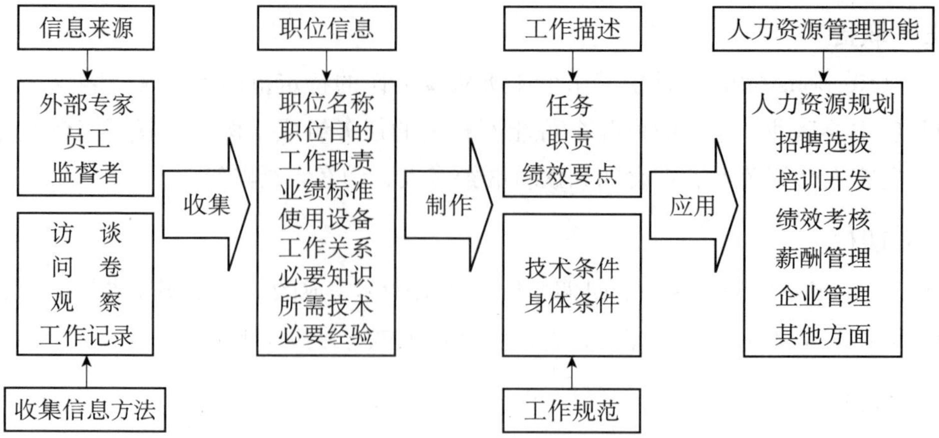


**图3-1 工作分析的系统模型**

市场竞争日趋激烈的时代，产品寿命日趋缩短，管理方式不断变化。酒店在服务经营过程中，产品或服务不断更新，组织结构与管理模式也不断变化，对酒店人力资源不论是数量上还是质量上都有新的要求。所以，酒店人力资源必须适应行业内外环境条件的变化，只有这样酒店才具有生命力和竞争力。调整和配备合适的人力资源，就必须知道新的环境条件下的工作内容与相应职责，以及每项工作需要哪些不同的知识、技能、经验、人格特征。只有通过工作分析才能取得这方面的数据资料，制定的人力资源规划才是可行的、有效的。

### （二）工作分析为员工招聘提供了基本标准

工作分析可以使组织充分了解各项工作的具体内容及对工作人员的具体要求，为确定招聘人员的类型及对其学历、经验、技能、年龄、性别及人格特征等方面的要求提供了基本标准。如果招聘人员不知道胜任某项工作必须具备的资格条件，则员工的招聘将是无目的的“随心所欲”，招聘后的员工就有可能造成大材小用或小材大用，造成员工的大量跳槽和辞退，增加招聘成本，影响工作的顺利开展。通常，我们看到企业购买任何一台仪器或设备时都需要精确的分析，目的就是最大限度地使其发挥作用或避免浪费。显然，对人力资源的招聘也同样需要精确的分析。

工作分析还能为企业是否需要招聘员工提供依据。通过工作分析可以了解：企业是否拥有足够的员工，是否合理利用了现有员工，现有员工是否能够满足企业未来发展的需要，从而确定企业是否需要招聘员工。

### （三）工作分析为人力资源开发提供了基本依据

通过工作分析而编制的职位描述和任职资格，就是人力资源开发的方向和人力资源培训、教育的目标，它向员工表明了企业每项工作对员工的期望和要求，也为员工职业生涯设计指出了明确方向。从员工的角度来看，如果某工作岗位上的员工和任职资格中的标准要求存在差异，说明该员工不具备该项工作所要求的任职条件，就需要培育与开发，从而使这些员工能够更好地履行工作说明书中所要求的职责。从企业的角度来看，职位描述和任职资格是企业培育与开发效果的衡量依据，可以根据企业人力资源规划要求，为员工的科学使用与晋升提拔提供相应的依据。

### （四）工作分析为绩效评估提供了可靠、准确的标准资料

通过工作分析，每一个职位的内容都得以明确界定。员工应该做什么、不应该做什么、工作应达到什么要求，都一目了然。企业对员工绩效的评估也主要依据员工对职位描述中所规定的职责是否很好地履行。如果对员工绩效的评估脱离职位描述中的内容，就会渗入人为因素，具有较大的随意性。这显然是不公平的，也是不准确的，容易导致员工对评价结果失去信任。只有以工作分析为根据，对员工工作绩效进行评估，才能对员工进行公平、合理的评价。

### （五）工作分析有助于制定公平、合理的薪酬制度

薪酬制度是对工作相对价值的一种体现。一般而言，从事的工作难度越大、岗位职责越重要、对员工的要求越高、工作条件越艰苦，该工作就具有越高的价值，报酬也就越高。通过工作分析所制定的职位描述和任职资格为评价工作价值提供了参考标准。薪酬制度的公平、合理性不仅体现在绝对报酬上，还体现在相对报酬上，即所得与付出的比值同他人或历史的比较。例如：我国根据工作的难易程度和复杂程度，对一些有一定技能要求的工作制定了初级工、中级工、高级工、技师、高级技师的工作标准，对工程技术人员制定了技术员、助理工程师、工程师、高级工程师的等级标准。海尔集团根据企业实际制定了“三工并存、动态转换”的制度，根据员工的工作表现在“试用员工、合格员工、优秀员工”之间动态转换，不同员工执行不同的工资标准。公平、合理的薪酬制度有利于激励员工爱岗敬业，调动其积极性、主动性、创造性，挖掘员工潜能，提高组织绩效。

### （六）工作分析有利于激发员工工作热情，挖掘员工潜能

通过工作分析可以了解员工工作的各种信息，有的放矢地对员工进行培育、开发，制定公平、合理的工资、奖金制度，建立和谐的人际关系，全方位、有效地激励员工。同时，工作分析也使员工充分认识、了解工作要求和组织需要，有助于培养他们对企业的认同感，提高工作积极性，增强责任心。

**实践经典**

#### 将企业愿景融入岗位说明书

开元旅业集团是一家以旅游酒店业为主导产业的大型企业集团，是中国酒店集团20强之一。开元旅业集团倡导一种“以岗位为中心”的服务质量管理哲学。为了使服务质量始终保持稳定性和高水平，第一步就是要使员工对岗位与工作有一个全面、正确、深入的认识与理解。

在开元旅业集团，每一位员工被分配到一个新的岗位之前，都会得到一份相应的岗

位说明书。该岗位说明书对岗位所需掌握的基本规范与相关情况都作了详尽而明确的阐述。员工被要求对岗位说明书进行反复研读与领会，直至掌握每一个细节，并通过理论测试与实际操作测试后，方可正式上岗对客服务。

开元旅业集团认为，岗位说明书的意义，不仅仅是为员工提供一份岗位操作规范或服务规程，因为员工不是工作机器，它还应注重使员工认识、了解并认同企业目标、发展方向、价值观念和本职工作的地位与意义，防止他们在缺乏认同感、积极性、责任心的情况下对客服务，以致影响企业声誉与形象。

因此，开元旅业集团的员工岗位说明书是由“企业愿景”“员工手册”“员工行为规范”“岗位基本规范”“员工职业生涯设计”等部分组成的。集团希望员工在读岗位说明书时，就像是在读集团为员工创造良好工作环境与美好生活的宣言书。

## 第二节 工作分析的程序与方法

工作分析是对企业所有工作进行分析和评价的过程，通过工作分析，说明该工作是否有存在的必要，是否需要重新设计或改善，进而对工作进行说明，并对从事该工作的人员提出资格要求，以达到“事得其人、人尽其才、人事相宜”的效果。

### 一、工作分析的程序

工作分析的程序可分为准备、信息收集、信息分析和结果表达四个阶段。各阶段环环相接、相互制约。

#### （一）准备阶段

准备阶段的主要任务是明确工作分析的目的、界定工作分析的范围、成立工作分析小组，为后续工作做好准备。具体包括以下几项工作：

（1）明确工作分析的意义、目的、方法、程序。

（2）界定工作分析的范围。

（3）确定调查和分析对象的样本，同时考虑样本的代表性和工作的难易、复杂程度。

（4）成立工作分析小组，确定分工与协作关系，制定工作进度表。

（5）利用现有文件与资料和环境条件对工作任务、工作责任、工作流程等进行分析和总结。

（6）提出原工作分析主要条款存在的不清楚、模棱两可的问题，或对新岗位工作分析提出拟解决的主要问题。

### （二）信息收集阶段

信息收集阶段的主要任务是通过对工作过程、工作环境、工作内容、工作人员等方面的全面调查，收集工作分析的背景材料。具体包括以下几项工作：

（1）编制工作分析调查提纲和问卷，设计相关的调查表格。

（2）运用各种调查方法实施调查，如观察法、面谈法、工作日记法、关键事件法等。

（3）收集工作分析所需要的各种信息资料。包括工作特征、工作人员特征、工作环境、工作人员对工作的态度等。

### （三）信息分析阶段

信息分析阶段的主要任务是在全面调查、收集信息的基础上，运用各种工作分析方法，对研究对象进行深入、全面的分析。具体包括以下几项工作：

（1）整理、汇总、归类、审核所获得的各种信息，对失真、无效的信息加以剔除。

（2）寻找并发现工作本质规律，总结工作承担者应具有的特征，为工作描述、职务规范提供最基本的信息资料。

（3）对工作特征、工作人员特征的重要性和发生频率作出等级评定。在服务行业，可在大量调查信息的基础上，确定特征要素和特征要素的权重，如年龄占14%、相貌占18%、态度占28%、学历占40%等。

### （四）结果表达阶段

本阶段是工作分析的最后阶段，主要任务是编制工作描述与职务规范，最后根据企业实际编制工作说明书或岗位说明书。具体包括以下几项工作：

（1）在前面三个阶段的基础上，草拟职位描述和任职资格。

（2）将草拟的职位描述、任职资格与实际工作对比。

（3）根据对比结果决定是否需要再次调查研究。

（4）修改、完善职位描述与任职资格。

（5）对特别重要的岗位，职位描述和任职资格应多次修订。若需要，可重复步骤2至步骤4的工作。

（6）形成最终的职位描述与任职资格，并结合企业实际编制综合性的工作说明书（职位描述、任职资格也可作为两个单独的文件独立存在）。

（7）将工作说明书应用于实际工作中，并注意收集反馈信息，不断完善工作说明书。

（8）对工作分析本身进行总结和评估，将有关文件归档保存，为今后的工作分析提供经验和信息基础。

在酒店人力资源管理实践中，需要按职位描述和任职资格的各项要求进行人员的聘用、培训、考评、薪资管理。同时，正式的职位描述和任职资格还要不断根据企业的发展变化，在工作实践中修订和完善。

**实践经典**

**表3-1　工作分析实施阶段和内容表**

| 实施阶段 | 实施周次 | 实施内容 |
|---|---|---|
| 准备阶段 | 第1周 | 界定工作分析的范围、成立工作分析小组 |
| | 第2周 | 查看现有资料、设计分析工具、排定实施日程等 |
| 信息收集与信息分析 | 第3周 | 召开动员会，公布计划日程，发放工作日志和调查问卷，并培训填写方法<br>被调查人员记录工作日志，填写调查问卷，专家组进行现场观察，人力资源部排出访谈日程和人员名单 |
| | 第4周 | 整理工作日志、调查问卷、观察记录 |
| | 第5周 | 基层员工访谈、访谈记录整理分析 |
| | 第6周 | 基层主管访谈、访谈记录整理分析 |
| | 第7周 | 中层经理访谈、访谈记录整理分析 |
| | 第8周 | 高层经理访谈、访谈记录整理分析 |
| 结果表达 | 第9～13周 | 整理收集来的各种信息，撰写职位描述和任职资格初稿 |
| | 第14周 | 修改职位描述和任职资格，高层领导提出意见，各级管理人员和员工对有关内容进行补充 |
| | 第15周 | 职位描述和任职资格修改稿完成 |
| | 第16周 | 职位描述和任职资格验收、公布、实施 |

## 二、工作分析的方法

工作分析采用什么样的方法，要根据组织需要、工作特征、信息使用方式来选择。工作分析的方法有很多，各种方法都有自己的优缺点，在具体工作分析时，应该综合使用这些方法。这里主要介绍观察法、问卷调查法、面谈法、工作日志法和关键事件法。

### （一）观察法

观察法是一种传统的工作分析方法，是工作分析人员直接到工作现场实地查看员工的实际工作情况，并予以记录、分析、归纳、总结、整理为适用的文字资料的方法。

在观察过程中，工作分析人员要经常携带员工手册、分析工具、记录工具等，确保所观察信息的客观性和真实性。要经常向自己提出员工在做什么、员工为何要这样做、员工如何做、员工的操作方法好不好、工作环境是否需要改善等问题，并如实记录。当分析人员观察完某工作场地的某项工作后，最好再选1～2处工作场地予以观察，避免因被观察者个人习惯而导致的观察误差。要预先列出观察活动要点（即观察提纲），以便准确、及时记录观察信息。工作分析人员可使用观察记录表（见表3-2）。

表 3-2 观察记录表

| | |
|---|---|
| 员工姓名：　　　　职位：　　　　部门：　　　　日期：<br>观察者姓名：　　　　观察时间： | |
| 观察内容 | |
| 工作标准 | |
| 完成情况 | |
| 存在问题 | |
| 问题原因 | |
| 备注： | |

为了提高观察法的客观性、准确性，使用观察法时应遵循以下原则：

（1）工作分析的目的是研究工作特征，而不是员工的人格特征。

（2）被观察的工作应相对静止，也就是说在一段时间内，工作内容、工作程序及对工作人员的要求不会发生明显的变化。

（3）观察人员可使用文字、图表及仪器记录观察信息，保证观察记录的真实性、客观性。

（4）选择被观察工作的样本时，要注意样本的代表性。

（5）观察人员尽可能不要引起被观察者的注意，至少不应干扰被观察者的工作。应使被观察者的工作表现和平时一样，否则被观察者一旦意识到自己被观察，就可能过分表现自己，从而造成假象。

这种方法主要用于收集客观的、可观察到的主要靠体力来完成的重复性工作，如门卫、客房服务员、打字员等。对于紧急而又偶然的工作、以脑力劳动为主的工作，观察法就不适用。

### （二）问卷调查法

问卷调查法是一种应用非常普遍的工作分析方法，是指采用问卷调查来获取工作分析的信息，实现工作分析目的的方法。问卷调查法的大致步骤是：首先，设计调查问卷并分发给选定员工；其次，由员工或被调查人员在一定时期内填写调查问卷，获取相关信息；最后，进行整理、归纳、分析，并据此编写职位描述和任职资格。

问卷调查法的关键是设计调查问题，并让员工了解这些问题，它直接决定了调查结果的可靠性与准确性。有些调查问卷设计的问题是高度结构化的问题清单，其清单条目可能包括上百个具体的职责或任务，要求回答“是”或者“不是”。如果回答“是”，还要填写每项任务花费的正常时间是多少。还有些调查问卷设计的问题是开放性问题，如“请陈述你的主要职责”。最合理的调查问卷应该既包含结构化问题，又包含开放性问题。在一般的调查问卷中，开放性问题较少，大多数是结构化问题。问卷调查可分为工作（职务）导向型问卷调查与人员导向型问卷调查。工作导向型问卷调查比较强调工作本身的条件和结果，而人员导向型问卷调查比较强调员工的工作行为。表 3-3 为一份岗位调查问卷。

**表3-3　岗位调查问卷**

**一、岗位基本信息**

1. 姓名：　　　　　　　　所属部门：　　　　　　　　岗位名称：
   进入本公司时间：
   从何时开始在本公司从事本岗位工作：
2. 您所从事的岗位工作应达到什么目标：
3. 简要说明您主管哪些工作：
4. 请详尽描述您所在部门的工作职能：

**二、岗位基本活动**

1. 本岗位工作活动内容：
2. 请简要描述您在本职位最近一年所做过的几项重大事情或关键事件：
3. 请列举工作中的突发事件及每月可能发生的次数：
4. 您是否经常参加公司内部或公司外部的各种会议，请举例：
5. 您认为哪些工作不属于本岗位职责范围，但您却正在做：
6. 请计算用于您所在岗位一年的费用，并说明具体费用项目：
7. 本岗位经常需要统计、整理的表格、单据及需要文字处理的资料有哪些？说明其工作量。
8. 请简明地列举您写的需要作为档案留存的文件名称和内容提要：
9. 您工作时常用到的原始资料有：

**三、任职资格和培训**

1. 最低学历要求：指顺利履行工作职责所要求的最低学历要求，判断标准按相当于正规教育的水平。您认为胜任这个职务需要的文化程度是：
   A. 初中及初中以下　　B. 高中　　C. 职业高中或中专　　D. 大专
   E. 大学本科　　F. 硕士　　G. 硕士以上　　H. 不好估计
2. 知识多样性：指在顺利履行工作职责时，需要使用多种学科、多个专业领域的知识，判断标准在广博，不在精深。本岗位：
   A. 偶尔使用其他学科知识　　B. 较频繁地使用其他学科的一般知识
   C. 频繁地综合使用其他学科的知识　　D. 工作要求经常变换专业领域
3. 熟练期：指具备工作需要的专业知识的一般劳动力，需要多长时间才能胜任本工作。您认为没有相关工作经验的大专学历的人员，需要多长时间的培训可以胜任本工作：
   A. 不需要培训　　B. 3天　　C. 15天　　D. 1个月
   E. 3个月　　F. 半年　　G. 1年　　H. 1年以上
   I. 不好估计
4. 工作复杂性：指在工作中履行职责的复杂程度，判断标准根据所需要的判断、分析、计划水平而定。本岗位：
   A. 是简单的、独立的工作，不必考虑对他人有什么妨碍

B. 只需要简单的指示即可完成工作，无须计划和独立判断，偶尔亦需考虑自己是否妨碍了他人工作
C. 需进行专门训练才可胜任工作，但大部分时候只需一种专业技能，偶尔需要进行独立判断或计划，要求考虑如何才能不妨碍他人工作
D. 工作时需运用多种专业技能，经常做独立判断和计划，要有较高的解决问题能力
E. 工作需要高度的判断力和计划性，要求积极地适应不断变化的环境和问题

5. 工作灵活性：指在工作中需要灵活处理事情的要求，判断基准取决于工作职责的要求。本岗位：
A. 属于常规性工作，很少或不需要灵活性
B. 大部分工作属于常规性工作，偶尔需要处理一些一般性问题
C. 工作一般属于常规性的，经常需要灵活处理工作中出现的问题
D. 工作一大半属于非常规性的，主要靠自己灵活地按具体情况妥善处理
E. 工作是非常规性的，需在复杂多变的环境中灵活处理重大的偶然性问题

6. 工作经验：指工人达到基本要求后，还必须随经验的不断积累才能掌握的技巧，判断基准是掌握技巧所需花费的时间。您认为胜任这个职务需要多长时间的相关经验：
A. 3 个月　B. 6 个月　C. 12 个月
D. 2 年　E. 2～5 年（不包括 2 年）　F. 5 年以上（不包括 5 年）　G. 不好估计

7. 综合能力：指为顺利履行工作所具备的多种知识、素质经验和能力的总体要求。本岗位：
A. 工作单一、简单，无需特殊技能和能力
B. 工作规范化、程序化，只需某方面的专业知识和技能
C. 工作多样化，灵活处理问题的要求高，需综合使用多种知识和技能
D. 非常规性工作，需在复杂多变的环境中处理事务，综合能力要求高

8. 语文知识：指工作中所需要的实际运用文字的程度。本岗位需知晓：
A. 一般信函、简报、便条、备忘录和通知
B. 报告、汇报文件、部门或公司总结
C. 公司文件、制度或研究报告
D. 合同或法律文件

9. 本岗位需具备的计算机知识：
A. 计算机基础知识
B. 熟练掌握办公软件，打字速度在每分钟 50 字以上
C. 熟练掌握财务软件
D. 具备其他计算机知识，如：____________________

10. 体力要求：指在工作中对体力的要求，判断标准取决于工作姿势、持续时间长度和用力大小等。本岗位：
A. 工作时姿势随意
B. 站立、久坐时间占全部时间的 50%以下
C. 站立、久坐时间占全部时间的 50%以上
D. 需经常外出

11. 创新与开拓：指顺利进行工作时对创新与开拓的要求。本岗位：
A. 全部工作为程序化、规范化的，无须创新与开拓
B. 工作基本规范化，偶尔需要创新与开拓
C. 工作时常需要创新与开拓
D. 工作性质本身即为开拓、创新性的

12. 您所在岗位需要哪些专业知识和专业技能？按重要程度列出，请您举出工作中的实例来说明。

### （三）面谈法

面谈就是工作分析人员与员工和管理者面对面的交流。面谈法也称访谈法，就是通过

与员工和管理者的面谈交流，获取有关工作信息的方法。为提高面谈法的有效性，工作分析人员要明确面谈的目的，科学设计面谈的内容及典型的面谈问题。通过面谈不仅可以获得观察所不能获得的资料，还可以对通过其他方法获得的资料进行佐证。面谈法是企业界应用最为广泛的方法之一，具有观察法、问卷调查法不可替代的作用，可以获取员工及管理者思想深处不宜观察到的信息，如工作态度、工作动机等。具体运用面谈法进行工作分析时，应围绕工作目标、工作内容、工作性质、工作责任等进行面谈提纲的设计。

面谈的形式可分为个人面谈、集体面谈、管理人员面谈三种。个人面谈主要适用于各个员工工作之间存在明显差别的情况；集体面谈适用于多个员工从事相同或相近工作的情况；管理人员面谈一般在员工面谈后，以获得准确、全面的工作信息。在某些情况下，对员工与对管理人员的面谈可能有所不同，获得的工作信息也有所差异，工作分析人员必须综合各种资料，进行综合分析和评价。

一些典型的工作分析访谈问题如下所示：

- 这个岗位的工作目的是什么？
- 岗位工作职责是什么？在各项职责中，需要完成什么工作？
- 岗位的工作内容是什么？你是如何做的？
- 除了日常工作外，每周、每月、每季或每年还需要承担哪些工作？
- 如何衡量你的工作完成的好坏？
- 你的工作对完成的时间要求是什么？
- 在日常工作中是否存在难以克服的困难？
- 工作职责是否与别的工作岗位职责有交叉的部分？
- 为了圆满完成你的工作，所需要的教育水平如何？需要何种类型的知识技能？
- 你的工作向谁汇报？
- 你的工作与组织中的哪些岗位有接触？接触的频率是多少？为什么需要这些接触？
- 你的工作与组织外的哪些组织、机构有联系？
- 你是否承担管理他人的工作？管理哪些岗位的员工？
- 你在工作中最大的困难是什么？为什么？如何才能很好地完成这些工作？

**实践经典**

### 为编写职位描述而设计的结构化访谈问卷

- 目的与使用说明

作为当前职位的任职者，您应该是最了解它的人，因此我们现在请您填写本表格。此次调查的目的在于，基于对该职位承担的工作职责的审查，获得您所担任职位的当前信息。我们的调查目的仅仅是了解您现在的职位对您的要求，而并不是要询问您的工作绩效。

- 员工数据

您的姓名：　　　　　　　　填写日期：

员工编号：

地点或部门：

您的职位名称：　　　　　　　　　　职位代码：

您在当前职位的任职时间：

工作电话号码：

直接上级姓名：　　　　　　　　　　直接上级职务：

■ 工作职责概述

请简要描述您承担的这个职位的主要职能或目的。您的陈述应该是对下一部分内容中列出的那些工作职责的简要总结。

______________________________

______________________________

■ 工作职责清单

您在本职工作中的工作内容是什么？请在下面的空行中列出您当前的职位承担的具体工作职责。在回答这一问题时，请您：

首先列出最重要的工作职责。每一项职责单独占一段。

请在每一条职位描述最后指出您在该项工作职责上花费的时间占全部工作日的大概百分比（如25%、7%等）。

请在您所认为的该职位的基本工作职责后面标注星号（“*”）。

______________________________

______________________________

（如有必要，请增加其他工作职责）

是否还有哪些工作职责您现在实际在承担，但在职位描述中却没有列出来？如果有，请在本页背面列出。

职位要求任职者达到的最低受教育程度（或同等经验水平要求）。

______________________________

______________________________

要承担您的职位，必须达到怎样的最低受教育程度？请从下面选择一项：

1. 初中及以下
2. 高中毕业或者同等学力（普通教育水平测试）
3. 大学专科、高职等（副学士学位）
4. 大学本科（学士学位）
5. 硕士学位
6. 博士学位

要承担您的职位，是否需要获得某种执照或者某种认证证书？

是［　］　　　否［　］　　　请列出证书类型：____________

本职位需要接受多长时间的在职培训或课堂培训？请从下面选出一项：

1. 没有额外的培训要求
2. 一天或两天
3. 一周
4. 一个月
5. 几个月
6. 一年
7. 两年或更长

■ 监督管理责任

在您的工作职责中包括监督管理他人吗？如果有，请简要描述您所承担的监督管理责任的性质。

______________________________

______________________________

■ 职位的体力要求

请简要描述职位对您的体力要求。例如：需要您久坐、行走、站立、举重、完成一些细致的重复性动作或攀爬等吗？

______________________________

______________________________

■ 工作条件：环境和安全要求

请列出您的工作条件，如空调办公环境、室外或室内极端酷热或严寒、潮湿、噪声、工作伤害或者是在升降环境中工作等。

______________________________

______________________________

■ 员工意见

是否还有其他一些对于理解您的职位来说非常重要的信息？如果有，请在下面给出您的意见。

______________________________

______________________________

■ 直接上级审核

根据您对当前被调查职位的理解，请对员工的回答进行审核，并在下面的空行中提供您本人的意见。请不要对员工的回答进行任何直接修改。

______________________________

______________________________

■ 访谈指南

为了尽可能地收集到最有用的信息，在进行职位分析访谈时必须牢记以下几件事情：

● 尽快与被访谈者建立融洽的关系。应当了解对方的姓名，用一种通俗易懂的语言进行交流，简要介绍访谈的目的，说明是怎样挑选他作为访谈对象的。

● 依照一份列举多个问题的结构化指南提问，同时注意在清单上留出空白，用于填写被访谈者的回答内容。这种做法能够确保你在访谈之前就了解哪些是必须提问的关键问题，同时确保所有的被访谈者（如果被访谈者不止一位的话）都能回答所有应该回答的问题（一定还要向被访谈者提出一些开放性问题，如“在我们提的问题中还有哪些遗漏的内容”等）。

● 确保你没有遗漏很关键但并不经常履行的工作活动。应要求任职者按照他们承担的各项工作职责的重要程度和发生频率从高到低列举出来。

● 在访谈结束后，与任职者的直接上级以及被访谈者共同审核收集到的信息。

### （四）工作日志法

工作日志法是为了了解员工实际工作的内容、责任、权利、工作负荷、时间安排、人际关系等情况，要求员工坚持记工作日志，按照工作活动发生的时间顺序，来描述他们每天的工作活动，经过归纳、总结获取工作信息的方法。企业应让员工充分认识到记工作日志的意义和作用，保证内容记录的真实性和客观性，避免有意夸大工作的重要性、复杂性，减少工作责任和工作过失等。有时候酒店也为员工提供一种袖珍的录音机和对讲机，这样酒店管理人员可在员工当班的时间段内呼叫员工，员工可以口述的方式说明自己当前的工作。

运用工作日志法时包括七个步骤：

（1）设计工作日志记录表格（见表 3-4）；

（2）完成对工作日志的记录；

（3）对工作日志进行整理、分析；

（4）编制工作日志汇总表；

（5）计算各类活动的工时消耗，并计算占全部工作时间的比重；

（6）拟订改进措施，提高劳动生产率；

（7）撰写工作日志总结报告。

**表 3-4　现场工作日志**

| 姓名： | | | 岗位名称： | |
|---|---|---|---|---|
| 填写日期：　　年　月　日 | | | 所属部门： | |
| 开始时间 | 结束时间 | 工作任务和活动内容 | 活动结果 | 备注 |
| | | | | |
| | | | | |
| | | | | |
| 说明：<br>1. 请你按工作活动发生的顺序及时填写，勿在一天工作结束后合并填写。<br>2. 严格按照表格要求填写，不要遗漏细小的工作活动。<br>3. 请你提供真实的信息，以免损害你的利益。 | | | | |

### （五）关键事件法

关键事件是指在工作过程中，对工作成效起关键、决定作用的工作活动。掌握与控制关键事件，有利于工作的开展和工作绩效的提高。

关键事件法是一种重要的工作分析方法，是指工作分析人员、本岗位人员、与本岗位有关的人员对工作过程中的关键事件进行详细记录，收集相关信息并加以整理、归纳、分析获取工作信息，对岗位的特征和要求进行分析、研究的方法。关键事件法的关键在于确定关键事件。首先，工作分析人员应从本岗位人员、熟悉本岗位的人员、管理人员那里收集一系列职务行为的事件；然后，分析“特别好”或“特别坏”的工作绩效。具体分析时，既要考虑工作行为的静态特点，又要考虑工作行为的动态特点。通过认真分析这些关键事件，工作分析人员可以归纳该岗位所必需的工作特征和行为要求。例如：由此可以设计销售人员的选拔方案、销售工作的考评办法、销售人员的薪资标准、销售人员的培训措施等，提高企业销售绩效。

## 第三节 工作分析的结果

上面我们讲述了工作分析的方法，通过这些方法，可以收集到组织内各职位的有关工作信息，将这些信息资料整理后，就可以进行职位描述和任职资格的编制工作，也就是形成工作分析的结果。

职位描述和任职资格两者既相互联系，又存在一定的区别。我们可以从以下两个方面来分析：其一，从编制的直接目的来看，任职资格是在职位描述的基础上，解决“什么样的人员才能胜任本岗位的工作”的问题，并为组织员工的招聘、培训、考核、晋升、任用提供标准；而职位描述则是以“事”为中心，对岗位进行全面、系统、深入的说明，并为组织人力资源管理提供依据。其二，从内容范围来看，职位描述的内容范围比较广泛，既包括对职位各事项性质、特征等方面的说明，又包括对担任该项工作岗位人员要求的说明。而任职资格的内容比较简单，主要涉及人员的任职资格条件等方面的问题。

### 一、职位描述的编制

职位描述是用文件形式来表达的工作分析的结果，全面、详细地说明一种工作的内容和职责。其目的是让员工对本职位的性质和责任有所了解。例如：让员工了解该做什么、如何做以及为何做。另外，工作内容描述还可以作为薪酬管理、员工招聘、员工培训、员工工作评价的依据。

### (一) 职位描述的内容

职位描述的内容一般包括以下几项：

1. 职位识别项目

职位识别项目包括职务名称、工作编号和日期、工作性质、工作等级、工资等级、所属部门、直接主管的岗位名称等。之所以列出日期，主要是因为工作内容具有时效性，并且便于以后工作内容描述的重新评定及改进。

2. 工作内容概要

工作内容概要提供了一些简短的描述，使员工初步了解工作的内容、任务、职责权限、工作的执行标准、工作关系等。它描述了职位的基本职能。

3. 工作任务

工作任务是职位描述的核心部分，列明该工作的任务，有时候也称岗位职责。其目的主要是告诉员工该做什么、如何做以及为何做。在这一部分还可以具体界定任职者的权限，其中包括决策权、对他人的直接监督权以及预算经费支配权等。

4. 工作关系

工作关系包括接受与给予监督，指出其上司与部属以及在组织中的地位和联系等。包括监督哪些职位人员、受哪些职位人员监督、可直接升迁的职位、可升迁至此的职位等。

5. 与其他职位或工作的关系

与其他职位或工作的关系指出了某项工作与本部门其他工作或其他部门工作之间的关系，并明确了升迁程序与关系。

6. 工作的环境条件

工作的环境条件列明了工作地点的物理环境和心理环境，如卫生设备、户外工作、有无危险等。

7. 所使用的工具

所使用的工具是指本工作所必需使用或操作的工具。

8. 所有使用词汇的定义

主要对一些专门或不常见的术语进行定义。

9. 备注

如有需要，对上述说明再作补充的解释。如对于一些专业名词或内行人才懂的名称尽可能加以注释。

10. 签署与认可

由领导与员工分别签名，认同职位描述的内容。

**实践经典**

## ××酒店副总经理职位描述

一、基本资料

职务名称：副总经理

职务编号：E0003

直接上级：总经理

所辖部门：财务部

工资等级：A职系二等

工资水平：6 000元

辖员人数：5～8人

定员人数：1人

工作性质：管理人员

二、工作内容

1. 工作概要

加强对酒店会计、出纳日常财务工作的管理与监督，财务工作实现规范化管理，规避财务风险。全面监控企业的物流、资金流的管理。牵头协调商品进销存实施电脑化管理，股权结构实施重大调整，完成对核心骨干开放认股权，完成股份制改造，加强融资工作，为酒店业务提供资金保障。

2. 职务说明

| 工作内容及职责 | 权限 |
|---|---|
| 1. 依据销售计划拟定财务计划 | 负责 |
| 2. 督促所属人员建立预算机制，控制财务会计、成本会计等财务管理制度 | 负责 |
| 3. 拟定资金流量表，并制定必要的资金筹措及使用计划 | 负责 |
| 4. 在总经理授权下，确定财务部的组织系统及人员配置 | 执行 |
| 5. 在总经理授权下，开发各类财务与会计专业人才，决定本部门人员的考核加薪及晋升水准 | 执行 |
| 6. 指挥本部门所属人员完成既定的工作目标 | 负责 |
| 7. 主持财务部会议，仲裁及防止本部门各岗位间的冲突 | 负责 |
| 8. 出席酒店的决策及协调会议 | 负责 |
| 9. 评估财务部各工作人员的工作表现，做必要的目标修订及人员改派 | 负责 |
| 10. 完成总经理指定的其他工作 | 执行 |

3. 工作关系

| | | |
|---|---|---|
| 所施监督 | 监督所属部门经理、会计、出纳 | |
| 所受监督 | 受总经理监督 | |
| 职位关系 | 可直接升迁的职位 | 总经理 |
| | 可相互转换的职位 | 各部门总监 |
| | 可升迁至此的职位 | 所属部门经理 |

直接上级：　　　　　　　　　　　　该职务执行人：

年　　月　　日

### （二）编制职位描述的要求

职位描述在组织管理中的地位极为重要，不仅可以帮助任职人员了解其工作，明确其职责范围，而且可以为管理者的某些决策提供参考。因此，编制职位描述时，必须注意以下几点要求：

（1）职位描述的内容与格式不尽相同，每个组织都可以有不同的写法，有些详细，有些简单。对于一些技术水平低或简单的工作，职位描述可以简短而清楚。但对于一些高技术、性质与内容复杂的工作，工作内涵却不易详细而具体列明，只能用若干含义极广的词句来概括。

（2）职位描述的叙述要清晰、完整，文字力求简单、精确，形式必须统一。

（3）各项工作活动依技术或者逻辑顺序排列，或依重要性、所耗费时间的多少排列。

（4）必须列明职位或工作最起码要做到的范围。

（5）人力资源管理部门需要经常注意组织内各种职位的变动，对有关职位描述作出适当修改。

## 二、任职资格的编制

任职资格是在职位描述的基础上回答这样一个问题："要做好这个职位的工作，任职者必须具备什么样的特点和经验?"它说明了企业应当招募什么样的人来填补这一职位，以及在甄选测试时应当对求职者进行哪些方面的测试。任职资格说明书可以作为职位描述的一部分来编写，也可以形成一份单独的文件。通常情况下，酒店都是将它作为职位描述的一部分来设计。

### （一）任职资格的内容

为一位接受过培训且有经验的员工编写一份任职资格相对来说是比较简单的。这类任职资格倾向于关注任职者在上岗前的服务年限、接受过的相关培训以及过去的工作业绩等因素，我们可以把它们统称为经验要求。然而，当企业需要用没有接受过培训的人来填补某个职位空缺时（其目的在于通过让他们到这个职位上任职来接受培训），问题就比较复杂了。在这种情况下，企业就需要明确候选人为承担这一职位而必须具备的潜质，或者表明其有能力接受培训需要具备的潜质，其中包括体力特征、人格特点、兴趣或感知能力等。

而事实上，在对有经验员工的任职要求中也会考虑其未来发展的各方面潜力。一般而言，任职资格通常指任职者要胜任该项工作必须具备的资格与条件（见表 3－5）。通常包括以下 5 个要素。

（1）知识要求：包括文化程度，能体现专业知识水平的证明。

（2）能力要求：包括有关工作程序、操作技能和各种工作能力的要求。

（3）心理要求：包括人格以及工作态度、工作情感、意志力等心理素质。

（4）经验要求：指具有的工作经验和生活经验。

（5）体能要求：指健康状况要求。

**表 3－5　××酒店前厅部秘书任职资格要求**

| | |
|---|---|
| 部门：前厅部 | 职位：秘书 |
| 性别：女 | 年龄：20～25 岁 |
| 学历：高中、中专以上学历<br>工作经验：3 年以上相关工作经验<br>能力要求：<br>　熟悉 WINDOWS 操作系统以及 OFFICE 文字处理和电子表格软件<br>　熟练使用各种办公设备<br>　具备较强的公文写作能力<br>　具备一定的英语听说能力<br>　具有良好的人际沟通能力<br>个人素质要求：<br>　有较强的责任心和工作热情<br>　个性稳重而坚定<br>　有良好的职业道德 | |

## （二）编写任职资格的方法

1. 基于主观判断编写任职资格

大部分任职资格可能反映了人们（如职位的上级主管人员和人力资源经理）所做的一些合理估计。一个基本程序就是要回答这样的问题：“要做好这份工作，任职者应具备什么样的受教育程度、智力水平以及培训经历等？”

那么，人们一般是如何做出这样的“合理估计”的呢？编写者可以简单回顾该职位的工作职责，然后从中推断出该职位要求任职者具备的个人特征和技能等要求。编写者还可以到招聘网站查看一些现成的职位描述，参考其中的特征和技能描述。

在此基础上编写任职资格需要运用一些常识。有些工作行为可能适用于所有的职位，但这些行为可能并不是通过一次职位分析就能发现的。这些行为可能是正面的，如勤奋、认真等；也可能是负面的，如偷窃、滥用药物等。这些与工作行为相关的常识性任职要求是否应编入任职资格不能一概而论。如表3-6所示，正面行为中的勤奋和出勤的示例很少会在任职资格中提及，但是一般都会作为酒店管理员工的一个基本要求；而工作时间灵活性和认真中示例的内容就会在任职资格要求中体现出来。

**表3-6 与工作行为相关的常识性任职要求示例**

| 与工作有关的行为 | 示例 | 是否列入 |
| --- | --- | --- |
| 勤奋 | 当其他员工站在旁边说话时也能继续坚持工作<br>在完成常规性工作之后会主动寻找其他可做的事情 | 否 |
| 出勤 | 准时上班，保持良好的出勤率 | 否 |
| 认真 | 能彻底清洁设备，使外观对人更加有吸引力<br>能够发现被放错地方的物品并将其放回合适的位置 | 是 |
| 工作时间灵活性 | 在必要时能接受工作时间的调整<br>在酒店特别繁忙时愿意留下来加班 | 是 |

2. 基于统计分析编写任职资格

根据统计分析而非仅仅是主观判断来编写任职资格的做法更有说服力，但是这种方法操作起来比较麻烦。这种做法的目的是运用统计方法确定以下两者之间的关系：一是某种预测因素（如身高、智力或手指灵活性等个人特征）；二是关于工作有效性的衡量指标或标准，如直接上级评价的工作绩效等级等。

基于统计分析编写任职资格的步骤为：

（1）对职位进行分析，决定如何对工作绩效进行评价；

（2）挑选出最能预测优秀绩效的个人特征，如手指的灵活性等；

（3）对候选人的这些特征进行测试；

（4）对这些候选人实际上岗后的工作绩效进行评价；

（5）用统计方法对这种个人特征与工作绩效之间的关系进行分析。

这样操作的目的是验证这些特征是否真的能够对绩效有预测作用。这种统计方法比主观判断法更有说服力，但因其测试的复杂性、高成本和长期性，在实践中，大多数酒店更多地采用主观判断的方法编写任职资格。

## 复习思考

1. 什么是酒店工作分析？酒店工作分析应从哪几个方面进行？

2. 工作分析中的“7W1H”八项工作分别是什么？

3. 工作分析的类型主要有哪几种？

4. 请简述工作分析程序的四个阶段。

5. 面谈法是应用最为广泛的工作分析方法，请谈谈它的主要优缺点。

6. 什么是职位描述？职位描述主要包括哪些内容？

7. 什么是任职资格？任职资格一般包括哪些内容？

## 应用分析

### 失效的工作说明书

一家酒店近来经过大投入、大改造，已从一家中档酒店升为五星级酒店，酒店开始着眼于调整经营战略，从过去以会议接待为主转向高端商务散客市场。

一天，人力资源部经理李红为招聘中餐厅服务经理一事与餐饮部经理王林沟通。李经理面带焦虑地问："王经理，我真不知道你到底需要怎样的餐厅服务经理？我已经安排了三个候选人请你面试，并且这三个人看上去都符合该职位工作说明书的要求，可是，你却将他们全部拒之门外，还总抱怨人力资源部没能及时补充空缺，影响了餐厅正常经营运转。""符合工作说明书的要求？"王经理很诧异地问道："我要找的是那种有多年高档餐饮服务与经营管理经验的，能够直接上手做事的人；而你安排的人，都不能够胜任实际工作，不是我们要找的人。再者，我来了一年多，根本就没瞧见你所说的什么工作说明书。"

听闻此言，人力资源部李经理为王经理拿来了工作说明书的复印件。当他们将工作说明书与现实所需岗位逐条加以对照时，才发现问题之所在。原来这些工作说明书是几年前拟定的，已经严重地脱离了酒店目前的实际情况，远远跟不上酒店发展的需要。例如：工作说明书只简单地要求餐厅主管有餐饮管理的基本知识，并从事过餐厅服务管理工作，而对是否有过高星级酒店的工作经历、是否具有该职位工作经历、是否有年龄限制、外语水平如何、学历背景如何等，都没有明确的任职资格。这样的工作说明书怎么能保证招聘的人员能力素质能满足部门实际工作岗位和工作目标的要求呢？

**分析：**

1. 为什么该酒店的工作说明书不能发挥人力资源管理功效？

2. 人力资源部经理和其他部门经理们接下来需要做的工作是什么？

## 实践训练

**实践一　教师的职位描述**

实践目的：通过为你自己的老师编写一份职位描述的方式，让你获得一个职位描述编写练习的机会。

实践要求：应当理解职位分析的技巧，并且完全了解职位分析问卷。

实践指导：

（1）组建若干个分别由4～6名学生组成的小组，各小组在练习过程中应该各自独立，各小组之间不应相互交流。

(2) 每个小组都要对教师这个职位进行职位分析，职位分析可以采用不同的方法，如一部分采用问卷法，一部分采用面谈法，还可以采用观察法。指导老师应让采用不同职位分析方法的小组尽量相等，如总共 9 组，每种方法各有 3 组进行实践。

(3) 各个小组根据上一步骤获得的信息，为教师职位编写一份职位描述和任职资格。

(4) 每个小组应当与使用其他方法进行职位分析的小组选定为伙伴关系，伙伴的多少根据本次实践总共使用的方法多少。例如：共有 3 种不同的方法，每个小组应该选择采用另外两种方法的伙伴，采用问卷法的小组应该选择采用面谈法的小组和观察法的小组作为伙伴。

(5) 每个通过配对组合的伙伴小组中，对各个小组各自编写的职位描述和任职资格逐一进行比较和点评。每一种职位分析方法会提供不同类型的信息吗？哪一种信息看起来更好一些？针对某些特定类型的职位而言，一种方法会比另一种方法更具优势吗？

**实践二　酒店服务员的岗位说明书**

实践目的：通过走访酒店，熟悉不同岗位酒店服务员的工作情况，选取一个自己感兴趣的工作岗位，根据所学到的工作说明书的内容和编制方法，编制你选取的岗位的工作说明书（包括职位描述和任职要求）。

实践要求：应当了解酒店服务员所包含的不同岗位的大致工作职责，熟悉岗位说明书编制的方法和流程。选取的酒店应该是允许进行调研，并且在调研交通上是相对比较方便的。

实践指导：

(1) 每位同学都应该通过网络收集资料，了解酒店的组织结构以及不同岗位的工作职责，并选定 1～2 个自己最感兴趣的工作岗位，岗位尽量是服务员层次，这样基数比较大，方便调研。

(2) 全班同学按照选定的岗位不同进行有序分组，一般 4～6 个人一组为宜，某一岗位选定的人数如果过多的话可以拆分成两个小组，选取不同的酒店进行调研。

(3) 每个小组根据自身情况选定一个准备调研的酒店，并做好初步的衔接工作，防止调研工作影响酒店的日常工作。

(4) 每个小组选定最适合自己的职位分析方法，编制职位分析记录表、问卷或者面谈提纲等，与指导老师进行充分的沟通，使得表格相对完善。

(5) 每个小组根据选定的不同方法和编制的材料选择恰当的时间到酒店进行调研，收集资料。

(6) 根据收集到的资料编制职位描述和任职要求，在小组讨论的基础上修改完善，交由指导老师和酒店 HR 审核。

（7）指导老师应根据岗位说明书编写的内容的完整性、格式、语句表达、用词的准确性进行评定。

## 延伸阅读

酒店总经理的职位说明书

巴黎酒店国际集团新型职位描述

# 第四章 员工招聘

## 【本章导读】

人员招聘是酒店人力资源管理的一个重要环节，但目前在实际操作中仍存在许多问题。酒店在招聘人才时，为了避免录取不适合的应聘者，一般都会在聘用前进行测试。若招聘失误，让不适合的人进入酒店，他不仅无法作出贡献，还会影响酒店整体的员工绩效，间接或直接地打击酒店的对外形象。本章将着重讨论酒店如何进行有效的人员招聘活动，得到优秀的和适合本酒店的人员。具体包括酒店招聘员工的任务、程序及途径，员工招聘甄选的原则、方法与技巧，员工录用的程序与要求等内容。

## 【学习目标】

- 理解并掌握酒店员工招聘的概念
- 了解酒店员工招聘的原则
- 了解招聘中的心理测试技术
- 熟悉酒店员工招聘的渠道和方法
- 掌握酒店员工招聘的程序及步骤
- 掌握面试程序和方法及应聘面试的技巧

## 【关键术语】

招聘、招募、甄选、录用、评估、人职匹配、招聘计划、内部招聘、工作公告法、档案记录法、外部招聘、猎头公司、心理测试、人格测试、人才测评、结构化面试、非结构化面试、情境面试、系列化面试、小组面试、压力面试

## 案例导入

### 海心酒店的招聘

海心酒店是国内一家大型连锁酒店集团公司，公司除了拥有十几家档次不等的星级酒店外，还有食品加工等生产部门。近几年，由于酒店经营规模和范围的扩大，为了对酒店食品加工厂的人力资源进行更为有效的管理开发，2017 年伊始，酒店决定在加工厂设立一个新的职位，主要工作是负责加工厂与人力资源部的协调工作。部门经理希望从外部招聘合适的人员。

根据公司的安排，人力资源部设计了两种方案：一是在本行业专业媒体上投放招聘广告，费用为 3 500 元，优点是对口的应聘人员的比例会高些，招聘成本低，缺点是企业宣传力度小；另一个方案是在大众媒体上投放招聘广告，费用为 8 500 元，优点是企业影响力大，缺点是不合格的应聘人员的比例很高，前期筛选工作量大，招聘成本高。人力资源部的初步意见是选用第一种方案。人力资源部把两种方案向上级主管汇报，上级主管的反馈意见是：考虑到公司处在业务扩展时期，应该抓住每一个宣传公司的机会，而第二种方案显然有利于宣传公司，所以人力资源部最后选择了第二种方案。

在接下来的一周里，人力资源部收到了 800 多份简历，人事专员首先从 800 多份简历中选出 70 份简历，然后经再次筛选，最后确定 5 名候选的应聘人员，并将候选人名单交给了加工厂的负责人。经过与人力资源部协商，加工厂的负责人于欣最后决定选出两人进行面试。这两位候选人是王五和赵六，人力资源部获得的他们的资料如表 4－1 所示：

**表 4－1　应聘人员资料**

| 姓名 | 性别 | 学历 | 年龄 | 工作时间 | 以前的工作表现 | 结果 |
|---|---|---|---|---|---|---|
| 王五 | 男 | 企业管理学士学位 | 32 | 8 年一般人事管理及生产经验 | 在此之前的两份工作均有良好的表现 | 可录用 |
| 赵六 | 男 | 企业管理学士学位 | 32 | 7 年人事管理及生产经验 | 以前曾在两个单位工作过，第一位主管评价很好，没有第二位主管的评价资料 | 可录用 |

从以上的资料可以看出，王五和赵六的基本情况相当。但值得注意的是：赵六在招聘过程中，没有上一个公司主管的评价。公司告知两人一周后等待通知。在此期间，赵六给人力资源部经理打过两次电话，第一次表示感谢，第二次表示非常想得到这份工作，而王五未联系。

人力资源部和加工厂的负责人对两位候选人的情况都比较满意，虽然第二位候选人的简历中没有前一个公司的主管评价，但是加工厂负责人认为并不能说明其一定有什么不好的背景。该负责人虽然感觉赵六有些圆滑，但还是相信可以管理好他，再加上赵六在面试后主动与该公司联系，加工厂负责人认为其工作比较积极主动，所以最后决定录用赵六。

赵六来到公司工作了六个月，公司经观察发现：赵六的工作不如预期的那样好，指派的工作经常不能按时完成。

赵六觉得很委屈：工作一段时间之后，他发现招聘时所描述的公司环境及其他方面情况与实际情况并不一样；原来谈好的薪酬待遇在进入公司后有所减少；工作的性质和面试时所描述的也有所不同；没有正规的工作说明书作为岗位工作的基本依据。

**思考：**

海心酒店的这次招聘问题出在哪些地方？请谈谈你的看法。

# 第一节 酒店员工招聘概述

## 一、招聘的概念

招聘（Recruitment）是指企业为了经营运转和岗位工作的需要，根据自身的人力资源规划和职位空缺填补计划，运用适当的渠道和方法寻找并获取合适人员的过程。招聘一般由主体、载体及对象三个要素构成，主体就是用人者，载体是信息的传播体与招聘方式，对象则是符合条件的候选人，三者缺一不可。

酒店员工招聘是酒店人力资源开发、利用与管理的重要工作。酒店的竞争归根结底是员工素质的竞争，员工的素质直接影响酒店服务质量和管理水平，因此招聘合格员工就成为酒店人力资源管理者最基本、最重要的工作任务之一。

酒店员工招聘可以分为招募和甄选两个阶段。招募阶段是通过各种途径从社会上以及本酒店中寻找可供选用的人力资源的过程，目的是吸引潜在的工作候选人，使其对酒店相关职位产生兴趣并前来应聘。选拔录用阶段，也叫人员甄选，是指通过运用一定的工具和手段，对照酒店的用人标准和招聘职位的要求，对已经招募到的求职者进行鉴别、考查和评估，从而挑选出酒店所需要的、适合的候选人，并吸纳其为酒店成员的过程。

招聘工作是酒店吸纳人才、合理使用人才、实施人才培养战略的基础。成功而有效的招聘工作需要做到五点，可以概括为5R：

（1）恰当的时间（Right Time），是指要在适当的时间完成招聘工作，及时补充酒店所需要的人员，这也是对招聘活动的基本要求。

（2）恰当的来源（Right Source），是指通过适当的渠道来寻求目标人员。不同的职位对人员的要求是不同的，因此要在与空缺职位匹配程度较高的目标群体中进行招聘。

（3）恰当的成本（Right Cost），是指在保证招聘质量的前提下，以最低的成本、最少的费用完成招聘工作。

（4）恰当的人选（Right People），是指吸引最合适的人员参加酒店的应聘，包括数量和质量两个方面的要求。

（5）恰当的信息（Right Information），是指要在招聘之前把空缺职位的工作职责内容、任职资格要求，以及酒店的相关情况做出全面而实事求是的描述，这有助于应聘者在充分了解信息的基础上，做出准确的判断和选择。

## 二、酒店员工招聘工作的重要性

酒店员工招聘及录用工作的有效实施不仅对人力资源管理本身，而且对整个企业具有非常重要的意义。

### （一）保证酒店的正常运转

为了满足酒店的经营需要，有计划地从社会上招聘、录用一定数量和高素质的新员工，是酒店人力资源管理的基本任务。人员的及时、合理补充是酒店一切工作的基本保障。相反，人员不足或关键岗位人员空缺都会严重影响酒店经营管理活动的正常运转。

### （二）决定酒店员工素质

人力资源，尤其是优秀的人力资源对于酒店的重要意义是不言而喻的，酒店如同一个输入、输出系统，通过合格的、优秀的员工，将原始的资源输入并转化为有效的、优质的产品输出。招聘工作正是酒店人力资源输入的起点。酒店吸纳怎样的员工，很大程度上决定了酒店能向客人提供何种品质的服务产品。因此，招聘质量的好坏不仅直接反映在酒店员工队伍的实际构成上，也反映在酒店运行过程中的服务质量与管理水平上，更关系着酒店今后的发展。

**实践经典**

**澳拜牛排店**

澳拜牛排店几乎从开业时起就在采用前测试的做法。在餐饮行业中，按小时领取工资的员工离职率高达200%，而澳拜牛排店的员工离职率却只有40%～60%。澳拜牛排店所要寻找的是那种社交能力强、做事一丝不苟、富有同理心、适应性强的员工。他们利用一项人格评价测试来将那些不适合澳拜牛排店的文化的求职者剔除掉。这项测试是这家企业在雇佣员工之前的包括三个步骤的程序中的一步。求职者参加测试之后，管理人员会将测试结果与澳拜牛排店的员工测试情况进行比较。在某些个人特质（比如同情心）方面得分较低的求职者将被淘汰，得分较高的求职者才有机会接受两名管理人员的面试。

### （三）影响酒店人员流动

从现实来看，酒店业是人员流动性较强的行业。过于频繁的流动不仅会造成严重的服务质量问题，而且增加了酒店的人力成本。虽然影响酒店员工流动的因素很多，但招聘环节存在的问题是导致高流失率的重要原因，这点已被大量的实践研究所证实。例如：招聘者为了解决眼前的岗位空缺，完成招聘任务，提供的相关信息不够全面、客观而真实，使应聘者产生了对酒店的错误判断或不切实际的期望。当他们进入酒店后，很快陷入了现实与期望的冲突，产生了极大的心理落差，从而导致工作满意度下降，最终选择离职。

**实践经典**

#### 真实职位预览——有效降低人员流动率的招聘技术

在过去的招聘实践中，经常出现招聘者为了尽快把企业急需招聘的空缺职位推销出去，向应聘者提供不真实的信息，或提出无法兑现的承诺的现象。应聘者进入企业后发现企业的宣传名不副实，从而直接影响了他们的工作绩效，造成工作满意度和企业忠诚感的下降，导致员工流失率上升。而真实职位预览强调，只有给应聘者真实、准确、完整的有关职位的信息，让他们了解企业和工作的真实情况以及真正需要，才能产生员工需要与企业需要匹配的良好结果。通过这一技术，应聘者在作出评价和决定时可以有更多的理性思考和心理准备，有助于他们在工作初期，一旦发现企业或工作环境中的不尽如人意之处，不会产生过强的负面反应。同时，真实职位预览能够让应聘者进行自我筛选，如果他们了解了企业真实情况后，认为不满意，可以在选择加入企业之前“自动放弃”。这比起那些因招聘信息的不真实而最终导致员工工作绩效低下，或进入后不久就流失等情况，无论对企业或个人都有好处。

### （四）影响人力资源管理成本

作为人力资源管理内容的一项基本职能，招聘成本是人力资源管理成本的重要组成部分。招聘成本可以分为内部成本和外部成本。内部成本就是内部招聘人员相关的成本，如招聘工作人员的工资成本、差旅费用、耗材费用、通信费用等招聘筛选过程中的管理成本；外部成本包括渠道、广告，以及招聘外包的费用。如果招聘不当导致人员流失，还会带来重新招聘所产生的成本费用。因此，招聘工作不仅要解决获取人力资源的问题，还需要实施有效的策略与方法控制与降低招聘成本，优化招聘流程，以取得更好的结果。

### （五）影响酒店社会形象

为了吸引优秀人才及合适人选，在对外招聘过程中，酒店需要向外部发布自己的基本情况、发展方向、方针政策、企业文化以及产品特征等各种相关信息。这不仅是一种招聘手段，也有助于更好地展现自己，使社会更加了解本酒店，塑造酒店形象，营造良好的外部环境，以有利于酒店的发展。有研究表明，酒店招聘过程所提供的信息会影响应聘者对酒店的认知和判断。同时，招聘是酒店获取人力资源的手段，招聘工作质量如何，招聘吸纳的人员素质高低最终也会影响酒店的社会声誉。因此，酒店应对招聘工作的社会效益给予高度重视。

## 三、酒店员工招聘的原则

酒店员工招聘应本着用人所长、容人所短、追求业绩、鼓励进步的宗旨，以面向社会、公开招聘、人职匹配、全面考核、择优录用为原则，从学识、品德、能力、经验、体格、符合岗位要求等方面对应聘者进行全面审核。同时，在招聘工作的管理上要强调计划性和效率优先原则。

### （一）计划性

计划性原则强调酒店的招聘工作必须以招聘计划为前提，招聘计划对招聘工作起指导作用，有助于招聘工作的科学管理，有效保证招聘质量。酒店人力资源部根据酒店年度人力资源发展计划、人员编制的情况及各部门人力资源需求计划，制定年度招聘计划，并在此基础上贯彻和实施招聘工作。

### （二）公开

公开招聘是指酒店将招聘数量、招聘种类、岗位要求、任职条件以及招聘时间、地点和招聘方法等信息通过一定的渠道和方式公之于众。这样做，一方面可以将录用工作置于公开监督之下，防止不正之风；另一方面可以吸引广大应聘者，形成竞争局面，有利于选拔更优秀的人才。

### （三）公平、公正

公平原则是指对来自不同渠道的应聘人员应一视同仁，对不合格的人员不应给予照顾。酒店无论在内部选拔还是外部招聘过程中，应该选贤任能，而不能拉关系、走后门、任人唯亲。在招聘前，酒店应公开招聘信息，以形成公平、公正的氛围；在招聘过程中，招聘部门应保持廉洁，使应聘人员有平等的竞争机会，否则，一旦录用了不合适的人员，不仅影响酒店的员工队伍素质，导致服务质量出现问题，而且招聘过程的不公正会严重损害酒店的组织风气和社会声誉。

### （四）双向选择

双向选择是指酒店根据自身的岗位需要选择合适的应聘者，同时应聘者也应根据自己的条件自主地选择职业。在招聘过程中，招聘者不能以主观意志为转移，只考虑自身的需要去选择。对于应聘者来说，既有选择应聘和同意录用的权利，又有不选择和拒绝的权利。酒店在招聘工作中，不仅要考虑组织的需要和工作的需要，也应关注个人的需要，了解应聘者的需要是尊重个体的人性化招聘原则。同时，由于酒店考虑到应聘者的个人要求，因此可以创造条件吸引他们，从而使组织需要与个人需要达成一致，这样的招聘结果能使应聘者产生愿意为酒店工作的积极心态，为以后工作中发挥更大的潜能、创造更好的业绩打下基础。

### （五）人职匹配

人职匹配是指酒店应以组织的实际需要和岗位工作任务的要求为依据确定招聘人选。不同的职位、职级的工作不同、要求不同，人员的能力标准、任职资格也应不同。如果只是一味地追求高学历、高职称、高资历和经验丰富、业绩突出等“优秀人才”的招聘策略，可能会导致人才的浪费或人力成本的增加。酒店只有本着因岗择人、因事择人的指导思想，做到用人之长、人尽其才，建立一支结构合理的员工队伍，才能使酒店的人力资源发挥最大效益。人职匹配原则指导下的招聘策略就是强调把合适的人放在合适的岗位上。

### （六）全面考核、择优录用

全面考核、择优录用是对应聘者的德、智、能、体等各方面进行综合考查和测试，并根据考核结果进行选拔和录用。德，是指人的道德品行，在酒店实际工作中通常表现为事业心、责任心、原则性、廉洁性、公正性、服务意识、团结意识，以及勇于克服困难、尽心尽职的态度、修养与行为方式等；智，是指一个人的知识和智慧；能，是指一个人的技术和能力。招聘过程中的考核环节不仅是对应聘者知识储备的测试，还包括智慧、技能、能力和人格等多方面的测试与评价。“德”决定“智”与“能”的行动方向，有才能的人如果没有良好的职业道德，对组织和社会都可能带来巨大危害。因此，“德才兼备，德为先”的用人之道，既体现了“德”与“智”“能”的关系，也是招聘录用应遵循的原则。体，是指身体素质。体质是劳动者“智”与“能”得以发挥的生理基础，是其他考核评价要素的前提。如果没有健康的身体，有再高的智力与能力也无法胜任酒店工作。

### （七）效率优先

效率优先是指酒店应以尽可能低的招聘成本和尽可能快捷的方式录用到合适的人员。这就要求招聘过程中选择最合适的招聘渠道和科学合理的考核方法，在保证所聘人员质量的基础上节约招聘费用，避免长期职位空缺造成的损失。概括地说，就是努力做到经济投入、时间投入与实际效果之间的关系达到最优化。

# 第二节 招聘的程序与方法

## 一、酒店员工招聘的程序

酒店员工招聘是从确定组织职位空缺开始，进而制定招聘计划、发布招聘信息，然后进行招聘测试和筛选、录用、试用期考查，再到正式录用、签订劳动合同，最后是对招聘工作进行评估。这个过程包括招募、甄选录用和评估三个阶段、六个步骤（见图 4－1）。

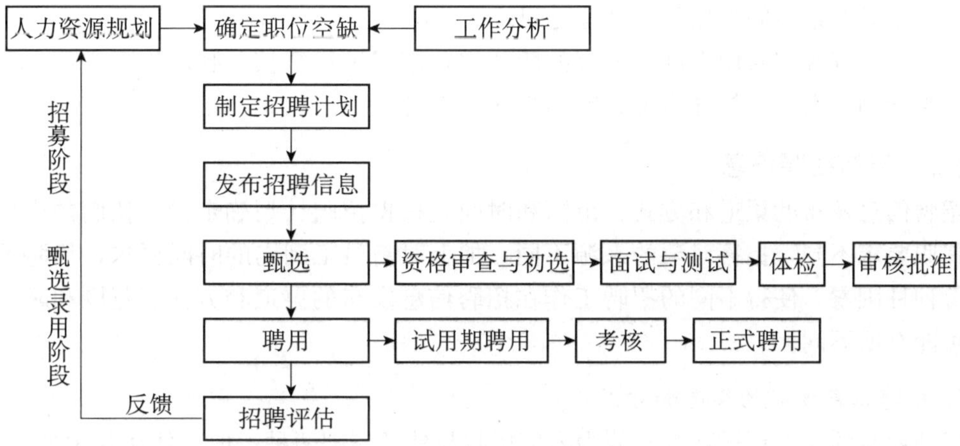


**图 4－1　酒店员工招聘的程序**

### （一）确定职位空缺

职位空缺是在酒店人力资源规划和工作分析的基础上确定的，是招聘活动的起点，它包括确定职位空缺的数量和质量两个方面。只有明确获知酒店中各个部门的空缺职位以及职位的具体要求，才能够制定招聘计划，实施招聘工作。

需要强调的是，招聘虽然是酒店填补职位空缺的主要手段，但并非唯一手段。例如：酒店可以通过增加其他职位的工作职责，增加其他员工的工作量，或通过培训、技术改造等手段提高员工的工作效率，这些方法都可以确保原有的人员编制不变而解决职位空缺的问题，代替通过招聘补充人员的途径。因此，只有当酒店选择采用招聘方法解决职位空缺问题时，整个招聘工作的程序才会开始运作，否则即便存在空缺，招聘也不会转化为现实的工作。

确定职位空缺的操作步骤是：根据各部门上报的岗位空缺人数，对照职位描述明确岗位任职要求，分析酒店内部人力资源供给情况，确定空缺岗位是否能够在酒店内部员工中补充，最后确定需要从外部招聘的岗位和人数。

### （二）制定招聘计划

招聘计划是在酒店人力资源规划的基础上，根据酒店用人部门确定的职位空缺，对招聘的岗位、人员数量、时间限制等因素作出详细的计划和部署。制定招聘计划是为了使招聘工作更具合理性和科学性，保证招聘工作的成效和质量。

招聘计划的具体内容包括：

（1）招聘岗位、人员的数量和种类；

（2）招聘岗位的具体要求及任职条件；

（3）招聘信息发布的时间、方式、渠道与范围；

（4）招聘对象的来源与范围；

（5）招聘的具体方式；

（6）招聘测试的实施部门；

（7）招聘预算；

（8）招聘结束时间与新员工到位时间。

酒店人力资源部对用人部门上报的职位空缺情况进行复核，制定年度或某一阶段的统一招聘计划，由上级领导审批、签署意见后实施。

### （三）发布招聘信息

招聘信息发布的渠道和方式、范围和时间是根据招聘计划确定的。招聘的岗位、数量、任职要求不同，招募对象的来源不同，加上对新员工到岗的时间要求，招聘预算的限制等种种因素，使得不同的招聘工作在招聘信息发布的渠道和方式、范围和时间等方面都可能有所不同。

#### 1. 招聘信息发布的渠道和方式

招聘信息的发布渠道和方式分为内部招聘与外部招聘两种，但具体途径和方法很多，每种都各有其特点。酒店应认真分析、综合考虑，针对招聘的职位选择合适的渠道和方式，作出正确的决策。

#### 2. 招聘信息发布的范围和时间

酒店在选择招聘信息发布的渠道和方式时应注意信息发布的范围和时间。信息发布的范围是由招聘对象的范围来决定的。发布信息的面越广，接收到信息的人就越多，应聘者相对越多，对于招聘者来说选择的余地就会越大。但相应地，投入的人力、物力和财力，所带来的成本费用也会随之增加。

酒店招聘工作的时间安排应考虑招聘地区劳动力市场的季节性与时间性。例如：大量招聘新员工时，应选择在大专院校学生毕业前的就业高峰期发布信息，效果可能会更好；选择节假日或企业进入年终考核阶段发布信息，应聘者的踊跃程度可能就会大受影响。此外，在条件允许的情况下，酒店应尽早将招聘信息向公众发布，这不仅有利于缩短招聘过程，而且有利于形成更广泛的信息受众面，有助于增加应聘者数量。

### （四）甄选

酒店通过对应聘者的申请进行资格审查，再经过人力资源部和用人部门的全面测试考核，了解应聘者的实际能力和真正潜力，在此基础上进行筛选，决定是否录用。这是招聘工作的关键环节，技术性要求较高，每一步工作都决定招聘质量的好坏。

1. 资格审查与初选

资格审查是对应聘者是否符合该职位的基本要求进行审查。最初的资格审查是酒店人力资源部门通过审阅应聘者的个人资料及职位申请表（应聘申请表）进行的（见表 4－2）。

**表 4－2　职位申请表**

申请岗位（职位）：__________　　____年____月____日　　NO. __________

| | | | | | | |
|---|---|---|---|---|---|---|
| 姓　　名 | | | 性别 | 民族 | | 照片 |
| 出 生 地 | | | 出生日期 | | | |
| 文化程度 | | | 身份证号码 | | | |
| 所学专业 | | 婚姻状况 | | 健康状况 | | |
| 户口性质 | | | | 联系电话 | | |
| 常住地址 | | | | 邮政编码 | | |
| 学业经历 | 起止年月 | 学校名称 | 所学专业 | 外语语种及程度 | | 毕业/肄业 |
| | | | | | | |
| | | | | | | |
| | | | | | | |
| 工作经历 | 起止年月 | 工作单位 | 工作内容 | 职务 | 月薪 | 离职原因 |
| | | | | | | |
| | | | | | | |
| | | | | | | |
| 家庭成员 | 姓名 | 与本人关系 | 工作单位 | | 职务 | 联系电话 |
| | | | | | | |
| | | | | | | |
| | | | | | | |
| 何时何地受过何种奖励或处分： | | | | | | |
| 专业技能与接受相关培训的情况： | | | | | | |
| 自我评价（知识、技能、经验、成果、特长与爱好）： | | | | | | |
| 对企业的预期（希望企业为你提供些什么）： | | | | | | |
| 能否出差 | | 能否加班 | | 期望薪资 | | |
| 请提供两位友人姓名及电话以便联络 | 姓名 | | | 电话 | | |
| | 姓名 | | | 电话 | | |
| 以上所填内容均属实，若有不实或虚构，本人将承担解除劳动合同的处分，以及由此引起的经济和法律责任。<br>申请人签名：<br>日　　期： | | | | | | |
| 人力资源部意见 | | 业务部门意见 | | 总经理意见 | | |

应聘者通常采用两种方式发出求职申请信息：一是通过信函等方式主动向酒店提出申请；二是根据酒店要求填写酒店职位申请表，或者先发出个人申请信息，再根据酒店要求填写标准表格。无论个人投递的应聘申请，还是填写酒店的职位申请表，一般都包括三个主要内容：应聘的具体职位或职位意向、个人简历和证明材料。个人简历包括求职者的个人基本情况，如年龄、性别、受教育程度、个人爱好、特长等；个人工作经历，尤其是与应聘职位相关的工作经历；个人荣誉及成果等。为了保证应聘者提供信息的真实性，酒店一般要求应聘者提交学历、技能、奖励、成果等方面的证明文件，如证书原件或复印件等。

2. 面试与测试

人力资源部阅读和整理应聘者的个人资料和职位申请表，并对应聘者所提供的信息予以查证、核实，在此基础上进行初步甄选或淘汰，决定参加面试的人选。通过面试，酒店可以了解应聘者的具体条件和要求，获得与特定工作要求是否符合的重要信息。面试的次数取决于酒店招聘策略以及录用人员的重要性，准确评价应聘者的难度等因素。

招聘过程中还经常采用知识技能考试或心理测试的方法，科学、客观地了解应聘者与工作有关的各方面情况及发展潜力，为录用合适人选提供依据。比较常见的考试与测试有专业知识和技能考试、能力测试、智力测试、工作动机测试、态度测试、人格测试、兴趣测试、情景模拟测试、工作现场测试等。

3. 体检

在决定录用前，要求应聘者通过体格检查，获得健康证明，这是酒店招聘与录用工作中不能忽视的环节。酒店业是服务人员与客人直接接触的服务性行业，如餐饮、厨房、客房等大量服务工作都关系到客人的身体健康。因此，酒店首先要避免录用传染病患者。同时，酒店工作的劳动强度较大，客观上也要求员工招聘时必须重视挑选身体健康的应聘者。录用健康的员工也可以使酒店减少医药费的支出。

4. 审核批准

当人力资源部门确认应聘者是合适的人选后，应将职位申请表、参考资料、面试记录、健康卡等统一汇总和记录，由酒店最高管理者作最后的审核批准。

对于整个招聘过程，审核批准前的每一个步骤都有一个关键决策点，应聘者如果达不到该决策点的要求就会被淘汰，只有通过决策点的应聘者才能继续参加后面的选拔。至于每个决策点的标准是什么，酒店要根据自身的实际情况确定，但总的原则是以空缺职位所要求的任职资格为依据。

### （五）聘用

1. 发放录用通知书

酒店为决定录用的员工发放录用通知书。为显得较正式，录用通知多采用书面形式。

录用通知书的内容包括：有关工作和聘用条件的详细说明、有关酒店的人事制度和规定、上班报到的具体时间等。

2. 试用期聘用

酒店对刚录用的新员工实行试用期考查，这是组织和个人在最初阶段建立相互认知和适应的过程，双方可以通过试用期来确认彼此的选择是否合适。酒店的试用期一般为3～6个月。因个人工作成绩突出或组织的特殊需要免除或缩短试用期，必须由相关部门和酒店领导根据员工录用审批权限给予批准。

3. 正式聘用

员工试用期满，通过考查、考核和转正评估后，酒店应与员工签订劳动合同，以法律形式确立劳动关系。员工转正后，享有正式员工的权利，同时负有正式员工的责任。

劳动合同的主要内容包括：

（1）基本情况：合同双方称呼、员工所在部门、工种及职务等。

（2）合同期限：规定合同的有效期。

（3）员工守则条例：规定员工的工作时间、岗位职责及应遵守的有关准则等。

（4）员工福利待遇：规定员工可享受的各项待遇，如薪酬、假期、医疗福利、劳动保险、工伤保险。

（5）纪律处分条例：规定员工违背合同要求应该受到处罚的措施及程序，包括解约、辞退、开除等。

（6）签字与公证：员工亲笔签字或盖章，酒店代表签字并加盖印章及注明签约日期。

### （六）招聘评估

招聘评估是招聘工作的回顾、分析和总结。完整的招聘过程应重视招聘的评估环节。招聘评估工作主要包括招聘成本评估和录用人员评估。通过这两项评估，酒店可以从数量、质量、效率方面对招聘工作进行评价。研究表明，通过不同的招聘渠道和方法，产生的招聘效果是不同的。用不同的方法招聘的员工，可能表现出不同的工作绩效、流失率和缺勤率。因此，通过招聘评估工作，可以发现招聘工作中存在的问题，以便在将来的招聘工作中修正，并找出更有效的方法，提高下一轮招聘工作的效率和质量。

1. 招聘成本评估

招聘成本评估是指对招聘中的费用进行调查与核实，并对照预算进行评价的过程。招聘成本评估是评定招聘效率的一个重要指标。如果成本低，录用人员质量高，就意味着招聘效率高，反之则低。相同的成本，如果录用的人数多、素质高，也意味着招聘效率高。

招聘成本评估工作主要包括招聘预算和招聘核算。招聘预算是全年人力资源开发与管理总预算的一部分。酒店人力资源部根据年度或专项招聘计划，对照以往实际费用支出情况，拟订合理的招聘费用预算，经酒店上级领导及有关部门批准执行。招聘预算费用主要包括广告费用、中介机构费用、招聘测试费用、体检费用等。招聘核算是指对招聘的经费使用情况进行度量、计算、审计等，再通过与预算经费的对比，就可以知道实际支出是否符合预算，明确主要差异在哪个环节。

2. 录用人员评估

录用人员评估是根据招聘计划对录用人员的数量和质量进行评估。录用人员的数量评估主要从以下几个指标进行计算和分析：

$$录用比=\frac{录用人数}{应聘人数}\times 100\%$$

$$招聘完成比=\frac{录用人数}{计划招聘人数}\times 100\%$$

$$应聘比=\frac{应聘人数}{计划招聘人数}\times 100\%$$

录用比越小，说明录用者的素质可能越高。招聘完成比反映了招聘工作的效率。应聘比则说明招聘的效果，应聘比越大，说明发布招聘信息的效果越好，同时说明录用人员的素质较高。

录用人员的质量评估实际上是在录用人员选拔过程中对他们的能力、潜力、素质等进行的各种测试与考核的延续，是跟进式评估。通过对录用人员在职工作后的工作绩效、工作能力和素质表现来反映招聘工作的质量和成效。

## 二、酒店员工招聘的渠道与方法

酒店员工招聘可分为内部招聘和外部招聘两个渠道。

### （一）内部招聘

内部招聘是指吸引现在企业中任职的员工申请企业的空缺职位，常用于选拔管理人员和提供职位转换。内部招聘的方法主要有以下几种。

1. 工作公告法

工作公告法是通过向员工通报现有职位空缺，从而吸引相关人员来申请这些职位的常用方法。这种方法面向酒店所有员工，能为员工晋升和发展提供平等机会。同时，使个人在组织中有自我选择最适合自己的工作的机会，有利于员工的个人目标与组织目标保持一致，有利于创造一个更开放的用人机制和组织环境。

工作公告中一般应包括空缺职位的各种信息，如岗位名称、工作内容、资格要求、工作时间及薪资等级等。

2. 档案记录法

档案记录法是指酒店人力资源部通过员工的个人资料档案，了解员工与技能和工作绩效有关的信息，从中确定符合空缺职位要求的候选人。这方面的信息主要包括姓名、工作类别、所受教育或培训、以往所从事的工作、经历与经验、工作业绩、奖罚记录以及工资水平等，也包括正式的评估结果，如培训考核、绩效考核结果，招聘时的有关能力、人格等方面的心理测试结果等。

由于档案记录的建立需要较长时间，并且这些信息随着员工的自身发展在不断地更新，而要从大量的信息中获取有价值的内容，也需要花费大量的时间和精力，因此，许多酒店借助计算机人力资源管理系统和人力资源数据库来完成员工信息档案的采集和管理，这是人力资源管理现代化的体现。世界著名的丽思·卡尔顿酒店的内部储备人才库不仅是酒店人才选拔的内部招聘技术，而且是员工个人成长和发展的有效工具。

当然，档案记录法只是人力资源部以真实而客观的信息作为招聘选拔人才的重要依据，而在决定任用时，与相关部门管理者和个人的充分沟通也是十分重要的。

3. 员工推荐法

员工推荐法是通过提名、投票等方法由员工推荐他人作为符合空缺职位候选人的方法。它可以是同职级的同事间的推荐，也可以是跨职级的推荐，如下级推荐上级或上级推荐下级。

同时，员工推荐法也包括员工向酒店推荐外部人员作为职位候选人。由于员工不仅了解本酒店的实际情况和企业文化，而且对应聘职位也有一个比较细致的了解，因此很可能会提供合适的人选。一些酒店企业还实行员工推荐计划，对员工成功地引荐了优秀人才进行嘉奖。

### （二）外部招聘

外部招聘是指酒店从外部寻找、吸引应聘者，以补充内部空缺职位的过程。特别是酒店需要大量人员补充时，主要是通过外部招聘来解决。外部招聘的方法主要有以下几种。

1. 刊登广告

寻找应聘者最常见的方法是刊登广告，即通过网络、广播、电视、报纸、杂志等媒介向公众传送企业招聘信息的方法。

这种方法的优点是传播范围广，挑选余地大，招聘广告留存时间较长，可附带企业形象、产品宣传等。缺点是招（应）聘双方不直接见面，信息可能失真；广告费用支出较大；录取成功率可能不高。此外，广告形式多种多样，借助不同的媒介投放招聘广告，会带来不同的效果。因此，酒店应特别注意要根据招聘的职位类型及企业的具体情况选择合适的媒介和形式。

2. 人才招聘会

人才招聘会是指参加定期或不定期举办的人才交流会、人才市场、人才集市进行招聘。人才招聘会有两类：一类是专场招聘会，即由一家企业举行的招聘会，如该企业在开业时，需要大量招聘人员，它也适用于企业面对特定群体进行的招聘；另一类是非专场招聘会，即由某些中介机构组织的多家单位参加的招聘会。

这种方法的优点是招（应）聘双方直接见面，可信程度较高；当时可确定初选意向，招聘过程也比较经济。缺点是可能会出现应聘者众多、洽谈环境差的局面。一个大型招聘会常有几百家或更多的企业同时招聘，可能有多家酒店在招聘同样性质的职位，甚至包括同行业的竞争对手，要想在招聘中有所收获就必须事先做好准备，如选择和布置有吸引力的展位，派出能代表酒店形象和精神风貌的招聘人员等。

3. 就业机构

就业机构是帮助企业招聘员工和帮助个人找到工作的一种中介组织，具体是指各种职业中介机构与就业服务中心等。这种招聘方法较适用于对初中级人才或急需要用工时的招聘。通过职业中介机构介绍或检索人才资源库寻找应聘者时一般实行收费制。

这种方法的优点是招聘企业和求职者可以通过就业机构获得大量信息，同时也可以传播信息，就业机构还可以通过定期或不定期的人才交流会等方式为供需双方提供面对面商谈的机会，以增进彼此的了解，缩短招聘与应聘的时间。缺点是中介服务质量不确定，尤其是私人中介机构资质良莠不齐。因此，酒店应选择正规、信誉好、有实力的职业中介机构代为寻找合适的人选。

4. 猎头公司

专门为组织招聘高级管理人才或重要的专业人才的职业中介机构，被称为猎头公司。猎头公司会开展两类业务：一是针对需要员工的组织寻找合适的候选人，二是针对需要工作的专业人士寻找合适的企业和工作职位。

这种方法的优点是专业性强，能主动为客户发现和寻找到满意的人才，往往比企业自己招聘的人员素质高，且能在整个招聘过程中为企业或个人保密。缺点是因各方反复接洽谈判而使招聘过程延长，而且资质、信誉好的猎头公司收费昂贵。因此，这种方法通常只适合于大型酒店集团招聘高级管理人才或核心技术人才。

5. 院校招聘

院校招聘是酒店派员到大专院校招聘应届毕业生，通过直接收集求职信息并与求职者面谈锁定招聘对象的方法。也有许多酒店在学生毕业前，通过与院校合作或与个人签订实习协议的方式，为即将毕业的学生提供一个阶段的实习机会，可作为毕业生的预就业；当实习结束后，双方进行双向选择。

这种方法的优点是招（应）聘双方能较为充分了解，可以根据专业锁定挑选范围，有的放矢，招聘效率和人员素质比较高。缺点是应聘者的选择余地大，可能会向众多酒店发出应聘书，这样容易导致招聘者的被动；同时，就目前我国酒店业人力资源现状来看，具有大专院校酒店管理专业背景的员工的流动率较大，许多学历高、专业对口的大学生进入酒店不久就会离职。

6. 网络招聘

网络招聘是利用计算机及网络技术支持完成招聘的过程。借助互联网和组织内部的人力资源信息系统，将申请过程、信息发布过程、招聘筛选过程、录用过程等有机融合，形成一个全新的网络招聘系统，使组织能够更好、更快、以更低成本吸引应聘者，招到组织所需要的人才。因此，目前越来越多的酒店企业借助互联网进行部分招聘工作。一些企业专门创办了网站提供招聘服务，这类网站为企业和个人提供大量的招聘信息，也提供网上招聘管理和个人求职管理服务。

网络招聘之所以受到越来越多的关注，就在于它拥有许多其他媒介所不具备的优势。除了快捷、成本较低外，还不受时间、地点的限制；可以接触到更大范围的人群，有更多的选择余地；使得存储与检索应聘者的简历更为容易，便于提供招聘信息服务；面试、能力测试以及个人背景审查等都能通过网络进行。但网络招聘也存在不少问题，如缺乏有效的监督机制，造成招聘单位对网上求职的可信度评价不高，而个体求职者也常抱怨网络求职“回复率低”“真实性差”“虚假信息多”“私密性较差”等。

**知识拓展**

### 电子化招聘方式

随着信息科技的发展，运用计算机与网络技术辅助生产、营销、研发与管理越来越成为现代企业运营的重要手段。其中，人力资源管理的电子化（eHR），就是一项以信息化推动企业人力资源管理能力全面提升的管理实践。eHR 的主要形式有电子化招聘、电子化培训、电子化学习、电子化沟通和电子化考评等，其中尤以电子化招聘发展最为迅速。透过电子化招聘，人力资源人员能更专注于企业的核心竞争力——人才，以提升企业整体竞争力。

电子化招聘有两种主要方式：一是企业注册成为人才网站的会员，在人才网站上发布招聘信息，收集求职者资料，查询合适人才；二是企业在自己的官方网站上发布招聘信息，吸引人才。

目前，为招聘活动提供的公共平台主要包括以下类型的人才网站。

（1）综合性网站：没有具体的分类，接受所有类型合法公司的招聘信息。如智联招聘、前程无忧、58 同城、赶集网等。

（2）行业性网站：针对某类行业企业和人才提供招聘或求职信息。如最佳东方（酒店行业招聘）、演艺人才网、销售精英网等。

（3）地方性网站：业务面向全国，但重点开发本地资源，为当地的人才流动提供方便。如杭州人才网、上海招聘网、首都人才网等。

（4）政府性网站：免费提供公司信息、人才简历等，服务性强。如中国公共招聘网、事业单位招聘网等。

（5）服务性网站：主要提供招聘信息、资料，以导航为主。如应届生求职网、应届毕业生网等。

# 第三节 人才测评

## 一、人才测评的概念

人才测评是通过一系列科学的测量方法对应聘者进行评价，挑选出符合职位要求的人员的过程。人才测评的方法和测量技术有很多，酒店招聘过程中常用的有三大类，即心理测试、知识考试和面试。需要强调的是，现代企业通过这些测试方法和测试技术所建立起的人员素质测评系统已不仅仅局限于人员招聘过程，更延伸至企业整个人力资源开发与管理过程，如上海波特曼丽嘉酒店的质量选拔程序（Quality Select Process，QSP），已成为吸纳、配置、选拔、开发和培养人才的综合人力资源管理工具。

**实践经典**

**QSP——甄选和发展员工的测试工具**

上海波特曼丽嘉酒店在招聘员工时采用一个专门的质量选拔程序（QSP），对应聘者进行测试。QSP按级别将员工分为一般员工、管理级（主管、领班）、经理级、总监级（行政人员）几类。每套QSP有50～60个题目，涉及10～11个方面，分别测试应聘者的学习能力、服务意识和能力、处理突发事件的能力、沟通能力、工作安排能力和与别人建立关系的能力等。酒店希望从中了解员工的能力更侧重于哪方面，创意、服务还是沟通。员工被录用后，这些资料会交给其服务部门存档，以利于今后尽可能发挥他的强项，同时针对他的弱项加强培训。

两年半前刚刚从大学毕业，马丽准备应聘波特曼丽嘉酒店的前厅服务员，但面试沟通和QSP测试结束之后，人力资源部的主考官建议她应聘酒店公关。某天，她的QSP成绩再次被人力资源部经理翻了出来，“这个女孩子做得不错，看看我们能为她做些什么”。

事实上，马丽在公关部任职之后，她的几次培训也都与其QSP有着非常紧密的联系，她的QSP成绩也已不止一次地被翻出来查看。因为对于人力资源部来说，要培养和提拔一个员工，必须清楚地知道员工的强项和弱项。在员工要求换岗的时候，人力资源部也会参照员工的QSP成绩，看看他们是否合适拟去的岗位，或者是否有该岗位的发展潜力。

这次人力资源部打算给马丽做经理级的QSP。这项测试更多地考查员工制定目标、安排工作计划、帮助其他员工发展的能力，以及是否有能力让整个部门的人达到某个既定目标，当团队里有员工出现问题时作为经理将如何处理。也就是说，领导力和管理能力成为应聘经理级别员工的最重要考查点。

此时公关部刚好有位经理调到外地，马丽是否有能力胜任就看她的新 QSP 成绩了。

## 二、心理测试

心理测试是指通过一系列的心理学方法来测量被测试者的智力水平和人格方面差异的一种科学方法。它通过对人的智力、潜能、气质、性格、态度、兴趣等心理素质进行有效测量的标准化工具，把人的某些心理特征量化，使之具有客观性、确定性和可比性。通过心理测试，酒店可以较为客观、真实地了解一个人的人格与能力，判断和预测他是否符合某一岗位的需要，将他安置到适当的岗位上，以保证人尽其才。

心理测试的内容主要包括：智力测试、能力测试、人格测试。

### （一）智力测试

智力测试就是对一个人的思维能力、学习能力、适应环境能力和解决实际问题的能力进行的测试。智力是指人类学习和适应环境的能力。智力包括观察能力、记忆能力、想象能力、思维能力等。智力的高低直接影响个体在社会上的成就。斯坦福-比奈（Stanford-Binet）测验对智商作了分类：正常人的智商在 90～109，智商在 140 以上者为天才，120～139 为非常优秀，110～119 为优秀，80～89 为次正常，70～79 为临界状态，60～69 为轻度智力缺陷。一般来说，智商比较高的人，学习能力比较强。但这两者之间不一定完全正相关，因为智商还包括社会适应能力，有些人学习能力强，但社会适应能力较弱。

智力测试侧重一般能力，即人的基本行为能力。著名的测量工具有韦克斯勒的成人智力量表（WAIS）、比奈-西蒙（Binet-Simon）量表、斯坦福-比奈智力量表等。

企业招聘中，智力测试可以作为衡量应聘者智力高低的工具，它对于评价人的能力水平、筛选候选人、安排恰当的工作职位、保证工作任务的完成有重要的作用。但是并不是说所有的工作，智力越高的人越适合。有研究表明，在实际操作工人中，智商太高并不一定有利于工作的开展。在一个团体中，所有的人智商都很高，容易产生矛盾。因此，酒店对大部分职位的应聘者的智力测试应立足于评价其智力水平是否能达到职位的基本要求，是否能完成该角色所赋予的工作任务。

### （二）能力测试

能力是指个人顺利完成某种活动所必须具备的知识、技术、心理特征和行为方式。概括地说，是指个体从事一定社会实践活动的本领。能力测试就是衡量应聘者是否具备完成职位职责所要求的能力。能力测试有两个功能：一是判断应聘者具备什么样的能力，即诊断功能；二是测定应聘者在从事的活动中成功的可能性，即预测功能。

能力测试可以分为一般能力测试和特殊能力测试两个方面。

1. 一般能力测试

一般能力是指在多数基本活动中表现出来的能力，如观察力、记忆力、思维能力、想象力等，是完成一项工作任务的前提和保证。例如：围绕酒店工作，观察力、决策力、表达能力、运筹能力、应变能力等的结合就是酒店管理岗位能力的体现和要求。

实践中运用较多的一般职业能力测试（GATB）包括9种职业能力倾向：一般能力（G）、语言能力（V）、数理能力（N）、书写能力（Q）、空间判断力（S）、形状知觉（P）、运动协调（K）、手指灵活度（F）和手腕灵活度（M）。这套测试所涵盖的各种能力与不同的职业类型密切相关，经过测试可以对应聘者是否适宜从事所应聘的职位作出判断。例如：语言能力差的人不适合做公关或接待服务，手指灵活度不高的人不适宜从事计算机文字输入的工作。

2. 特殊能力测试

特殊能力是指那些特殊职业所需要的能力。不同职位的工作性质对从业人员能力倾向的要求也不同，选拔人员的标准也不同。例如：有些工作需要机械操作能力特别强的人，有些工作需要擅长运算的人。同样，酒店不同部门对岗位能力的要求也不同，例如：总台接待员等前台岗位，要求善于与人沟通；人力资源管理职位要求具备较强的人际协调能力和高度的信任感；销售部要求有较强的语言沟通能力，并能不断接受新的挑战；保安的职位要求反应比较快。招聘过程中，通过特殊能力测试，酒店可以为应聘者确定更为合适的、准确的职位，以保证他们在将来的工作岗位上能极大地发挥个人优势，创造更好的绩效。

### （三）人格测试

人格（个性）是指个人对现实的稳定态度和习惯的行为方式，按照不同的标准可以将人格划分成不同的类型。由于人格在很大程度上决定人们的行为方式，而不同的职位所要求的行为方式又不同，因此对应聘者的人格进行测试有助于判断他们是否符合并能胜任应聘职位。例如：对于客户关系主管这个职位来说，应聘者如具有热情开朗、擅长交际的外向性格会更适合职位的需要，更容易获得良好的工作绩效。

人格测试的方法主要可分为两大类：自陈法和投射法。

1. 自陈法

自陈法是向被测试者提出一组有关个人行为意向、情感、态度方面的问题，被测试者根据自己的实际情况回答，测试者将被测试者的回答和标准进行比较，从而判断他们的性格。测试的问题大多采用判断法和选择法。如测试者提问：“如果受到客人刁难，你会心情非常沮丧吗?”要求被测试者回答“是”或“否”。或者测试者对一个问题列出多项答案，供被测试者根据自己的真实情况和真实看法作出选择。自陈法的测量技术应用较为普遍，学术研究和企业人力资源实践中常使用国外一些著名的测量工具，如明尼苏达多项人格测验（MMPI）量表、加州心理调查表（CPI）、卡特尔 16 种人格因素量表（16PF）、爱德华个人偏好量表（EPPS）和艾森克人格问卷（EPQ）等。

2. 投射法

投射法就是通过一定的媒介，向被测试者提供一些意义不明确的刺激情境，让被测试者在不受限制的条件下建立自己的想象世界，无拘束地、不自觉地表现出自己的态度、动机、需要、愿望、价值观等人格特征的测量方法。采用投射法是由于人格结构的大部分内容处于潜意识中，某些欲望、动机、需要等心理特征不容易直接观察，也很难通过自我评述得到客观而准确的答案。而且当测试本身不显示任何目的时，被测试者就不会有意地防范或作出虚假的反应。

实践经典

**让数据说话**

邦顿百货公司化妆品的销售人员的离职率一度很高。为了分析这一问题，他们挑选了 450 名现有的化妆品销售人员，让这些员工匿名填写旨在确定员工特点的调查问卷。通过运用数据挖掘技术对各种信息进行分析，该公司确定了化妆品销售人员自身与工作绩效和任职时间有关。邦顿百货公司的假设是，最好的销售人员是那种友好且对化妆品充满热情的人，但实际上最好的销售人员却是问题解决者。他们获得顾客需求方面的信息，然后解决这些问题。对这一情况的认识帮助邦顿百货公司形成了更好的甄选工具。

与之类似，在对呼叫中心进行人员配置时，施乐公司长期以来一直假设，具备呼叫中心工作经验的求职者是最合适的候选人。但是，事实与此恰恰相反，人格才是最关键的因素。具备创造性人格特点的人在工作中会获得成功，而那些生性好奇的人并不能。

谷歌公司则另辟蹊径，将员工评价运用于雇佣决策，从而帮助企业取得成功。当一位求职者申请公司的一个职位时，其信息（如就读的学校和之前的雇主）就进入了谷歌公司的求职者跟踪系统。然后，该系统将求职者的信息与公司现有员工的信息进行匹配。当系统发现匹配信息之后，就会让那些信息匹配上的谷歌员工评价这位求职者对其所申请职位的适应性。通过这一方式，谷歌的招募人员得到了一份有价值的见解，即那些已就职员工如何看待求职者被录用后会在谷歌公司有什么样的表现。这种做法同时也在谷歌员工中培育了一种集体感和互动氛围。

## 三、知识考试

知识考试即常见的笔试，是通过纸笔测验的形式对被测试者的知识广度、深度和知识结构进行了解的一种方法。酒店招聘中通过知识考试衡量应聘者是否具备完成职位职责所需要的知识。

酒店招聘员工的知识考试主要包括综合知识、专业知识、相关知识等内容的考试。

综合知识考试内容广泛，重在了解被测试者的基本知识结构和知识水平。专业知识考试又称深度考试，考查内容与被测试者的应聘职位有直接关系。相关知识考试又称结构性考试，主要是了解被测试者对相应职位有关知识的了解和掌握程度。

知识考试通过考试试卷完成。因此，试卷设计决定考试质量和成效。整个试卷的设计要根据考试目标，将各类知识和内容结合起来运用。试卷还应根据招聘的不同职级、不同职位的具体要求进行设计。例如：招聘销售人员主要测试其营销知识，招聘餐饮服务人员主要测试其餐饮业务方面的知识，招聘普通员工主要测试其专业基础知识和操作知识，而招聘中高层管理人员主要应测试其管理知识和体现其综合能力的相关知识。

## 四、面试

面试是事先经过精心设计，通过双方面对面的观察和直接交谈，使招聘者对应聘者的知识、工作能力、工作经验、性格、态度和待人接物的方式等综合素质进行测评的招聘方法。面试由五大要素构成，即应聘者、主试者（招聘主管或评委）、测评内容（试题、评分标准等）、实施程序、面试结果。

### （一）面试的类型

根据不同的标准，可以将面试划分为以下类型：

1. 结构化面试

结构化面试是指按照事先设计好的问题进行提问的面试。对所有应聘者，面试问题一样，并且有标准答案。面试中可以根据应聘者对每一个问题的回答，给予不理想、一般、良好或优异等简洁的评价。这种面试可以减少随意性，突出重要问题，避免遗漏，方便对面试结果的横向比较和分析。但它缺少灵活性，不利于应聘者完整地阐述自己的想法，也不利于主试者对某一问题的深入了解。因此，这种方法对于面试高级管理人员或工作中个性化色彩较强的职位不适合。

2. 非结构化面试

非结构化面试是没有既定的模式、框架和程序，主试者根据实际情况向应聘者进行随机提问，而对应聘者来说也无固定答题标准的面试类型。主试者提问的内容和顺序都取决于其本身的兴趣和现场应聘者的回答。这种方法给谈话双方很大的灵活性，主试者可以针对应聘者的特点进行有区别的提问，给个人发挥的空间，也能抓住问题回答中的关注点不断深入地提问，以了解应聘者的真实想法。但这种形式存在的问题是：易受主试者主观因素的影响，面试结果无法量化，无法同其他应聘者的评价结果进行横向比较等。

为了更充分地发挥结构化面试与非结构化面试的优点，避免它们的缺陷，酒店在实际面试中可以将两者结合起来使用。

3. 情境面试

情境面试也称情景模拟，是将应聘者置于应聘岗位的实际情景或者模拟情景之中，观测应聘者的反应、表现，分析其对问题的回答，甚至要求应聘者指出面试情境中暴露的问题，分析产生问题的原因并提出解决方案。这种面试不仅能反映应聘者的实际能力，也能反映其潜在能力和心理素质。



**知识拓展**

### 计算机化面试

计算机化面试是指让一位求职者针对计算机提出的视频的或书面的提问作出口头回答或者在计算机上作答。大多数计算机化面试都会对求职者提出一系列诸如个人背景、工作经验情况、技能、知识以及工作态度等与求职者应聘的职位有关的问题。此外，计算机化面试还可以让求职者看到一些真实的场景（如发怒的客人），然后让他们有针对性地作出反应。在计算机化面试中，提问的速度很快，因此要求职者必须集中注意力。典型的计算机化面试程序还会测量求职者在回答每个问题时耗费的时间。如果在回答某个问题，如“你是一个可信的人吗?”时出现了迟疑反应，就表明求职者在这方面可能存在问题。

4. 系列化面试

系列化面试是指将面试的问题分成若干方面，分别由酒店各个不同层次的管理人员对应聘者进行面试。各层次的主试者依据标准评价表对应聘候选人独立给出评估意见，然后对每位主试者的评定结果进行综合比较分析，最后作出录用决策。系列化面试通过层层把关，评价应聘者是否具备应聘职位所必需的技能和个人特征，以保证人员录用更为可靠、有效。

5. 小组面试

小组面试有两种形式。一种是由若干人员组成面试小组对候选人进行的面试。这种面试允许每位评委从不同侧面提出问题，要求应聘者回答。小组面试可以是多个评委面试一个应聘者，也可能是多个应聘者同时回答一个问题。另一种是招聘主管主持的由多名候选人同时参加的面试。通常主持者给出一个命题和一些背景资料让应聘者自由发挥自己的见解，因此也叫无领导讨论面试法。主试者在应聘者之间互动讨论的过程中观察他们的个人表现，对其在团队中所扮演的角色进行比较，作出判断。这两种小组面试方法有助于主试者对应聘者直接进行比较，容易达成一致意见，效率较高。但它的问题是对应聘者的评价容易带有较多的主观色彩，主试者有意无意间可能会根据个人偏好，受晕轮效应的影响评价应聘者。这种方法也容易带有权威导向，如人力资源专家或酒店总经理的意见可能会左右他人的意见。为了使面试结果更全面、客观，该权威的发言应放在最后。

6. 压力面试

压力面试是指主试者提出一系列直接问题，使应聘者感到不舒服的面试。如主试者突然问一些不礼貌、冒犯的问题，寻找应聘者在回答问题时出现的破绽进行质问，让应聘者承受较大的心理压力，以考查应聘者的心理素质。在压力情况下，心理承受能力较弱的应聘者可能会不知所措、反应异常。而心理承受能力强的应聘者则会表现机智、应对自如。这种方法还可以用来证实对一些信息的怀疑。因为应聘者在准备个人求职资料时，很可能会在不同程度上有意无意地美化或掩饰一些真实情况，甚至造假，而人对突发问题的反应会更直接，传达的信息也更真实、客观。

### （二）面试的步骤

酒店面试应聘者时应参照以下步骤，做好面试前后的各项工作，并注意面试过程中的细节。

#### 1. 面试前准备

（1）确定面试主试人员和方式。酒店对普通岗位候选人的面试一般由人力资源部和用人部门经理担任。可以采用合议制，也可采用分阶段制，由人事部门与用人部门分别面试。

（2）准备面试材料，根据招聘职位的工作说明书设计面试评价量表。

（3）准备面试提纲和问题。

（4）选择和布置面试场地，使面试场地避免干扰，并创造有助于沟通的环境。

#### 2. 进行面试

（1）寒暄问候，营造轻松愉快的氛围。

（2）向应聘者简单介绍酒店情况。

（3）将整个面试的程序安排预先简明扼要地告诉应聘者。

（4）请应聘者进行自我介绍。

（5）向应聘者提出试探性和深入性的问题。

（6）询问应聘者是否有疑问，并对疑问进行解答。

（7）结束面试时主试者告诉对方如果被录用，大约何时可获得录用通知书，并且表达对对方的友好和尊重。

#### 3. 面试结果评估

面试结束后，主试者应立即仔细查阅一遍面试记录，认真填写面试评估表（见表4-3）和评估意义。

**表4-3　面试评估表**

应聘者姓名：
日期：

| 评估项目 | 评估者 | | | |
|---|---|---|---|---|
| | 人力资源部经理 | 部门经理 | 副总经理 | 总经理 |
| 形象 | | | | |
| 个性 | | | | |

续前表

| 评估项目 | 评估者 | | | |
|---|---|---|---|---|
| | 人力资源部经理 | 部门经理 | 副总经理 | 总经理 |
| 仪态 | | | | |
| 积极性 | | | | |
| 一般常识 | | | | |
| 岗位要求的技能背景情况 | | | | |
| 语言表达能力 | | | | |
| 英语或其他外语程度 | | | | |
| 建议接受（√）或拒绝（×） | | | | |
| 被推荐部门 | | | | |
| 被推荐职位 | | | | |
| 被接受职位：<br>级别： | 部门：<br>工资： | | 开始工作时间： | |

注：评估项目打分标准：5. 优秀　4. 良好　3. 一般　2. 较差　1. 差

______　　______　　______　　______

人力资源部经理　　部门经理　　副总经理　　总经理

还应该强调的是，一名应聘者可能需要面对不止一次的面试，尤其是对重要的技术岗位或管理职位而言，通过层层把关才能确保招聘录用的人员是企业真正需要的。

**实践经典**

### 上海波特曼丽嘉酒店的六道面试

在员工的招聘中，上海波特曼丽嘉酒店有一套完善的质量选择程序，上到管理人员，下到一线员工，每位员工都要接受六道面试：一是人力资源专员面试，二是人力资源标准化面试，三是部门经理面试，四是直属上司面试，五是人力资源总监面试，六是酒店总经理面试。

面对巨大的招聘任务，为什么不简化一线人员的招聘程序呢？酒店管理者认为："选择对的员工"非常重要，尤其是一线员工，他们直接面对客户，他们的服务怎样直接决定了该酒店的服务水平和质量。

在六道面试中，标准化面试尤为不同。酒店招聘人员会问一些特定的问题，然后根据回答，与他们经过对上百位优秀的酒店管理人员测试整理出来的标准答案进行比较，评定应聘者是否符合该酒店的企业文化，是否适合这项工作。

### （三）面试的策略

面试是酒店招聘者与应聘者交互的过程，应聘者的一言一行，应聘的策略与技巧直接影响对方的评价，也关系面试的成败。

1. 仪容仪表

应聘者在面试时的仪容仪表是为推荐自我服务的，应本着与职业相符的原则。

（1）面试着装应端庄、整洁、大方，尽可能着正装。

（2）女性应化自然、适度的淡妆以体现良好的精神面貌。有研究表明，自然、适度的化妆比不修边幅能增加20%以上的成功机会。

（3）整洁、自然的发型比过于张扬个性的奇异发型能给酒店招聘者留下更好的印象。

2. 体态举止

（1）面试时应准时赴约，不能让主试者等候，给人不守信用的印象。

（2）进门时从容不迫，不要紧张，主动向主试者鞠躬、问好。

（3）不要主动与主试者握手，对方说“请坐”后道谢坐下。

（4）表情自然、大方，面带微笑，避免过于腼腆、羞怯或严肃，因为酒店的岗位强调“好客”和“微笑”。

（5）目光不要左顾右盼，不要低着头，要与主试者有目光交流，但又不咄咄逼人。

（6）避免不雅的小动作，如打哈欠、挖鼻孔、掏耳朵等。

（7）注意坐姿端正，不要跷二郎腿，女性不要张开两腿，不要双臂交叉抱在胸前。

（8）不要将携带的外衣、雨伞、皮包放在办公桌上。

3. 应聘语言

（1）语言表达要简明、扼要，避免重复、唠叨、游离主题。

（2）不要打断主试者的提问，要在认真聆听完问题后回答。

（3）回答问题时，不要总是只回答“是”或“不是”。

（4）口气既自信又谦逊，不要侃侃而谈或反客为主。

（5）观点不同时，语气要平和，可发表不同观点，但切忌争论。

4. 应聘心态

（1）自信。自信是成功面试的前提。因此面试时，应聘者的目光、神态、举止和语言都应坚定而自信，只有这样才能积极地、充分地展现个人魅力。

（2）诚信。诚信是面试的最基本条件，包括诚恳、诚实、信任、信用。诚信是做人之本、立业之基，是酒店选人的首要条件。因此，应聘者无论是在面试前填写个人职位申请表还是面试时的表现都必须是实事求是和令人信服的。

（3）坦然。面试时要注意控制和调整心理状态，要有效地克服过于紧张的心情，可以调整呼吸，不断地自我鼓励，做积极的心理暗示等。

（4）不卑不亢。面试时既要自尊自重，又要谦恭、彬彬有礼，表现自然的亲和力。要克服自卑感，觉得坐在对面的主试者博才多学、回答错了就会被笑话，所以畏首畏尾，不敢畅快地表达自己的观点；同时也要避免过于自负，不把对方放在眼里。

## 复习思考

1. 如何理解招聘的概念？招聘对酒店人力资源管理的意义是什么？

2. 酒店招聘的过程是怎样的?
3. 招聘有哪些渠道和方式? 各有什么优缺点?
4. 什么是心理测试? 主要有哪些内容?
5. 如果你准备应聘酒店某一职位,应如何进行应聘申请?

## 应用分析

### 小小细节决定面试的成败

世贸中心大酒店是当地一家著名的五星级酒店,许多高职院校旅游专业的应届毕业生都非常希望能进入这家酒店实习或工作。

9月初的一天,酒店人力资源部相关人员来到一家合作多年的高职院校招聘实习生。对于毕业班学生来说,这是个好机会,在世贸中心大酒店实习,毕业后可获得优先录用资格。如果实习结束后去应聘其他酒店,可凭借这段实习经历获得优势。因此,在校园的临时应聘办公室门前,参加面试的学生排起了长队。酒店人力资源总监张先生和助手小刘前来主持面试。面试以一对一的形式进行。一开始,张总监边核对候选者的简历和实习申请,边请学生做个简短的自我介绍,接下来是以提问的方式与学生交流。面试过程不过短短的十几分钟,可足以使招聘者根据最初印象对应聘者作出评价和筛选。面试结束了,张总监与专业指导老师卫老师进行了沟通,当卫老师看着初步确定的录用名单时有些不解。小A和小B是她比较了解的两个学生,小A平时沉默少语,在班里的表现并不突出。而小B是个活跃分子,聪明、机智又有组织能力。可今天,张总监选择了小A,小B被淘汰了。这是为什么?

原来,小A一进入面试考场,就让张总监眼睛一亮,30多度的高温天气里小A穿着雪白的长袖衬衫、黑色的长西裤和一双擦得锃亮的黑皮鞋,这身打扮在周围穿着背心、T恤衫等候面试的同学眼里实在有些可笑,可却深深打动了张总监。“他的打扮说明他知道酒店的员工应该是怎样的面貌,也反映出他是多么重视和珍惜这次机会。”就冲这一点张总监认定他是一个合适的人选。而小B的表现却没能给张总监留下良好的第一印象。在与张总监交谈时,小B坐在椅子上,右腿不停地抖动。许多男孩子在随意或紧张的状态下常有这种无意识的动作。“这个小动作对接待服务工作来说可是大忌,在客人面前如果有这种习惯性动作,那可不但是不雅观,还是对客人的不尊敬。”张总监说道。

由此可见,一个小小细节能给人如此深刻的印象,看来面试中的仪表举止真不能忽视。

**分析:**

1. 看完上述案例,你觉得在面试过程中有哪些值得注意的问题?
2. 假如我们去应聘,应该怎么做?

## 实践训练

**实践一　撰写个人简历及工作申请书**

实践目的：掌握应聘工作个人简历及工作申请书的项目、内容、格式、要求和填写要领。

实践要求：应当对个人简历及工作申请书撰写方法比较熟悉；应当对自己有明确的定位，知晓自己比较适合的酒店岗位。

实践指导：

（1）指导老师选择若干专业实习合作酒店，将酒店网站公开的招聘信息（也可以是往年的）告知学生。

（2）每位学生根据这些岗位，选择自己感兴趣的岗位针对性地撰写个人简历及工作申请书。

（3）指导老师将应聘同岗位的同学简历进行对比分析，指出学生的个人简历及工作申请书的优点和不足。

**实践二　针对一名机票预订员的测试**

实践目的：你所在的航空公司决定将机票预订职位外包到中国，让你练习针对某大型航空公司的机票预订员职位开发一种用来测量某种具体能力的测试程序。

实践要求：你应当全面了解开发一项人事测试的具体程序。如果时间允许，你可以将开发的测试合并到一个测试组中。

实践指导：

（1）将整个班级划分为几个练习小组，每组由5～6人组成。

（2）仔细阅读下面关于机票预订员的工作职责描述：

客户通过与机票预订员联系获得关于航班时刻、机票价格以及飞行路线等方面的信息。机票预订员应当在航空公司的在线飞行时刻表系统中查找到客户要求提供的信息，该飞行时刻表系统是随时更新的。机票预订员必须表达清晰、彬彬有礼且迅速地对客户的要求作出反应，并且能够迅速找到可替代的航班，从而提供与客户的需要相吻合的飞行路线。机票预订员应当能够迅速找到备选的航班和价格，不至于让客户久等，只有这样，机票预订小组才能保持自己的效率标准。通常必须在各种不同的路线中进行查找，因为在客户的出发地和目的地之间可能会有十几条路线可供选择。

（3）每个小组可以假设需要雇用大约1/3的求职者来担任机票预订员。所以，你的目标是开发一种能够将求职者中1/3的人甄选出来的测试程序。

（4）理想的候选人必须掌握多种技能和能力才能完成这项工作。小组任务是从中选出一种能力，然后开发出一种测试程序去测量这种能力。只能利用教室中现有的资料。这项测试应当能提供量化的评分，可以是针对个人的测试，也可以是针对群体的测试。

（5）如果时间允许，应当将每个小组开发出来的各种测试整合成一个测试组。如果可能，可以留出时间让一组学生完成这组测试。

## 延伸阅读

××国际酒店开业招聘计划

求职者面试指南

巴黎酒店国际集团新型员工甄选项目

# 第五章 员工培训

## 【本章导读】

培训是酒店打造核心竞争力的主要手段，也是开发员工潜能、提高员工工作绩效水平、提高员工工作能力的方式。培训不仅可以提高员工的文化素质和技能，促进服务质量的提高，还有利于训练有素的员工为客人提供优质的服务，使每一位员工发挥最大的潜力，并心甘情愿地为酒店的发展作贡献。本章系统地介绍了酒店培训的原则、特点、形式、内容和方法，重点阐述了酒店培训过程的主要环节和培训评估的方式与方法。

## 【学习目标】

- 理解并掌握酒店培训与开发的含义
- 了解酒店培训应遵循的原则
- 熟悉酒店培训的特点
- 掌握酒店培训的形式、内容和方法
- 掌握酒店培训过程的主要环节和要素
- 掌握制定培训计划的方法

## 【关键术语】

培训、开发、职前培训、在职培训、非在职培训、讲授法、演示法、小组讨论发言法、个案分析法、角色扮演法、管理游戏法、实习法、TSFC 四步培训法、四层评估模型

## 案例导入

### 海底捞的培训方式

海底捞餐饮有限责任公司是一家以经营川味火锅为主，集餐饮、火锅底料生产、荣誉连锁加盟、原料配送、技术开发为一体的民营企业。公司自1994年成立以来，以其自然朴实的服务、真诚热情的待客之道，“融合川人川味、蜀地蜀风”的文化特色，迅速发展成为一家大型餐饮连锁经营企业。每至晚间，无论冬暑，杭州的每家分店都是人队如龙，一位难求，深受顾客的喜爱。作为餐饮企业，最高的境界不但是要拴住人们的胃，还要拴住人们的心。而海底捞拴住顾客的心和胃的秘诀却是首先拴住员工的心。通过卓有成效的人力资源培训与开发，海底捞做到了让员工“认同公司、快乐工作、微笑服务”，经理对领班的微笑，领班对员工的微笑，员工对顾客的微笑，最后顾客对海底捞的微笑，这个“微笑链”使海底捞笑傲于竞争激烈的餐饮行业。具体而言，海底捞对于员工培训与开发的优势主要体现在四个方面：

1. 独特的新员工入职培训

● 培训周期相对较长

海底捞员工的入职培训只有3天，从人力资源的角度来看并不算长，内容也主要是讲一些基本的生活常识和火锅服务尝试。但是与其他餐饮企业动辄直接上岗的来比相对较长了。新员工在学习基本知识的同时，逐渐适应企业文化和管理方式，有利于在之后的岗位实习和正式工作中很快融入岗位，提供更好的服务。

● 培训专业化

海底捞有专门的员工培训基地，有专业的培训讲师，培训的流程也较为成熟。专业化培训保障了培训的质量，也就能够大大提高员工的质量，对于企业的发展有重要意义。

● 培训内容细致

海底捞对于员工工作的培训内容细致入微，各个岗位的工作内容都做出了非常严格的规定。例如：传菜生要做到六不端：标准量不符合不端，菜色不纯不端，形状不符合要求不端，不熟不热不端，卫生不合要求不端，菜品不点缀不端。收台人员一个餐桌收台时间为2～3分钟。每项工作都制定了严格的标准，并在培训时将这些标准传递给员工。细致的培训内容降低了对于员工基本素质的要求，使每一个不同文化层次的员工都能在短时间内达到企业的基本要求。量化的工作标准有利于员工掌握自己本职工作的具体内容，也有利于企业对员工的表现作出客观的评价，方便实施奖励惩罚制度。

2. 企业办学式培训

与众多服务业企业不同，海底捞有自己专门的培训中心，负责新员工的入职培训以及在职员工的再培训。培训师大部分是公司中基层管理者兼职的。培训中心有详尽的课程安排。培训的主要内容包括：公司规章制度、各部门职责、操作流程、企业文化、如何与顾客有效沟通、微笑服务的强化练习、消防知识与急救知识等。新员工在培训期间，实行军事化管理，每天学习一项内容，公司为每个人提供食宿。培训期满后，进行培训结业考试。不合格者被退回，合格者加入公司，拿着自己的考试试卷到所应聘的店面报到。试卷由店面经理保管，试卷中反映的问题会作为该员工下一步培训的重点。

3. 导师制

新员工正式上岗之前有试用期，试用期实行导师制，即通常的师傅带徒弟的培训方式。经理将每个新员工都分配给一位经验丰富的师父，成为他的徒弟。在试用期间，师父会将业务操作流程、具体的工作方法，甚至每一个动作的要领都传授给徒弟；在实际工作中，师父也时时帮助徒弟，以避免给顾客带来不便。师父在带徒弟期间，每月有300元的辛苦费，徒弟何时出师也由师父决定，一般是2～3个月。

4. 轮岗制

餐饮行业的大部分岗位都是单调的重复性劳动，长时间工作很容易产生厌倦感。为了最大限度地避免这种情况发生，让员工“快乐工作，微笑服务”，海底捞推行轮岗制。员工可以在工作组内比较自由地调换岗位，跨组岗位调换也经常进行，但要经过店面经理同意。轮岗制使员工不再局限在一个岗位上，丰富了工作内容，有助于保持工作的新鲜感，并可以学习和掌握更多的技能，成为多面手。员工体会到了工作、学习和成长的快乐，在很大程度上消除了工作内容单调而产生的枯燥感和厌倦感。

**思考：**

海底捞的员工培训机制在酒店企业中能够复制吗？为什么？

# 第一节 酒店培训与开发概述

## 一、酒店培训与开发的概念

员工培训与开发（Training & Development）是指企业通过各种方式使员工具备能

完成现在或者将来工作所需要的知识、技能，改变工作态度，以改善员工的工作绩效，并最终实现企业整体绩效提升的一种计划性和连续性的活动。

许多学者认为，“培训”与“开发”两个概念有所区别。培训通常针对并注重于员工的短期工作表现，更多的是一种具有短期目标的行为，目的是改变员工现有的知识、技能，如教会新员工掌握客房清扫程序和标准就是一个典型的培训；而开发则关注于个人能力的提高，使其能在今后担任更高的职位，承担更大的职责，它是一种更多指向长期目标的行为。虽然培训更关注“现实”，开发更关注“将来”，但两个概念的实质是一致的，都是要通过改善员工的工作业绩来实现提高企业整体绩效的组织目标；两个概念也是相互统一的，培训是开发的途径，而不断提高员工绩效、开发个人潜能是培训的目的。因此，“培训”与“开发”两个概念经常组合在一起，用来描述组织为提高员工专业技能和素质而开展的各类活动。

在现代酒店人力资源管理中，对培训与开发的准确理解，需要把握以下几点：

第一，培训与开发对象应当是酒店的全体员工，而不只是某部分员工，当然这并不意味着每次培训必须全员参加，而是说应当将全体员工都纳入培训体系中去，不能将有些员工排斥在培训体系之外。

第二，培训与开发内容应当与员工的工作相关。而与工作相关的内容的含义广泛，包括与工作有关的知识、技能、态度、制度、企业文化、战略规划等，各种直接的和间接的、现实的和发展的内容。而目前一些酒店在这一点的认识上存在误区。例如：一些酒店只重视业务知识、工作技术等“硬内容”的培训，而忽视了工作态度、职业道德、企业文化等“软内容”的培训。此外，这里所指的工作既包括员工现任岗位的工作，也包括将来可能从事岗位的工作。

第三，培训与开发的主体应当是酒店企业。也就是说，培训与开发活动的组织实施者是酒店自身。有些活动虽然客观上也实现了培训与开发员工的目的，但是实施主体并不是酒店，因而不属于酒店培训与开发的范畴。例如：员工为了提高英语水平，以便更好地从事前厅接待工作，利用业余时间自学或自主参加社会培训。当然，酒店是培训主体并不意味着所有培训与开发活动的全部实施过程要由酒店亲力亲为，而是指这一活动应是酒店有计划、有安排，并投入一定人力、物力、财力的组织行为。

第四，培训与开发的目的是改善员工的工作业绩，提升酒店的整体绩效。这是酒店组织实施培训与开发活动的根本目的，也是衡量酒店培训与开发工作成效的根本标准。如果不能实现这一目的，培训与开发工作就是不成功的。

**实践经典**

### 麦当劳的员工全职业培训计划

对于如何看待员工的培训与开发，麦当劳创始人雷·克罗克先生总结了两句话：“不管我们走到哪里，我们都应当带上我们的智慧，并且不断地进行智慧投资。”“金钱，你可以赚到，但是对于智慧，必须花心思去开发。”麦当劳非常重视员工的培训与开发，建立了全职业培训计划。从小时工到高级主管，通过阶梯式培训，他们能够持续不断地学习、成长。一个麦当劳餐厅经理的诞生，需要花费数十万元，并接受超过450小时的培训。而在麦当劳，超过75%的餐厅经理、50%以上的中高级主管正是通过这种培训体系，从小时工成长起来的。

## 二、酒店培训与开发的作用

培训与开发是人力资源管理的基本核心。任何组织的管理，只要涉及人员的聘用、选拔、晋升、培养和工作安排，都离不开培训与开发。特别是对于那些适应现代化发展需求的企业和组织来说，更是如此。

着眼于酒店行业，培训与开发的作用主要表现在以下四个方面。

### （一）全面提升酒店行业的人员素质

通过培训与开发，可以提高员工的行为能力和综合素质，从而提高其工作质量和工作效率，减少工作中的失误，降低成本，提高客户满意度；员工可以更深入地理解和掌握所从事的工作，增强工作信心。培训与开发也提高了管理人员的管理决策水平。健全的培训与开发体系能满足员工个人发展需求，使员工与企业一起成长，适应社会、市场的变化，提高员工和企业的社会竞争力。

### （二）增强酒店竞争优势

酒店所处的环境具有复杂多变的特点，市场的竞争在不断升级，而竞争的核心是人力资源的竞争。现有人力资源面临知识更新的日益加快，以及目标顾客需求的日新月异，如果不经常对员工进行培训与开发，最终酒店和个人都难逃被社会淘汰的命运。

服务质量是酒店经营与发展的生命。全面而持续的培训则是服务质量的必要保障。培训意味着员工不断学习新知识，掌握新技术和先进、正确的工作方法，改变错误的或落后的工作方法，不断地了解满足顾客需要的变化。培训不仅促进了酒店服务规范的建立和更新，建立在改进质量问题基础上的培训更推动了酒店服务水平和管理水平的提升。

培训可以有效地降低损耗和劳动成本，使酒店在市场经营中保持优势。有关专家研究结果表明，培训可以减少73%左右的浪费。例如：在以创建绿色酒店为主题的培训中，员工掌握了更为科学、合理、高效、节能和安全的操作方法，节约能源、减少损耗的环保意识增强，使酒店的经营成本降低。同时，经过培训，员工的操作技能、工作效率得到提高，使劳动成本降低。

### （三）开发员工潜能，创造发展机会

培训与开发是一个连续不断的过程，与员工的个人发展、职业发展相联系。培训与开发的目的是实现企业的短期和长期目标，定位于改进个体目前的工作技能，着眼于个

体的长远发展。一方面，员工不断地经过培训—工作—再培训—再工作这样一个系统而持续的学习过程，拓宽了视野，增长了知识，提高了技能，改善了服务质量，进而个人收入也相应增加。另一方面，通过培训与开发，员工的潜在能力外在化，不仅使员工掌握了现任职位所需的学识与技能，还事先储备了将来担任更重要职务所需的、更高的学识与技能，一旦酒店需要就可以得到提拔，避免延误时间与工作。

目前，我国许多酒店面临员工流失严重、管理人才缺乏的问题。培训与开发在培养员工，建立长效用人机制，以及为员工创造晋升机会方面扮演着重要角色，有着极其现实的意义。

### （四）提高员工忠诚度，培育企业凝聚力

培训与开发体系不仅提高了员工的能力，创造了新的发展机会，也促使员工在学习中不断感受到自己的成长对于酒店发展的重要性，更自觉地理解和认清酒店在各个阶段的管理目标，不断调整自己去满足酒店的需要，正确地定位个人与组织的关系。成功的酒店培训与开发战略避免了过度地使用人才，强调科学、合理地使用人才、培养人才，采取有效措施吸纳人才、留住人才。通过这样一个互动的培训与开发系统，使员工充分感受到酒店对其个体发展的关注，从而增强了员工对工作的满意感，对酒店的使命感、安全感和忠诚度，使酒店获得来自员工的良好回报。

酒店属于劳动密集型行业，酒店产品质量的保证依赖服务的每一个环节，这要求员工在劳动中具有很强的协作能力。“100－1＝0”就是对这种服务整体性的诠释。如果一个员工、一个环节上出现差错，就会严重影响整个服务产品的质量。而培训过程本身就是讲授者与学习者、学习者与学习者之间的互动过程，它为员工提供了一个相互交流的平台，以增进彼此的沟通和了解，培养团队精神和协作意识，增强酒店凝聚力。

**知识拓展**

#### 培训投入与价值回报

世界上越来越多的企业已开始认识到培训是一种比物质资本投资更重要的人力资本投资。国外一项关于1 000家企业的研究发现，增加10%的劳动力教育投资可以使劳动生产率提高8.6%，而同样价值的投入如果放在工具或建筑上，劳动生产率只能提高3.4%。

国内外许多著名的酒店将培训与开发作为发展人力资源战略的一项重要内容。丽思·卡尔顿酒店根据集团的战略计划和组织目标制定并实施培训计划，每年投入营业收入的3.5%用于年度培训经费。酒店集团中每个进入管理层的人员在1年之内要接受250～300个小时的培训。重视员工培训与发展，培育以客人为中心的企业文化使丽思·卡尔顿酒店无论经营业绩还是市场形象都获得了巨大成功。

# 第二节 酒店培训的类型与方法

## 一、酒店培训的特点

同样是学习过程，但培训与学校教育的目的、对象、形式和内容都有所区别，有其特殊性。而酒店行业的培训与其他行业相比，由于行业特点、产品特性、工作环境与工作要求的不同，培训也明显存在不同。

### （一）培训的普遍特点

与学校教育相比，无论是酒店行业还是其他行业的培训，都有两个突出的特点，即成人性和在职性。

1. 成人性

在生活和心理特征方面，与其他教育对象尤其是在校学生相比，成人有很大的不同，主要表现在：

（1）年龄更大，机械记忆力有可能减弱。

（2）有明确的学习目的。

（3）学习能力强。成人的逻辑思维、抽象概括、判断推理、分析综合等方面的学习能力较强，加之成人的社会实践比较丰富，易产生新的联想，有助于对新知识的感知和理解。

（4）学习的自觉意识强。这是成人学习的主观性特点。成人在工作经历中更多地感受到了知识、能力对社会和自身的意义，产生了强烈的学习动机和求知欲望，从而形成了学习的主动性，善于自律、自控，有稳定的学习情绪和顽强的学习意志。

2. 在职性

在职性是指培训对象是有工作的、受多种因素影响和制约的在职员工，这就有别于一般意义上的普通教育。普通教育对象没有工作压力，没有家庭负担，基本任务就是学习。而培训对象是以工作和劳动为主，学习必须服从于工作和劳动。这就给员工教育培训提出了一定要求：

（1）不能脱离工作和劳动，培训内容要强调实用性和实效性；

（2）选用教材要精；

（3）学制尽可能短，强调速成性；

（4）学习的形式和方法要灵活多样；

（5）教学活动和内容既要有较为系统的理论指导，又要与劳动实践相结合。

### （二）酒店培训的特殊性

1. 多样性

酒店的工作特点决定了对于不同的培训对象、不同的工作内容，要分为不同层次，采用不同的方法进行培训。多样化的培训方式也符合成人性、在职性的特点和要求，能调动培训对象的参与性，发挥他们的积极性、自主性和创造性，也能使学习成为一种愉快的经历。酒店培训的多样性体现在以下三个方面。

第一，培训的多层次。即对不同需要、不同水平、不同职位的员工设计不同的培训课程，采用不同的培训手段，安排不同的学习内容。一线员工主要通过培训掌握基本业务知识和操作技能；中层管理人员主要学习管理知识和管理实务，通过培训提高问题处理能力；而高层管理人员则侧重于学习和掌握国内外同行业的最新成就和发展动向，更新观念，学习现代的、先进的管理方法的运用。

第二，培训的多类型。员工培训的类型可以分为岗前培训、岗位提高培训、晋升培训、回炉培训、交叉培训等。

第三，培训的多形式。培训期限可长可短，培训方式可采取脱产或在职，培训方法可以是一般的理论讲授，也可采取讨论、示范、案例分析、实际操作、管理游戏、外出考察等。对培训的组织实施，既可通过内部培训实现，也可采取委托其他培训机构的方式。

2. 季节性和速成性

酒店经营可能会有淡季、平季、旺季，这是由酒店产品及客源市场的特点所决定的。酒店接待工作的季节性特点也导致了酒店员工培训的速成性。酒店可以在较短的时间内完成员工培训，也可以充分利用工作间隔期、经营淡季开展培训。

3. 长期性和持续性

酒店培训的季节性和速成性并不意味着平时不需要组织培训。一方面，酒店服务环节多和服务内容多，服务标准高，这就要求酒店不断强化服务规范，不断找出问题，纠正差错，改进服务。另一方面，酒店服务质量的提高是无止境的。随着社会的发展，酒店服务产品及服务功能必须不断地调整，以顺应市场的发展和变化，满足客人越来越高的需求。因此，作为改进产品和服务、实现酒店发展目标的有效手段，培训工作也必须遵循长期性和持续性的原则。

4. 实用性

员工参加培训学习的目的是获取知识，提高技能，学到先进的工作方法。因此，学以致用是酒店员工培训的出发点，培训过程与培训内容要与实际工作相互渗透、有机结合，使员工通过培训确实能将其所获得的知识转化为实际生产力，使其工作更加出色。如果培训与实际工作脱节，被培训者学而无用，既给酒店造成人力、物力、财力的浪费，也失去了培训的意义。

5. 重视外语培训

酒店培训中普遍对外语培训的重视程度很高，尤其是高档酒店。这是因为这些酒店接待对象中有大量外国客人，而语言是员工与客人沟通的桥梁，员工的外语水平直接影响其能否为客人提供满意的服务。例如：酒店前台员工会直接与客人打交道，提供面对面的服务。如果听不懂客人的话，或能听懂但不善表达，就无法满足客人的需要，提供高品质的服务。

**实践经典**

**世界著名酒店的培训实践**

香格里拉酒店集团十分重视雇用那些工作态度好、有发展潜力的员工，并为他们提供必要的技能培训。员工培训是香格里拉酒店集团的首要任务之一，集团努力推行一种全方位的培训方法，培养全才和通才。香格里拉酒店集团设立了专门的培训机构、培训学校和培训课件等一整套完善的培训系统，包括服务、技术、管理、营销技巧等多方面的培训内容，注重活学活用。此外，香格里拉酒店集团还会选送优秀的管理人员到美国康奈尔大学等国外优秀的酒店管理学院进行学习。

洲际酒店集团设有专门的培训师俱乐部，集团会向旗下酒店下达固定的培训计划（针对管理层和员工）。亚太区的培训经常会在一起做，以期沟通和交流经验，共享信息和销售技巧等资源，这样会节约很多成本，而且在管理和服务上又可以相互取经。洲际酒店集团旗下的假日酒店把员工教育、工作安全、规章制度、礼貌礼仪和操作技术等作为重点培训内容。对于中层管理人员的培训主要是与兄弟酒店一起依托集团优势接受培训。酒店也会借助外界力量，几乎每天都与社会上的培训机构通过传真、电子邮件等信息渠道沟通，从而了解培训市场的新动态，选择社会上那些物有所值的专业化培训。

## 二、酒店培训的类型

根据岗位、对象、时间、地点、内容和组织形式等不同，酒店培训类型丰富而多样，这也是现代酒店培训专业化的要求和体现。

### （一）按培训对象的不同层次划分

酒店培训是全员性的，不论是一般员工，还是中、高层管理人员都需要通过培训提高三种技能，即概念技能、人际关系技能和劳动操作技能。概念技能是指与观念、概念、思想意识有关的技能，主要是通过系统的理论学习获得和提高。人际关系技能是指与人沟通和影响他人的能力，主要是通过学习并结合长期的生活与社会实践培养。劳动操作技能是指动手能力，如清扫客房、餐饮摆台、办理订房手续等，主要是通过不断的训练得以掌握。不同层级的员工的技能结构的要求不同，相对而言，酒店高层管理者需要具有更高的分析、判断、决策管理的能力，中层管理者特别应具备良好的人际关系能力，而基层员工更需要实际业务的操作能力。根据这一点，酒店培训一般分为高层管理人员培训、中层管理人员培训、基层管理人员培训、服务员及操作人员培训。

1. 高层管理人员培训

高层管理人员是酒店管理的决策层，包括酒店的总经理、副总经理、驻店经理、各部门总监。作为酒店的领导和管理核心，对高层管理人员的培训主要围绕如何树立宏观经济观念、市场与竞争理念，如何制定企业发展战略、产品战略、人力资源开发战略和营销策略等，如何进行投资管理、成本控制、经营决策等一系列宏观课题。

2. 中层管理人员培训

中层管理人员是指部门经理一级的人员，是酒店承上启下的执行层。对中层管理人员的培训重点放在学习如何在部门管理中有效运用计划、组织、控制、监督等管理职能和管理技术，如何有效地配置人力、物力、财力，如何协调与上级、下级和其他部门的关系等。

3. 基层管理人员培训

基层管理人员属于酒店的督导层，是酒店管理的中坚力量，主要包括部门主管和领班。这一层级在管理中起着举足轻重的作用。对基层管理人员的培训重点在于管理实务的学习、训练与掌握，酒店专业知识的深化培训以及沟通技巧、激励员工的技巧、培训员工的技巧、处理客人投诉的技巧、服务方案的制定与创新等培训。

4. 服务员及操作人员培训

酒店服务员、各技术工种操作员及后台勤杂人员是酒店运行的实际操作层。这一层级人员的专业素质、工作态度和精神面貌直接影响整个酒店日常运转过程中的经营水准和服务质量。对他们的培训应强调实用性，着眼于工作岗位的业务要求，以全面提高专业知识、专业技能和改善工作态度为目的。

### （二）按实施培训的不同阶段划分

按照实施培训的不同阶段分类，培训大体上可分为职前培训、在职培训及非在职培训三种。

1. 职前培训

职前培训是员工正式获得职位，能胜任职位的工作要求之前所进行的系列培训。职前培训的最主要内容是新员工入职培训。新员工从酒店报到至正式分配部门工作前进行的各类培训活动称为入职培训，目的是帮助新员工树立酒店服务意识，明确自己的角色定位，获取作为酒店工作人员必备的理论知识，以符合酒店工作人员的基本要求，国外称为“导向培训”。新员工入职培训是酒店最基础、最重要的培训工作，由酒店人力资源部组织和实施，内容主要包括向新员工正式介绍组织的基本情况和主要政策，并进行关于礼貌服务、消防安全、卫生防疫等基础性、公共性的酒店专业知识技能的培训。酒店还会带领新员工参观酒店，使新员工熟悉工作环境、工作的基本要求，并在一开始就注意培养新员工对酒店的情感。

当入职培训结束并通过测试后，新员工被分配到部门报到，开始在部门进行岗位培训，也有酒店将其称为部门入职培训。部门经理或部门培训师负责向新员工进行部门业务知识讲授，领班、师傅以传、帮、带的指导方式进行操作技能培训，目的是使新员工更快地熟悉工作岗位的任务要求，掌握业务程序和规范，了解如果碰到困难和问题，应该通过什么渠道来解决。

**实践经典**

### 香格里拉酒店新员工入职培训计划

**培训目的**

对新员工的培训是从他们加入香格里拉酒店的第一天开始的，也是他们决定同香格里拉共同发展与成长的第一步。入职培训计划旨在传授给新员工与其工作相关的基本技能。

**培训内容**

• 香格里拉酒店和度假酒店，以及香格里拉国际酒店管理公司的介绍，包括公司历史、集团酒店与度假酒店的介绍、香格里拉国际酒店管理公司总部管理人员的介绍。

• 公司文化介绍，包括远景目标、使命、经营哲学（殷勤好客亚洲情）、指导原则。

• 公司组织机构介绍，包括酒店的组织机构、主要管理者、酒店部门设置和部门职权等。

• 远景与战略计划介绍，包括顾客忠诚度、员工忠诚度、流程改善与技术、领导技能等。

• 了解你的酒店，包括酒店知识、酒店旅程等。

• 人力资源政策介绍，包括酒店规章、员工手册、工会等。

• 安全与保卫介绍，包括安全程序、防火措施等。

• 个人仪表与卫生介绍，包括仪表标准、健康与卫生等。

• 金环计划。

• 使客人无比愉悦。

• 员工之声。

• 接电话技巧。

• 团队精神。

• 酒店知识及服务意识测验。

• 部门培训入门介绍。

**培训时间**

4 天。

**培训员**

人力资源部经理、培训部经理、香格里拉培训大使。

**培训对象**

所有新员工。

---

2. 在职培训

在职培训是指酒店员工在工作岗位，完成工作任务过程中所接受的培训。其主要特点是培训内容与岗位需要直接挂钩，目的在于帮助员工及时获得适应企业发展所必需的知识和技能，不断提高工作绩效，完备上岗任职资格。因此，在职培训是职前培训的继续与延伸，是从初级水平或初级阶段向中级阶段发展的培训。入职培训是每一位普通员工加入酒店的必修课，而在职培训是入职培训的深化，是不断持续的过程。对一家注重培训的酒店来说，在职培训会始终贯穿于员工的整个职业生涯。

在职培训主要定位于岗位业务培训，但形式、内容多种多样，如部门常规培训、回炉培训、交叉培训和专项培训等。

（1）部门常规培训，是指部门根据培训计划，定期的、经常性的培训。主要立足于岗位职责，以业务知识和操作规范为内容。

（2）回炉培训，是指对已经过上岗培训的员工进行的再培训，目的是使他们纠正工作中的错误与不足，巩固和强化正确的操作技能。

（3）交叉培训，是指为有计划地换岗、换部门而进行业务培训，以使员工熟悉不同部门或岗位的业务，具备多项专业技能。酒店常通过这种培训方式培养服务“多面手”和综合型管理人才，有利于酒店根据工作需要合理而灵活地调配人员，及时填补岗位空缺。此外，当酒店增设新的服务项目，或经过工作再造赋予某一岗位新的工作流程和工作任务时，也需要对员工进行交叉培训。例如：一些酒店原来的客房送餐服务是由餐饮部受理订餐电话，后来为了提高服务效率，在前厅部成立了对客服务中心，整合了包括送餐服务在内，涉及前厅、客房、餐饮等部门的多项对客服务，进行统一的电话受理。这样的调整就需要酒店为前厅总机接线员或电话受理人员安排交叉培训，使他们能掌握送餐服务中所涉及的餐饮知识，以保证满足客人需要，准确而顺利地完成服务工作。

（4）专题培训，是指围绕酒店某项具体活动或管理目标组织的，覆盖酒店各部门的培训。专题培训可以是一次课程的培训，也可以是系列培训，如企业为了创建星级酒店、绿色酒店而组织的专题培训。

3. 非在职培训

非在职培训是指酒店的员工暂时离开现职岗位或部分脱离岗位，即以脱产或半脱产的形式到有关的教育机构参加为期较长的学习或进修。许多情况下，酒店会安排部分员工参加这种形式的培训，如因酒店面临全面更新改造，有精力充分考虑业务骨干的培养；酒店管理集团或大型酒店制定人才培养战略，有计划地派送管理人员学习、深造；员工工种变更、职位提升，需要进行系统的学习、提高等。

员工脱产时间安排可长可短。非在职培训可分为全日式、间日式与兼时式三种。受训员工以全天时间脱产参加培训为全日式培训。为了避免影响工作，也可采用间日式，即集中某一阶段培训，然后回到工作岗位，这样反复交替，直至完成学业。兼时式培训是在职培训与非在职培训均可采用的方式，为了兼顾工作，受训员工每天仅接受若干小时的训练，其余时间仍返回工作岗位继续工作。

### （三）按实施培训的不同地点划分

按照实施培训的不同地点分类，培训大体上可分为店内培训和店外培训。

1. 店内培训

店内培训是指在酒店人力资源部或各部门的统一计划及安排下，利用酒店的培训教室、会议室、工作间、员工餐厅等后台设施场地或闲置的空房，在餐厅非营业时间、厨房两餐间的空当时间，甚至在工作岗位上进行的培训。酒店按照计划实施的绝大多数培训均为店内培训。

2. 店外培训

店外培训主要是指委托院校或培训机构组织实施的培训。包括选送员工到旅游院校进修、学习；参加培训机构为获得职业资格证书或岗位证书而组织的培训考核；去国内外相关酒店参观、考察、实习等。

### （四）按培训网络组织分工划分

完整的酒店培训体系由三级培训网络组成。一级培训是由酒店人力资源部计划和实施的培训，主要针对全酒店各部门公共性的培训内容，如外语、服务意识、礼节礼貌培训等。此外，酒店人力资源部门还负责组织基层、中层管理人员的管理培训，这是一种跨部门的培训。二级培训是指各部门的业务知识、业务技能的培训，是针对岗位工作任务更为具体的作业培训。三级培训是领班在日常工作中穿插的对工作细节、及时解决工作问题的培训，如利用班前会或工作间隙进行的简短培训。

各级培训内容及组织实施过程的职责明确又分工合作。总经理是培训网络的核心决策者，负责全酒店培训目标、培训战略的制定，审查批准培训计划与预算；人力资源部和各部门是培训计划的制定者和执行者；而部门培训员则承担着大量的部门业务培训任务，是具体工作的操作者。

## 三、酒店培训的方法

针对不同的培训对象和培训目的，有不同的培训方法，每种培训方法都有其优点和缺点（见表5-1)。只有选择合适的培训方法才能收到良好的培训效果。

### （一）讲授法

讲授法主要是通过对培训对象采用讲解传授的形式传播知识，是一种传统的、最常用的培训方法。这种方法适用于理念性知识培训，其效果很大程度上取决于培训教师。

### （二）演示法

演示法也称为示范法，是通过模拟工作现场或在真实的工作环境中利用设施，使用实际设备及器具、用品进行操作、展示和讲解。这种培训方法比讲授法更为直观，多用于技能培训和训练。

### （三）个案分析法

个案分析法是对现实工作中发生过的某个典型的事例进行分析、研讨，并对问题提出看法或见解的一种培训方法。个案分析法是通过积极的思维过程学习如何解决问题，它始终贯穿的主题是“你将怎么做”和“为什么这么做”。学习者不仅可以熟练掌握和运用已学过的概念、知识，而且可以拓展自己的观点和技巧，甚至会在此基础上产生新的概念和思路。它与传统的讲授教学形式不同，后者是教员作系统的讲解，学员被动地听和记。而在个案教学中，学习主要是在相互讨论与争辩的氛围中进行的，学员充当主角，甚至是中心，教员则更似导演或教练，起着穿针引线、帮助学员相互沟通、启发学员自己去作分析和判断的作用。

### （四）角色扮演法

角色扮演是一种非正式的表演，是通过设计一个接近现场的培训环境，模拟一系列实际工作中的情景，利用情景置换法使学员进入角色去处理各种问题和矛盾。学员可以通过扮演各种实际工作中的角色，亲自参与并体验解决各种实际问题的过程，也可以通过对他人表演的观察，发现他人在特定的环境中的反应和行为，判断其是否符合角色的身份和素质要求，并从中获得启发。在角色扮演结束后，培训教员通过对角色扮演过程的分析和评价，总结学习要点。

### （五）小组讨论发言法

小组讨论发言法是将全体学员分成3～6人一组的若干小组，在规定的时间内讨论某一特定问题，并将讨论结果由小组代表在全班做交流发言，最后再由教员做总结性发言的培训方法。小组发言使每个人都能充分参与、表述自己的观点，所以能在较短时间内产生各种各样的思想及观点，有助于提高讨论问题的深度和广度，能提供给学习者更多、更新的思路。但采用小组讨论发言法时，应注意尽量保证在较短的时间内让每个人充分参与，这样可以调动学员学习的积极性，且使整个学习过程显得轻松热烈、气氛活跃。

### （六）管理游戏法

管理游戏法是20世纪产生于美国的一种用于高级管理培训的方法。管理游戏法具有生动、具体的特征，它通过游戏的设计使学员在解决问题的过程中面临更多切合实际的管理矛盾，决策成功或失败的可能性同时存在，需要受训人员积极参与和训练，运用有关的管理理论与原则、决策力与判断力对游戏中所设置的种种情境进行分析和研究，采取必要的有效办法解决难题，争取游戏的胜利。

由于管理游戏法培训要求事先准备充分，对游戏设计、胜负评判标准等要求较高，因此这种先进的培训方法在实际中的运用并不普遍。但我国一些有实力的培训机构和知名酒店企业都在努力地尝试和不断探索，以往这一主要用于高级管理培训的技术，已开始在更为广泛的领域得到应用。一些酒店在基层管理培训的实践中结合行业性质和工作特点，也在对管理游戏法进行创新和丰富。

**表 5-1　各种培训方法的优缺点比较**

| 方法 | 优点 | 缺点 |
| --- | --- | --- |
| 讲授法 | 1. 培训成本较低，可以对众多的人员进行传授<br>2. 系统性强、重点突出<br>3. 便于掌握时间和进度 | 1. 一言堂，灌输式教学<br>2. 交流和互动性差<br>3. 讲授内容识记效果差，容易遗忘<br>4. 对实际操作技能的提高作用不大 |
| 演示法 | 1. 能调动学习对象的视、听等多种感觉器官，有利于加强记忆<br>2. 使学习内容生动、直观，能激发参加者的兴趣<br>3. 易于领会和抓住要点<br>4. 操作性强，可模仿性强 | 1. 适用范围较小<br>2. 培训受条件限制大，对场地、设备、物料等要求高<br>3. 培训的组织、准备等工作比较复杂<br>4. 培训费用较高 |
| 个案分析法 | 1. 能引起参加者的兴趣，激发研究热情<br>2. 可以结合现实问题研究<br>3. 可以促进参加者积极思考<br>4. 使参加者综合运用理论知识，锻炼分析、推理、判断、评价等思维能力和表达能力<br>5. 增加了师生间的互动和交流 | 1. 选择合适的案例比较困难<br>2. 组织案例讨论，对案例进行准确分析和点评的难度大<br>3. 对案例研究的原则要求不易掌握<br>4. 受参加者的知识水平和工作经验限制 |
| 角色扮演法 | 1. 生动、直观，使人印象深刻<br>2. 能充分调动参加者各感觉器官的参与，强化体验感受 | 1. 参加人数易受限制<br>2. 场所固定，不易变更<br>3. 教学时间可能比较长<br>4. 对准备工作要求比较高 |
| 小组讨论发言法 | 1. 互动交流、启发思考<br>2. 课程气氛活跃，易提高学习积极性<br>3. 使学员综合运用理论知识，锻炼分析、推理、判断、评价等思维能力和表达能力<br>4. 参加者能自主选择有针对性的课题 | 1. 不适合对庞大而又复杂的问题进行研讨<br>2. 受参加者知识水平限制<br>3. 受参加者数量限制<br>4. 课堂控制难度较大 |
| 管理游戏法 | 1. 形式生动活泼，寓教于乐，能强烈激发学习热情<br>2. 能够浓缩时间，加速学习循环<br>3. 易于感受和培养综合管理意识和能力，如沟通、团队合作、领导、决策、创新思维等 | 1. 设计、组织与准备难度大<br>2. 对参加者的知识水平和工作经验要求高<br>3. 传授的信息量可能受限制 |

**知识拓展**

**拓展训练——一种新颖的体验式培训**

拓展训练起源于第二次世界大战期间的英国。当时大西洋商务船队屡遭德国人袭击，许多年轻海员葬身海底。人们从生还者身上发现，他们并不一定都是体能最好的人，却多是年长的水手，有着最顽强的求生意志。后经专家的反复研究，得出了结论。原来，当遇到灾难时，年轻的水手很容易被恐惧所吓倒，一时慌了手脚，总是想：我完了，回不去了，没希望了，我死定了。心理上的绝望，让他们丧失了求生的能力。而富有经验的年长者却能临危不惧，积极地面对现实，调整心情，发挥自身潜能，最终获救。于是，当时一位叫汉思的德国教育家和他的朋友劳恩斯于1942年创办了阿德伯威海上训练学校，训练年轻海员在海上的生存能力和船触礁后的野外生存技巧，结果在敦刻尔克战役中发挥了重要作用，可以说阿德伯威海上训练是拓展训练的雏形。此后，拓展训练的独特创意和训练方式逐渐被推广开来，训练对象由海员扩大到军人、学生、工商业人员等群体。训练目标也由单纯体能、生存训练扩展到心理训练、人格训练、管理训练等，形成了户外体验式和强调热情与参与的培训特点。

1995年，拓展训练进入中国，经过不断的发展，这种全新的学习方法和培训方式已受到社会越来越多的关注，得到极大推广。许多酒店正在通过拓展训练这种方式激发员工潜能，发掘员工创造性，增强团队活力，培养团队凝聚力。

# 第三节　酒店培训的系统过程

有效的培训是一个具有完整性和科学性的系统过程。它包括四个阶段：培训需求分析、培训计划制定、培训计划实施及培训效果评估。这四个阶段以及各要素之间构成相互联系、相互制约、相互作用的整体，其中的每个环节和要素都会影响培训的成败（见图5-1）。

## 一、培训需求分析

培训需求分析是指在规划与设计一项培训活动之前，由培训主管部门、主管人员和工作人员采取各种方法和技术，对组织与工作任务，以及酒店员工的知识、技能进行系

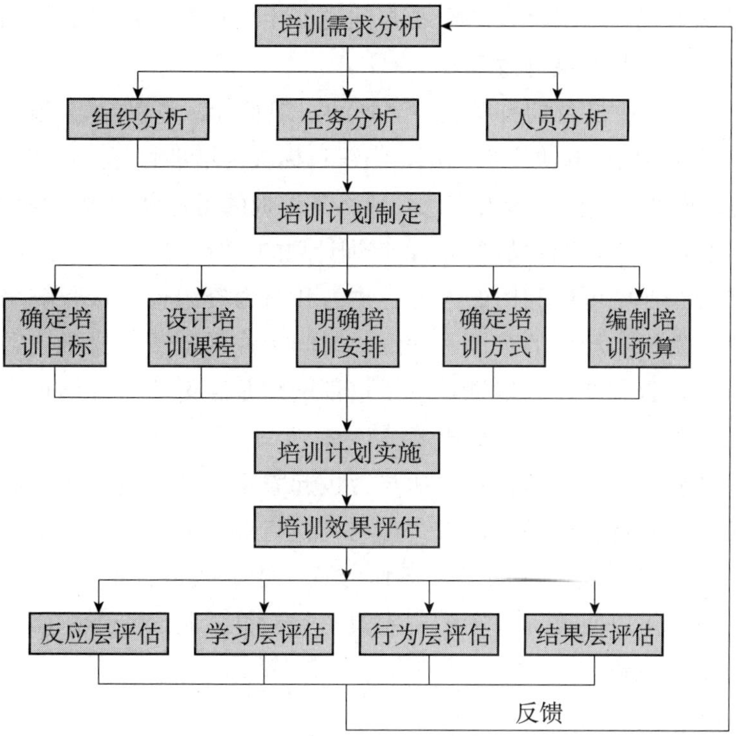


**图 5-1　酒店培训四阶段**

统分析与鉴别，以确定是否培训、选择怎样的培训内容和方式的活动过程。培训需求分析决定了培训目标的确定是否尽可能地准确、具体，并符合实际，避免了培训的盲目性；是设计培训方案、组织培训实施、进行培训评估的基础，能有效地减少不必要的培训成本消耗，因而它是做好培训工作的关键。

### （一）培训需求分析的内容

关于培训需求分析，最有代表性的观点是麦吉和塞耶于 1961 年提出的，他们认为培训需求分析应通过组织分析、任务分析和人员分析三方面来完成（见图 5-2）。

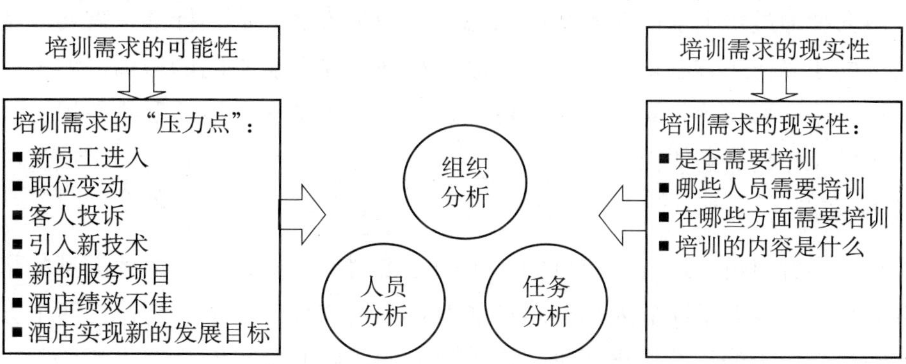


**图 5-2　培训需求分析示意图**

1. 组织分析

组织分析主要是通过对组织目标、资源、特质、环境等培训的影响因素进行全面、系统的分析，准确地找出组织存在的问题与问题产生的根源，以确定培训是否能解决这类问题，是否是解决问题的最有效手段。

首先，一个酒店企业是否拥有明确、清晰的组织目标，不仅对组织的发展至关重要，也对培训计划的制定与执行起决定性作用，组织目标决定培训目标。如果酒店目标是不断地提高服务质量从而使客人获得最大满意，那么其培训的目标及内容的确定就必须与之相一致。假若酒店企业的组织目标模糊不清，培训计划的设计与执行就失去了有效依据。

其次，在酒店企业中可被利用的人力、物力和财力资源也直接影响培训的设计与开展。例如：培训经费影响培训的范围和深度；时间无法保证或安排不当，有可能造成培训效果不佳；酒店是否有专职的培训经理、培训网络是否健全、部门培训主管的专业能力等，都关系培训工作开展的力度和成效。

最后，组织特质与环境对培训的成功与否也起着重要的影响作用。酒店业作为一个服务性行业，无论产品特性还是生产方式都与其他行业不同。就每一家酒店企业个体来看，其外部的市场环境以及内部的经营运作方式、管理风格、企业文化等也不尽相同，而通过培训需求分析可以使培训方案的制定具有针对性，符合企业的实际和特性，真正做到与酒店的需求相一致。

2. 任务分析

任务分析的主要对象是企业内的各个职位。通过任务分析，要确定各个职位的工作任务、各项工作任务要达到的标准，以及成功完成这些任务所必需的知识、技能和态度。可以看出，任务分析是建立在工作分析的基础上的，只是它比工作分析更为详细。

在酒店中，任务分析最主要的目的就是用于确定新员工的培训需求。这里的新员工不仅是指酒店新近招聘录用的员工，还包括那些到新的职位任职的员工。从能胜任职位的工作任务角度来看，一名入职新员工与一名从餐厅领班被提升做餐饮部经理助理的管理人员并没有什么区别，他们都急需业务上的培训，不同的只是后者对企业的基本情况更为了解。此外，任务分析的结果也界定了在个人层面上的培训范围和培训内容，一名客房服务员需要通过培训掌握各类房间状态下的清扫方法和清扫标准，需要清楚地了解各种清洁剂的正确使用方法。而一名餐厅服务员则需要完全不同的培训，如了解菜单上各种菜品的价格、口味等。对不同的岗位开设什么样的课程，培训哪些知识、技能完全是根据不同的工作任务需要而设置的。

3. 人员分析

人员分析是针对员工进行的，目的在于确定谁需要培训、需要哪种类型的培训、什么方面需要培训、针对不同的人如何培训能取得预期效果。人员分析包括两个方面的内容：一是对员工个人的绩效作出评价，找出存在的问题并分析问题产生的原因，以确定解决当前问题的培训需求；二是根据员工的职位变动计划，将员工现有的状况与未来的职位要求进行比较，以确定解决将来问题的培训需求。

酒店在培训前进行人员分析的目的是要弄清楚员工工作绩效不令人满意的原因。其实，影响一个人的工作绩效的原因有很多。其中，个人知识和能力的欠缺可以通过培训来加以改善，而工作动机、工作态度等问题，以及工作条件的问题，如清洁工具欠缺、设备老化影响服务员客房清洁质量，计算机系统故障使服务员工作效率下降、差错率上升等，不是培训所能够解决的。因此，酒店管理者应注意避免一个认识误区，以为培训是解决所有问题的“万能药”。

### （二）培训需求分析的方法

进行培训需求分析的方法很多，最为常见的有四种：观察法、问卷调查法、资料查阅法和访问法。观察法是指直接到工作现场，通过观察员工的工作过程进行培训需求分析。问卷调查法是指将有关问题编制成问卷，通过让员工填写问卷收集信息进行培训需求分析。资料查阅法是指通过查阅有关资料，如专业期刊、技术手册、工作记录等来对培训需求进行分析。访问法是指通过访问方式来获取信息进行培训需求分析。访问可以是面对面的，也可以借助其他媒介，如电话等；可以是集体访问，也可以是个人访问。

## 二、培训计划制定

培训计划是酒店根据培训需要和管理目标，按一定程序和要求预先拟定的，在一定时期内将进行的培训工作规划。它对培训工作的开展具有指导意义。

### （一）培训计划的种类

由于酒店的培训是多层面的，培训范围也很广泛，因此在实际操作中，不同层面的培训计划制定有不同侧重。按周期划分，可分为年度培训计划、半年培训计划、季度培训计划和月培训计划；按培训范围和内涵划分，可分为全面培训计划和单项培训计划；按培训计划程度划分，可分为策划方案、培训计划、实施计划等。

### （二）培训计划的内容

酒店培训计划的内容主要包括培训目的与目标、培训课程、培训安排、培训方式、培训预算等内容。

1. 培训目的与目标

培训目的是根据培训需求分析来确定的，是对培训活动的导向性描述，而培训目标是为了达到培训目的而设定的通过培训期望达到的标准。目标越清楚详细、具体可行、可以衡量，越能为整个培训工作提供明确的指导方向和战略战术，对培训过程、培训方法及评估手段不仅具有提示作用，也是培训成效的保证。

**实践经典**

#### 西餐零点摆台培训目的与目标

某酒店为了适应当地市场发展的变化，不久前新建了西餐厅，增设了西餐服务项目。为了提高服务质量，餐饮部制定了重点强化西餐零点摆台的培训计划。

培训目的：通过培训课程，提高服务人员西餐零点摆台操作技能的准确程度和熟练程度。

培训目标：通过课程讲解、示范和训练使受训员工能达到以下标准：

（1）掌握西餐零点摆台各种物品摆设的顺序。

（2）掌握各种物品摆设的标准，主要指餐具的摆放位置、相互间的距离及摆放方向。

（3）摆台速度达到14分钟完成12人/桌，在保证摆台质量的同时提高摆台效率。

（4）提高操作水平，使各种摆台动作符合规范要求。

2. 培训课程

培训计划中最重要的部分是明确培训内容。酒店作为一个劳动密集型行业，包含的工种、岗位及业务技能众多。因此，在实践中，酒店培训涵盖从酒店产品知识、礼节礼貌、服务意识、职业道德、消防常识、卫生防疫常识、各项业务知识和技能、语言培训，到沟通技巧、领导艺术、团队建设、投诉处理、成本控制等管理知识和能力的培训，内容十分丰富。酒店无论在培训课程的设计还是培训方法的选择上，不仅应根据实际工作需要，还要考虑培训对象的具体情况，做到有的放矢。培训内容的确定也为实施有效的培训方法提供了依据。通常而言，酒店主要培训课程与培训内容如表5-2所示。

**表5-2　酒店主要培训课程与培训内容**

| 模块 | 课程与内容 | 模块 | 课程与内容 |
| --- | --- | --- | --- |
| 服务培训课程 | 1. 仪容仪表培训<br>2. 人员素质培训<br>3. 服务意识培训<br>4. 与客人交谈的技巧<br>5. 电话礼仪<br>6. 紧急救助与意外情况处理<br>7. VIP接待<br>8. 客人消费心理<br>9. 服务质量控制与管理<br>10. 细节服务 | 管理培训课程 | 1. 主管培训课程<br>2. 部门经理培训课程<br>3. 培训者的培训<br>4. 计划管理<br>5. 时间管理<br>6. 沟通技巧<br>7. 领导技能培训<br>8. 会议管理<br>9. 激励与授权管理<br>10. 团队管理<br>11. 客户管理<br>12. 部门业务管理<br>13. 饭店设施功能布局 |
| 公共培训课程 | 1. 电脑知识与技能<br>2. 军事培训（军训）<br>3. 酒店概况<br>4. 员工手册<br>5. 企业文化<br>6. 礼节礼貌礼仪<br>7. 消防知识<br>8. 卫生防疫知识<br>9. 饭店安全知识<br>10. 语言培训（外语或方言）<br>11. 插花培训 | 岗位培训课程 | 1. 岗位业务知识<br>2. 岗位技能操作<br>3. 岗位态度<br>4. 岗位英语 |

3. 培训安排

培训安排主要是指培训时间上的安排，即培训项目放在什么时间开展，培训需要花多长时间。实施性强的培训计划中还会具体明确其他培训条件及安排，如场地、设施、设备及培训资料等。

4. 培训方式

酒店应根据培训内容选择合适的培训方式，确定是采取店外培训还是店内培训、课堂培训还是在岗实习培训、理论学习还是操作实训等。

5. 培训预算

在培训计划中需要编制培训预算，以便获取资金支持，保证培训的顺利实施。同时，培训预算也是培训评估的重要依据。一般培训费用只计算直接发生的费用，如培训地点的场地租赁费、培训教材费、培训教师授课费以及培训设备的费用。

## 三、培训计划实施

培训计划的实施包含以下几个步骤。

### (一) 确定培训者

培训者也称培训师，是培训课程和培训内容的传授者。选择合适的培训师对培训效果和培训质量起着关键作用。培训师的来源一般有内部和外部两种渠道，即由酒店内部人员或从外部聘请老师担任培训师。选择哪种渠道主要根据培训内容的要求和培训对象的具体情况进行综合考虑。一般而言，对酒店管理人员的深度培训、各部门均涉及的公共性强的内容较适合从外部选择培训师，而针对部门或岗位基本业务技能的培训多由内部培训师负责。

由于存在大量的常规培训任务，重视培训管理的酒店会努力健全培训网络，各部门都配有主管、领班或业务骨干担任的内部培训师，承担新员工和部门内的业务培训任务。

**实践经典**

**建设培训师队伍**

浙江开元萧山宾馆大力进行培训师队伍建设。该宾馆制定了《培训师管理手册》，通过员工自荐、部门推荐、培训辅导、考核认证四个步骤打造宾馆培训师，并对培训师工作进行考核与奖惩。

内部培训师是宾馆人力资源培训开发的重要资源之一。根据《培训师管理手册》，宾馆将进一步完善培训组织架构，建设培训师队伍，健全培训管理与考核制度。宾馆培训师可以享受相应的培训补贴，可以获得参加培训、参观、考察等活动的机会。所有培训师也将被纳入“接班人计划”之列，并接受更高级职务课程的学习与岗位见习。

### （二）落实培训安排

1. 制定培训日程表

在一项培训计划正式实施前需要制定详细的培训日程表，明确课程内容、具体时间安排、地点安排、参加人员及培训师等。

2. 安排培训场地

选择合适的培训场地有助于创造有利的培训条件，建立良好的培训环境，从而增进培训效果。培训场地的选择要考虑培训方式，应以培训的有效实施为原则。例如：采用讲授法宜选择在教室进行，采用小组讨论发言法在会议室更为合适，而采用管理游戏法应保证有足够的活动空间。

3. 检查培训设施设备

酒店开展培训前应保证培训所需要的设施设备，如课桌、座椅、音响、多媒体设备、白板以及各种教学用具、文具等是否到位。

4. 准备培训资料

根据课程安排制定教学计划和教学大纲，选择或编写合适的培训教材，准备培训参考资料。

### （三）实施有效的培训手段

培训手段直接作用于学习过程，是影响员工对培训内容的掌握、决定培训效果的关键因素。酒店培训大多是技术操作型培训，应遵循国际上认同的、具有科学性的 TSFC 四步培训法，即“告诉你如何做”（Tell you）、“示范做一遍”（Show you）、“跟我做”（Follow me）、“检查纠正”（Check you）。现代培训还强调通过多种方式刺激人的视、听、说等各种感觉器官，使培训者提高信息接收的敏感度。因此，酒店应重视探索和运用新技术，如多媒体技术、计算机软件、网络等，这些新技术有助于解决工作与培训时间冲突的问题。此外，培训应从单纯的知识讲授型课程向讲授与案例分析、讨论、训练、情景模拟等形式相结合的互动型、复合型方向发展。

同时，在培训实施过程中，酒店人力资源部还应强调现场管理，对部门的培训计划落实情况、业务培训的开展情况进行跟踪检查，严格考勤制度，做好培训记录。

**实践经典**

#### 万豪的特色培训

万豪国际集团为旗下各酒店品牌总结了 20 个基本习惯，要求员工每天都温习一个习惯。集团高层认为，人如果是按照习惯来提供服务，将会更自然、更顺畅。集团规定经理每年必须接受 40 个小时的培训，并且专门为其设计了核心管理课程，这些课程是由酒店服务业所需的 9 个主要技能发展出来的。万豪普通员工一般一年也要有 20～30 个小时的培训。此外，每家万豪酒店都需要拨款支持集团的国际培训基金。作为一家大型酒店管理集团，万豪要求旗下酒店每年至少为每名经理投入750美元作为培训费用。在每一家万豪酒店，每天有15分钟用于培训其所有员工。



## 四、培训效果评估

培训的目的是改善培训对象的知识、技能和态度，以提高其在组织中的工作绩效。培训过程只是手段，实施和完成培训并不是培训工作的结束，培训评估和反馈才是培训系统的最后一个环节。培训效果评估不仅可以监控此次培训是否达到预期目标，有多少学习成果被应用到实际工作中，更重要的是有助于对以后的培训进行改进和优化。

培训效果评估包括两个方面的内容：一是培训评估的标准，二是培训评估的方式与方法。

### （一）培训评估的标准

培训评估是一个运用科学的理论、方法和程序，从培训项目中收集数据，并将其与整个组织的需求和目标联系起来以确定培训目的价值和质量的过程。柯克帕特里克针对培训评估标准提出了著名的四层评估模型，将培训评估分为反应层评估、学习层评估、行为层评估和结果层评估。

#### 1. 反应层评估

反应层评估即针对受训者对培训的印象及学习过程的满意度进行评估。如酒店培训结束后可以调查问卷的形式询问培训对象："你喜欢这样的培训吗?""你对培训教师是否满意?"

#### 2. 学习层评估

学习层评估即针对受训者完成课程学习后所保留的学习成效进行评估，检验他们对培训内容的掌握程度，以及在接受培训以后技能是否提高，有多大程度的提高。这种评估最普遍的应用是培训结束后各种形式的考试。它大部分还是认知层面的评估，即使是技能测试或综合测试，也是在特殊场景下的模拟行为，而非实际工作中所反映出的、真正的绩效水平。

#### 3. 行为层评估

行为层评估即针对受训者返回到工作岗位后进行的评估，旨在了解受训者的行为或工作绩效是否因培训而发生预期的改变。如在对前厅服务员进行外语培训后，观察并跟踪评估他们是否在服务中与客人的交流更高效、准确、及时、礼貌。行为层评估立足于学习成果的迁移和运用。

#### 4. 结果层评估

结果层评估即针对受训者的综合能力和企业绩效是否通过培训得到提高和改善的评估，是对培训整体投资回报情况进行的评估。如酒店在对一线服务人员服务质量标准进行系统培训后评估酒店的整体服务水平、服务效率是否提升，客人投诉率是否有明显下降，经营业绩是否有明显提高。

目前，在我国酒店企业的培训实践中，培训效果的评估大部分还只停留在第一、第二层。许多酒店认为行为层和结果层的评估操作不但费时、费力、费钱，而且培训的成本效益量化难度很大。但从本质上看，第三、第四层的评估意义更大。酒店要想了解培训结果的转化和培训结果的保持，应强调跟进性的培训评估。同时，酒店的培训评估应与绩效评估、奖罚措施有机地联系在一起，只有这样才能获得最大的培训投资回报。

### （二）培训评估的方式与方法

1. 培训评估的方式

（1）培训后测试。是在培训结束后对受训者的培训效果进行测试。这种方式的好处是简单易行，但这种方式得到的评估结果是一种绝对值，更多地反映了培训目标的达成程度，不容易看出培训的改进效果。例如：一名客房服务员培训前不知道她打扫一间离店客人房间需要多少时间，进行该项目的技能培训后，她达到30分钟的培训目标，但仍无法反映她比以前的工作效率提高了多少。

（2）培训前后对比测试。是将培训前与培训后的测试结果进行比较，以发现培训的改进效果。但这种方式的问题在于受训者在行为或结果方面的变化可能受到其他因素的影响，从而干扰了对培训效果的准确评估。例如：培训后客房服务员清扫客房的速度从原来的12间/天提高到14间/天，生产效率的确提高了，但这种提高有可能不全是培训的结果，可能也与设备的改进、计件薪酬的激励措施等原因相关。

（3）受训者与控制组对比测试。为了消除其他外界干扰因素对培训效果的评估影响，在进行评估时，除了对受训者进行对比测试外，选择一组没有经过培训的员工即控制组进行对比测试，将受训者的测试结果与控制组的测试结果进行对比，就能反映培训的真实效果。

2. 培训评估的方法

培训评估的方法有很多，反应层评估常用的方法有问卷调查法、面谈法、座谈法等；学习层评估可采用考试法、演讲法、讨论法、角色扮演法、演示法等；行为层和结果层的评估除了采用观察和评价的方法外，可以通过更为科学的定量或定性的分析方法。酒店应根据评估的具体内容来选择和确定评估方法，以保证评估的效果。

## 复习思考

1. 员工的培训与开发与酒店发展有什么关系？
2. 酒店培训的特点有哪些？
3. 酒店新员工的培训属于什么类型的培训？培训目标是什么？主要包括哪些内容？
4. 系统的培训过程包括哪些环节和内容？

5. 培训计划包括哪些内容?

## 应用分析

### 培训主管的困惑

今天是某地区每季度一次的高星级酒店培训经理联谊会。会上，培训经理们充分交流、畅所欲言，总结了他们对酒店培训工作的经验和体会，也道出了不少困惑和问题。

A酒店是一家五星级酒店，经营业绩在当地一直名列前茅。可提到培训计划的制定与实施，培训经理小王却并不感觉轻松。上次，小王花了几个通宵加班加点写了十几张纸的年度培训计划，内容很周详，受到了老总的表扬。但一年下来，计划只完成了60%，主要原因是酒店经营状况好，经常与培训计划冲突，时间上无法保证，部门也不配合。可近来，前台部门的服务中经常由于出现差错导致客人投诉，问题恰恰出在员工缺乏有效的培训上。这下，小王、部门经理，甚至老总都成了“救火队员”，整天忙于处理这些突发事件。小王也不知道，到底怎样才能解决这种被动的局面?

B酒店的小李是一位工作热情很高的培训经理。可当大家讨论到如何组织专题培训时，他却叹气起来。原来，不久前他花费许多精力，经过多方联系，终于找到了在全国酒店业非常知名的高教授来酒店做培训讲座。高教授是到当地出差的，临时接下了这项培训任务，于是就根据研究方向给酒店全体员工进行了半天的企业文化建设专题讲座。高教授渊博的知识、幽默的语言、高超的授课技巧给大家留下了深刻印象，课堂气氛非常活跃，员工的反应良好。小李也为成功地举办了这次活动而感到欣慰。不过，为这次培训，酒店也支出了不小的费用。当小李要面对培训项目评估时却有些为难了，说心里话，他并没发现这次培训带来多大的实际效果，企业员工的士气和凝聚力方面与以前相比没有什么变化。小李心里产生了疑问：花这么多钱值得吗?

**分析：**

1. 培训经理小王的案例对我们有什么启发?你觉得酒店今后应该怎么协调经营与培训之间的关系?

2. 你觉得小李花这么多钱值得吗?为什么?酒店应该怎么做才能保证培训有效果?

## 实践训练

**实践一　为新入职的机票预订员制定培训计划**

实践目的：掌握培训计划制定的要素和规范，为一家大型航空公司的机票预订员职位制定一项培训计划。

实践要求：掌握培训计划的制定方法、程序与内容，了解机票预订员的工作职责和工作要点。

实践指导：

（1）将整个班级划分为几个练习小组，每组由5～6人组成。

（2）仔细阅读关于机票预订员的工作职责描述（见第四章实践训练）。

（3）假设刚雇用了30名新员工，每个小组必须制定一个为期3天的培训计划。

（4）下文中关于督导岗位的培训计划可以作为参考范例。

## ××宾馆督导培训计划

培训目标：

随着“创建五星级酒店”工作的启动，宾馆将着手实施督导层的系统培训计划，旨在全面提升酒店督导管理人员的管理理念、专业知识、管理能力和专业素质。通过培训加强督导对五星级酒店标准与业务知识的掌握，提高管理技巧，更加高效地发挥督导管理作用，达到胜任五星级酒店管理人员所应有的标准与要求，为宾馆创建五星酒店打下扎实基础。

培训时间：

培训授课从2019年3月1日开始至2019年8月31日，课程安排平均每月4次，每次3课时（小时），总课时约为60节。（具体上课时间安排见课表）

培训对象：

宾馆全部督导层管理人员。

培训方式：

以集中授课为主，除讲授之外，将采取讨论、展示、案例分析、角色扮演、邀请专家及嘉宾座谈讲座、模拟练习、教育性游戏、启发互动式教学、多媒体教学等手段方法，使学员积极参与。

培训评估：

根据学习内容，分模块对学员的学习掌握情况进行考核。培训结束后通过学员调查评估培训效果，反馈信息。培训结束后，通过上级与下级的反馈，对学员进行动态的跟踪评估，了解学员培训迁移情况。

课程设置计划

| | 课时（节） |
|---|---|
| 课程一：TTT（培训人员专业培训技巧训练） | 6 |
| 课程二：督导角色认知与定位 | 6 |
| 课程三：员工激励方法运用 | 6 |
| 课程四：团队建设 | 6 |
| 课程五：沟通技巧 | 6 |
| 课程六：会议管理 | 6 |
| 课程七：五星级酒店必备项目与设施设备标准项目 | 6 |

课程八：五星级酒店质量运营标准与全面质量管理　　6

课程九：个性化服务与服务创新　　6

课程十：客户关系管理　　6

**实践二　情景模拟四步培训法**

实践目的：了解并体验部门业务培训操作性强的特点，掌握四步培训法的基本要领，学会培训教案的编写和技能培训的实施。

实践要求：选择一个一线业务部门某岗位某项服务工作的标准，设计 15 分钟的培训课程，编写培训教案，制作培训 PPT，最后以小组为单位，组员分别扮演培训师与受训者，进行情景模拟培训。

实践指导：

（1）将全班分成若干个小组，3～5 人为一组。

（2）每个小组选择一个一线业务部门某岗位某项服务工作的标准，掌握其操作规范（如清扫客房卫生间、补充客房用品、前厅礼宾仪表规范、前厅入住登记、收银防伪鉴定、餐厅摆台、托盘、斟酒等），可以通过岗位说明书，也可以通过实地的观察和调研获得。

（3）针对选择的岗位，设计 15 分钟的培训课程，编写培训教案，制作培训 PPT，内容以 10 页左右为宜。

（4）每个小组选择 1～2 名成员作为培训师，本组其他组员和其他小组成员一起作为培训对象，进行情景模拟培训，培训过程如有可能可以进行视频实录，方便评估和改善。

（5）由培训对象说明培训感受，由指导老师评估培训效果，提出改进建议。

## 延伸阅读

一揽子的人才培训计划

酒店新进员工的培训方案

巴黎酒店国际集团的新型培训项目

# 第六章 职业生涯规划与管理

## 【本章导读】

酒店的发展离不开高素质的管理和精英骨干人才，每个员工的发展离不开自身职业生涯的规划与酒店对职业生涯规划的管理。本章系统介绍了职业生涯的概念及特点、职业生涯理论、职业生涯发展路径及职业生涯规划管理，重点阐述了员工职业生涯规划管理，探讨了酒店对员工的职业发展规划及员工个人职业生涯规划的步骤与措施。

## 【学习目标】

- 理解并掌握职业生涯、职业生涯规划、职业生涯管理的概念
- 了解职业生涯特点、职业生涯分类
- 了解职业生涯理论
- 理解职业生涯发展路径
- 掌握酒店与个人职业生涯规划的步骤和方法
- 掌握酒店与个人不同职业生涯阶段管理的措施

## 【关键术语】

职业生涯、职业生涯规划、职业生涯理论、职业生涯发展路径、职业生涯规划管理

## 案例导入

### 马云的职业生涯发展之路

他，大学毕业后应聘过30份工作，全部被拒绝；想当警察、想应聘五星级宾馆服务员、想去肯德基求职，可最终都没有被录取，他就是马云。1988年，马云被分到杭州电子工业学院（现杭州电子科技大学）当一名英语老师。学校教书的生活很清贫，一个月的工资只有八九十块钱，但是这个世界变化太快，外面的诱惑从几百元到几千元不断刺激着马云，马云却坚守着自己当初跟校长的诺言，“五年之内不许出来创业”，于是老老实实待在学校里。

1991年，在学校不甘寂寞的马云出来和朋友一起创办翻译社，但创业艰难，于是马云一个人去卖小商品来维持翻译社生存。而正是翻译社的威名让马云有机会出国见识一片新天地，继而让马云坚信自己找到了互联网这个愿意为之奋斗的职业领域。

1995年，马云毅然辞去教师职业，于当年4月创办了“中国黄页”。之后几次转战北京和杭州，在互联网领域不断犯错却快速成长。

1999年初，已经在互联网行业摸爬滚打了4年的马云，终于开始向职业的巅峰进军。18位创始人以50万元人民币创立阿里巴巴被传为一段佳话，接下来是软银投资、淘宝、支付宝、雅虎并购、香港上市。此时的马云仿佛站在中国IT行业的巅峰，傲视群雄。

马云创办的个人拍卖网站——淘宝网成功走出了一条中国本土化的独特道路，从2005年第一季度开始成为亚洲最大的个人拍卖网站。马云也是中国（不含港澳台）第一位登上美国权威财经杂志《福布斯》封面的企业家。

2006年，马云将阿里巴巴总裁的职位交给了卫哲，这被视作马云逐渐将权力交出去的开始；2013年的淘宝十周年庆典上，马云正式交出了阿里巴巴CEO的位置；2019年9月，马云正式退休，开启新的人生征程。

**思考：**

1. 你认为马云的哪些特质促成了他今日的成功？这些特质是如何与其职业选择和职业规划相结合的？

2. 请根据职业生涯发展理论分析马云每次转型成功的原因，并简述对你职业生涯规划的启示。

# 第一节 职业生涯概述

## 一、职业生涯

### (一) 职业生涯的概念

职业生涯是指一个人终身职业经历的整个过程。职业经历可以是间断的，也可以是连续的，它包含一个人所有的工作、任务、职业、职位等外在变化和对工作态度、工作价值、工作需要和情感体验等内在变化。

具体地说，职业生涯的概念由个体、职业、时间、发展四个要素构成。第一，它的主体是个人，是个体的经历而非群体和组织的经历；第二，它是个人终其一生的职业历程，是伴随与工作或职业有关的经验与活动的经历，而不是其他经历；第三，它具有时间概念，指个人从初始从事某种职业工作到退出社会职业工作的职业生涯（周）期过程经历的不同阶段，如职业初期、职业中期和职业后期，而不同个体的职业生涯期的长短也不尽相同；第四，它是一个动态发展的概念，包含个人对职业的选择、转换，职务晋升、下降，职业发展不同阶段的成功与失败等职业变更内容以及职业发展变化的动态过程。

### (二) 职业生涯的特点

在一定程度上，职业生涯可以说是多方面相互作用的结果。它和其他事物一样，具有其自身的特点：

(1) 独特性。每个人的个性、水平不同，从事某种职业的条件、对未来职业的憧憬不同，对职业选择的态度、职业评价的水平也有差异。作为社会独立的个体，每个人的职业生涯呈现出独特个性，因此不要跟风、随大流。

(2) 发展性。职业生涯是个人持续一生的过程，它是个人内在和外在力量交互作用的过程，它不是一个选择结果，而是不断选择、持续发生的过程。职业生涯的发展过程有两种形式：一是职务的升迁，是指在同一职业甚至同一单位中，个人职位的不断晋升；另一种是职业的改变，是指一个人所从事工作内容的改变。

(3) 综合性。职业生涯是以个体的事业发展为主线发展的，但它又并非仅局限于工作或职位，它是与自己的家庭、业余生活等紧密地联系在一起。职业生涯与成人所有的生活角色都交织在一起，所以它不仅是个人的事情，而是涉及周围很多人的事情。

(4) 阶段性。每个人的职业生涯发展过程都有若干个不同的阶段，一般以工作年限为主要特征。除准备阶段外，每个阶段均以岗位工作为中心展开，各个阶段紧密相连。一般来说，前一阶段是后一阶段的基础，后一阶段是前一阶段的发展，各个阶段之间具有递进性。

（5）社会性。人是社会关系的总和，个人职业生涯的状态、职业选择的观念、职业能力的锻炼、职业信息的掌握对其他人会产生影响。社会上新职业的出现，职业需求的变化，则会使个人对自己未来职业生涯重新进行思考。

（6）可规划性。职业生涯发展过程充满了偶然性，看似偶然性左右前程，但从长远看，职业生涯发展是可以规划的，规划的目的不是预言职业生涯发展的具体细节，而是给个人提供一个总体的职业生涯发展状态指导，克服职业生涯发展中偶然性因素而导致的盲目性。

所以，一个人不应该“找到适合我的生涯”，而是要“发展属于我自己的生涯”，这才是职业生涯的本质特征。

### （三）职业生涯的种类

按照不同的划分方式，职业生涯可以划分为不同的种类：

#### 1. 外职业生涯和内职业生涯

外职业生涯是指从事一种职业的工作单位、工作时间、工作地点、工作内容、工作职务与职称、工资待遇，以及获得的荣誉称号等因素的组合及其变化过程。外职业生涯的构成因素通常是由别人认可或给予的，也容易被别人否认和收回。外职业生涯一般通过证书、工资单等表现出来。

内职业生涯是指从事一种职业时的知识、观念、经验、能力、心理素质、内心感受等因素的组合及其变化过程。内职业生涯是靠主观努力才能得到，别人的帮助不过是外在的助力，它是别人无法替代和窃取的人生财富。内职业发展通道是个人为自己设计的职业发展通道，设计过程是根据自身特点结合社会和企业的需求进行的。

内职业生涯和外职业生涯之间相辅相成，互为影响。内职业生涯决定外职业生涯，它是外职业生涯发展的前提，提高内职业生涯发展水平是职业生涯发展的根本所在，当一个人的内职业生涯得到突破时，外职业生涯发展指日可待。反之，外职业生涯对内职业生涯发挥能起反作用，如个人被提升为中高级管理者，如他具备相应的素质，则会逐步提高自己的内在职业生涯，不断积累经验、提升技能、丰富人脉，从而促进内职业生涯发展。如果这个岗位不适合他，或者他不具备该岗位相应的能力，他的技能则很难获得提高，会严重阻碍内职业生涯的发展。

#### 2. 传统职业生涯和易变性职业生涯

传统职业生涯是指在一个人的职业生涯中，其职业是较持续稳定发展的。例如：一名在酒店从事工程技术的员工，职业生涯之初是助理工程师，随着其专业知识的增长和工作经验的丰富，他可能担任起更为重要的专业技术工作，职称可能会逐步晋升为工程师、高级工程师。这类职业生涯有较为明确的晋升路线。此外，传统职业生涯还包括专家型的职业生涯方式，即终生从事某一专业领域（如教育、医疗、法律等）。

易变性职业生涯是指一个人的职业经历可能由于兴趣、能力、价值观及外部环境等多种因素的变化而发生变化，从事多项职业，扮演多种职业角色。如一名职业之初的技术人员后来可能从事管理工作，再后来又可能因某些原因而辞职转行做其他工作等。

传统职业生涯的目标是加薪和晋升，不仅受自身条件的影响，还受到单位所提供职位的影响。易变性职业生涯的目标是心理成就感，是一种自我的主观感觉，不仅指单位对员工的认可。

## 二、职业生涯规划

### （一）职业生涯规划的概念

职业生涯规划是指个人与组织将发展需要结合起来，对决定职业生涯的个人因素、组织因素和社会因素进行分析，制定有关对个人事业发展的战略设想与计划安排的活动。

职业生涯规划首先要求对个人特点进行评估，再对所在组织环境和社会环境进行分析，然后根据分析结果制定个人的事业奋斗目标，选择实现这一事业目标的职业，编制相应的工作、教育和培训等行动计划，并对每一步骤的时间、顺序和方向作出合理的安排。职业生涯规划的主体包括组织与个人，涉及员工本人、上级管理人员和组织三个方面。完整的职业生涯规划靠三者共同努力才能实现。因此，对于酒店来说，员工职业选择和职业生涯目标，既是个人的需要，也是酒店的需要，通过职业生涯规划能把员工个人利益和酒店利益有机结合起来。

### （二）职业生涯规划的意义

实施职业生涯规划的核心就是吸引人才、留住人才、培养人才、各尽其才。实施员工职业生涯规划，通过企业和个人的努力，使员工自我价值得到实现，获得工作成就感，有助于提高员工的满意度和忠诚度，降低流动率，进而提升酒店的核心竞争力。

1. 有利于员工的个人发展

亚里士多德曾经说过："人是一种寻找目标的动物，他生活的意义仅仅在于是否在寻找和追求自己的目标。"通过员工职业发展规划和培训，可以使员工正确认识自我，不断提高个人素质，获得持续成功所必需的知识和技能。良好的职业发展规划能够不断提高员工的专业能力和市场价值，员工的技能有了进步，企业也能在员工的努力下高速发展，最终实现企业与员工的双赢。

2. 有利于企业吸引并留住人才

企业重视对员工的职业生涯规划指导，为他们提供成功发展的机会，让他们感觉到自己的不断成长，实际是一种最好的情感管理方法，可以提高员工的满意度，从而降低员工的流失率，使优秀的人才能留在组织之中，为企业持久发展创造效益；同时，企业重视员工的职业生涯规划，又能吸引外来优秀人才加入，从而保证企业的可持续发展。

3. 有利于为企业发展提供人才储备

根据二八法则，企业核心员工占企业总人数的20%～30%。开展职业生涯规划，有利于企业根据发展需要，有针对性地培养人才，把培训、管理等资源与手段聚集在所需的岗位人才上，通过职业生涯规划，开发员工职业潜能，提高员工的劳动生产率和自身竞争力，实现资源的合理配置，帮助人才尽快成长，使企业获得长足的人力资本。

**实践经典**

**小程职业发展的烦恼**

小程是一位刚从高职酒店管理专业毕业的学生，在校学习期间，他通过浙商大讲堂接触了很多酒店业成功人士，也知道这些成功的酒店总经理、总监如何实现职业生涯发展的过程。他给自己定了3年内成为酒店部门经理的职业目标。

在第一家酒店，他拿着2 000多元的月薪。干了2个月的餐厅服务员，他发现自己在这家酒店要成为部门经理没有希望，于是毅然跳槽，来到第二家酒店，仍然拿着2 000多元的月薪，还是继续干餐厅服务员。干了1个月，面对又苦又累的服务工作，他又动摇了，觉得要成为部门经理太遥远了，一个半月后，他再次辞职。这次跳槽，他希望担任酒店餐饮领班职位，可是找了不下10家酒店，没有一家接受他，他十分郁闷，心想自己有两家酒店3个多月的实践经历，居然没有愿意重用自己的酒店，这些酒店太没有眼光了。

# 第二节 职业生涯理论

## 一、职业发展阶段理论

每个人在不同的年龄阶段，由于身体状况、人生观、知识水平的变化，对于职业的需求也在发生相应的变化。一般而言，30岁以前，人们处于了解自我，追求探索与革新的阶段；而到了45岁以后，人们可能处于追求事业平稳，趋向规避风险的阶段。

根据美国著名的职业管理学家萨柏的职业发展理论，从终生发展的角度出发，把个人的职业生涯划分为职业探索阶段、立业与发展阶段、职业维持阶段和职业衰退阶段（见图6-1）。

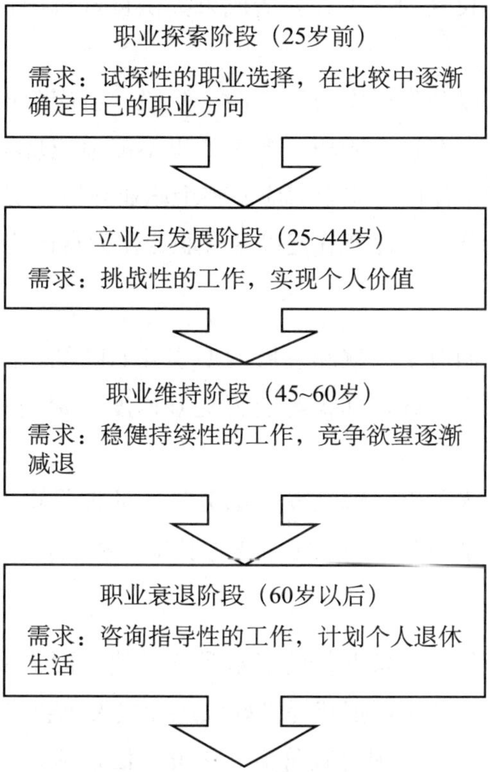


**图 6－1　职业发展阶段**

### （一）职业探索阶段

这一阶段是指年轻人由学校毕业后工作到 25 岁左右，是社会化的初始阶段，也是个人进行自我学习与职业探索的阶段。在这个阶段，年轻人力图更多地了解自我，并作出尝试性的职业决策，并在这个过程中不断地修正对自我的看法，积累个人工作经验，改变和提升个人的职业期望。

处于职业探索阶段的员工希望经常调换不同工作的愿望十分强烈，表现为频繁的跳槽意向。因此对于酒店而言，应根据年轻人的这一特点，给予选择职业方面的引导，并努力为他们提供一些轮岗机会，特别是具有一定挑战性的工作，从而激发他们的工作兴趣，帮助他们更好地认识自我。

### （二）立业与发展阶段

在这一阶段，个人经过早期的试验和探索之后，逐渐显示出一种安定于某种职业的倾向，基本找到了适合于个人发展的职业，较安心于本职工作，希望在这个工作中实现自我价值，体现个人的专业知识水平与权威，以确定个人在组织中的地位。

酒店在管理这一阶段的员工时，应特别关注并满足他们的自我实现的需求。在这个阶段的员工有强烈的成功欲望，特别关注个人的晋升、成就与发展，因此酒店应为他们提供在知识、技能上更具有挑战性的工作和任务，给他们更为广阔的工作空间，让他们独立地进行自我决策与自我管理，为其创造成果提供良好机会，以促使他们往更高的层次发展。

立业与发展阶段也可以分为适应与稳定两个阶段。适应阶段是指员工由探索阶段进入职业稳定阶段的过渡期，在这个阶段，员工如果不能适应现有的工作，还是有可能更换职业。而稳定阶段是指个体已经完全适应了整个职业环境，明确了个人的责任和权利，开始在职业中体会到成就感，并逐渐确定以现有职业作为自己终生职业的过程。

### （三）职业维持阶段

在职业维持阶段，人们对于成就和发展的期望开始降低，但是希望维持或保留自己已得的地位和成就的愿望则增强，知识与能力提升速度开始变慢、减弱，进入事业平坦期，并逐渐步入衰退阶段。

从酒店的角度而言，为了更好地激发这部分员工的工作积极性，应注意为他们提供有利于更新知识、技能或学习其他新领域知识、技能的机会。

### （四）职业衰退阶段

处于这一阶段的员工是正准备退休的老龄员工，他们面临重新认识与定位自我的关键过程。这个阶段的员工可能不再把获得良好收入和发展机会作为个人职业发展的追求，他们更关注的是能否在工作中实现自我价值。因此，酒店应该为他们创造条件，使他们能将其丰富的工作经验和专业技术能传授给年轻人，并为酒店的发展献计献策。这样既发挥了老员工在酒店中的重要作用，也提高了他们的工作积极性和主动性。

## 二、职业生涯决策理论

20 世纪 60 年代产生的职业生涯决策理论，源于经济学中的决策理论在职业行为方面的研究。虽然在这之前，各种学派的职业指导理论中都或多或少涉及了职业抉择问题，但一些职业专家，如加勒特等人特别强调职业决策意识和职业行为在个人职业成熟与发展的整个过程中的重要作用，认为职业发展过程是职业决策或解决问题的过程，他们还对职业决策的过程与步骤、技术与方法进行深入而广泛的研究，从而提出了职业生涯决策理论。

### （一）描述型职业决策模式

描述型职业决策模式是由泰特曼提出的。这一理论模式强调职业生涯决策是一个完整的过程，由一系列不断递进的阶段组成。第一阶段是参与阶段，完成探索-定型-抉择-就业等工作，从了解和收集信息开始，到确定几种可选择方案，并选择其中一种，再进一步给予检验；第二阶段是履行和调整阶段，完成定向-变动-调整等几项工作，即初步接受并履行所作的选择，努力完成工作任务并希望得到发展，然后在这一过程取得个人选择和环境要求之间的平衡。

### （二）希尔顿职业决策过程模式

希尔顿对职业选择中个人决策的研究参照了认知不协调理论，即个体思想、态度、行为等认知因素之间出现不一致所产生心理上的紧张，会导致对行动的压力。这一模式认为，决策过程首先是从"前提"与"环境"开始。"前提"即个人对职业的信念和期待等，"环境"即工资待遇、工作内容、劳动条件等。这两者之间可能在一开始就是不协调的。希尔顿的个人意志决策过程是朝着减少不协调的方向设计的。例如，一开始根据两者之间不协调的强弱程度可分两种流向：第一种是在强度高的情况下立即回避前进，退至原来的"前提"，重新调整自己；第二种是在强度不高的情况下，重新推敲"前提"或制造新的"前提"，然后依次继续决策。

### （三）加勒特连续职业决策模式

该模式强调，决策是一个连续的决定过程，任何一个决定会影响其后的决定，因此，决策是一个发展的过程而非单一的事件。

加勒特特别强调决策过程中的资料的重要性，认为决策就是确定选择有利因素最多而不利因素最少的方案。他将决策资料分为两个系统，即预测系统和价值系统。预测系统是指根据客观事实资料（包括职业资料和心理测验资料）对工作成功概率所作的预测。个人所拥有的资料越正确、完整，则预测效果越好，所作决策越明确，冒险性亦越小。价值系统是指个人内在的价值体系、态度或偏好倾向。决策系统是综合上述两种系统资料进行评价和判断，通常包括：（1）期望策略，选择最需要、最希望得到的结果；（2）安全策略，即选择最可能成功、最保险、最安全的途径；（3）逃避策略，即避免选择最差的，有不良结果的途径；（4）综合策略，即选择最需要的而又最可能成功、不会产生不良结果的方案。

## 三、个人职业匹配理论

个人与职业是相互关联的，个人进行职业选择的同时，也是职业对于个人的选择。要较好地完成职业选择，并获得职业生涯的成功，必须以两者相互适应、相互匹配为前提。

### （一）人职匹配理论

人职匹配理论是由美国波士顿大学教授帕森斯提出的。他在《选择一个职业》一书中提出：人与职业相匹配是职业选择的焦点。他认为每个人都有自己独特的人格模式，每种人格模式的个人都有其相适应的职业类型，所以人们选择职业时，以及社会对个人职业选择进行指导时，应尽量做到人格特性与职业因素相一致。这种匹配过程包括三个步骤：

第一，进行个人特征评价。特征评价是指对选择职业的个人进行分析，包括生理条件、心理条件、兴趣、爱好、气质、性格特征、能力、身体状况等；通过对常规的身体检查、能力测试、兴趣测试、人格测试、学业成绩、父母职业、家庭经济状况、家庭文化背景等多方面的资料作出综合性评价。

第二，了解职业选择和成功的条件。分析各种职业对人的要求，以获得职业的有关信息，包括职业的性质、不同的工作内容、对人的不同生理、心理、文化条件的要求和对身体的要求，所需的专业训练以及其他各方面的能力要求，这种职业的工作条件、工资待遇、晋升的可能性等。通过分析，可以使个人有一个比较明确的选择目标。

第三，两者的平衡和匹配。经过以上两方面的评价分析，把对个人的特征评价与对职业的因素分析结果进行对照，在此基础上，选择确定一种适合个人特点又可获得的职业。而职业与个人匹配可以概括为两种类型：（1）因素匹配，如所需专门技术和专业知识的职业与掌握该种特殊技能和专业知识的择业者的相互匹配，体力强度大的工作与年轻、身体健壮的择业者的相互匹配等。（2）特性匹配，如具有敏感、热情开朗、善于人际交往的人更适合酒店前台接待工作或公关销售工作。

注重个人差异与职业信息收集与利用是帕森斯职业选择理论的基本特点，实现人职匹配是这一理论依据的核心。

### （二）人格类型与职业类型匹配理论

人格类型与职业类型匹配理论是将人格与职业划分为不同的类型，当属于某一人格类型的人选择了相应类型的职业时，即达到了匹配。这一理论是由美国著名职业指导专家霍兰德提出的。他通过大量实证研究验证，在其他条件不变的前提下，人格与选择职业的吻合度是员工职业生涯发展顺利和成功的基础。他的人格类型与职业类型匹配模型将人格分为现实型、研究型、艺术型、社会型、企业型和常规型六种基本类型，相应的社会职业也分为上述六种类型。他认为，绝大多数人都可以初归于六种类型中的一种。六种人格类型有其相对应的人格特点、职业兴趣和代表性职业（见表6－1）。

**表6－1　霍兰德的六种人格类型及相应职业**

| 人格类型 | 人格特点 | 职业兴趣 | 代表性职业 |
|---|---|---|---|
| 现实型 | 真诚坦率、重视现实、讲求实际、坚定性、实践性、稳定性 | 手工技巧、机械、农业、电子技术 | 体力员工、机器操作者、飞行员、农民、司机、木工、工程技术人员等 |
| 研究型 | 分析性、批判性、好奇性、理想的、内向的、有推理能力的 | 科学、数学、生物学、物理学 | 物理学家、人类学家、化学家、数学家、生物学家等各类科学研究人员，科技出版物编辑 |
| 艺术型 | 感情丰富的、理想主义的、富有想象力的、易冲动的、敏感的、有主见的、直觉的、情绪化的 | 语言、艺术、音乐、戏剧、书法 | 诗人、艺术家、作家、音乐家、演员、导演、画家等 |
| 社会型 | 富有合作精神的、友好的、和善的、爱社交的、善于沟通的、肯帮助人的 | 与人有关的事、人际关系的技巧、教育工作 | 临床心理学家、咨询者、传教士、教师、社会交往联络人员 |

续前表

| 人格类型 | 人格特点 | 职业兴趣 | 代表性职业 |
|---|---|---|---|
| 企业型 | 喜欢冒险的、有雄心壮志的、精神饱满的、乐观的、自信的、健谈的 | 领导、人际关系 | 经理、推销员、政治家、律师、采购员、各级行政领导者等 |
| 常规型 | 谨慎的、有效的、无灵活性的、服从的、守秩序的、能自我控制的 | 办公室工作、营业系统的工作等 | 出纳员、统计员、图书管理员、行政管理助理、邮局职员等 |

从社会角度来看，每一种类型的人格都有其优势与劣势，不能简单地判定哪一种好、哪一种坏，它只是人与职业类型是否协调和匹配的问题。当然，人具有复杂性，往往不能用一种类型简单概括，而是兼有多种特性，以一种类型为主，同时具备其他类型的特点。因此，职业指导专家提出若干种中间类型或同时具备三种类型特性的职业类型群方法。

人格类型与职业类型匹配理论和模型在社会实践中的应用广泛，为人们进行职业选择及前期的职业定向提供了有效依据。

**知识拓展**

### 职业锚理论

职业锚是指当一个人不得不做出选择时，他无论如何都不会放弃的职业中至关重要的东西或价值观。实际就是人们选择和发展自己的职业时所围绕的中心。

职业锚的类型包括以下八种。

1. 技术/职能型

技术/职能型的人追求在技术/职能领域的成长和技能的不断提高，以及应用这种技术/职能的机会。他们对自己的认可来自其专业水平，喜欢面对来自专业领域的挑战，一般不喜欢从事一般的管理工作，因为这将意味着他们将放弃在技术/职能领域的成就。

2. 管理型

管理型的人追求并致力于工作晋升，倾心于全面管理，独立负责一个领域，可以跨部门整合其他人的努力成果，他们想去承担整个领域的责任，并将公司的成功与否看成自己的工作。具体的技术/功能工作仅仅被看作通向更高、更全面管理层的必经之路。

3. 自主/独立型

自主/独立型的人希望随心所欲地安排自己的工作方式、工作习惯和生活方式。追求能施展个人能力的工作环境，最大限度地摆脱组织的限制和制约。他们宁愿放弃提升或工作扩展机会，也不愿意放弃自由与独立。

4. 安全/稳定型

安全/稳定型的人追求工作中的安全与稳定感。他们关心财务安全，如退休机会和退休金。稳定感包括诚信、忠诚以及完成上级交代的工作。尽管有时他们可以达到一个高的职位，但并不关心具体的职位和具体的工作内容。

5. 创业型

创业型的人希望用自己能力去创建属于自己的公司或创建完全属于自己的产品（或服务），而且愿意冒风险，并克服面临的障碍。他们想向世界证明公司是靠自己的努力创建的。他们目前可能正在别人的公司工作，但同时在学习并评估将来的机会。一旦他们感觉时机到了，便会创建自己的事业。

6. 服务型

服务型的人一直追求其认可的核心价值，如帮助他人、改善人们的安全、通过新的产品消除疾病等。他们一直追寻这种机会，即使这意味着变换公司，也不会接受不允许他们实现这种价值的工作变换或工作提升。

7. 挑战型

挑战型的人喜欢解决看上去无法解决的问题，战胜强硬的对手，克服无法克服的困难和障碍等。对他们而言，参加工作或职业的原因是工作允许他们去战胜各种不可能。新奇、变化和困难是他们的终极目标。如果事情非常容易，它会马上变得非常令人厌烦。

8. 生活型

生活型的人喜欢能够达到平衡并结合个人的需要、家庭的需要和职业的需要的工作环境。他们希望将生活的各个方面整合为一个整体。正因为如此，他们需要一个能够提供足够的弹性让其实现这个目标的职业环境。他们并不太在意提升带来的职业转换，认为自己如何生活，在哪里居住以及如何处理家庭事务，与工作是同等重要的。

# 第三节　职业生涯的发展路径

## 一、职业生涯路径选择的内涵

### （一）职业生涯路径的含义

职业生涯路径，又称职业发展路径，是组织为内部员工设计的自我认知、成长和晋升的管理方案。包括由低级向高级逐步上升的一个个职业阶梯。职业生涯路径设计指明了组织内员工可能的发展方向及发展机会，组织内每一个员工可能沿着本组织的发展路径变换工作岗位。

在职业生涯路径选择中，要反复考虑三个方面的问题：

第一，我希望向哪条路径发展，主要考虑自己的价值、理想、成就动机、兴趣，确定自己的目标取向。

第二，我适合向哪条路径发展，主要考虑自己的性格、特长、经历、学历等主观条件，确定自己的能力取向。

第三，我能够向哪条路径发展，主要考虑自身所处的社会环境、政治经济环境、组织环境等，确定自己的机会取向。

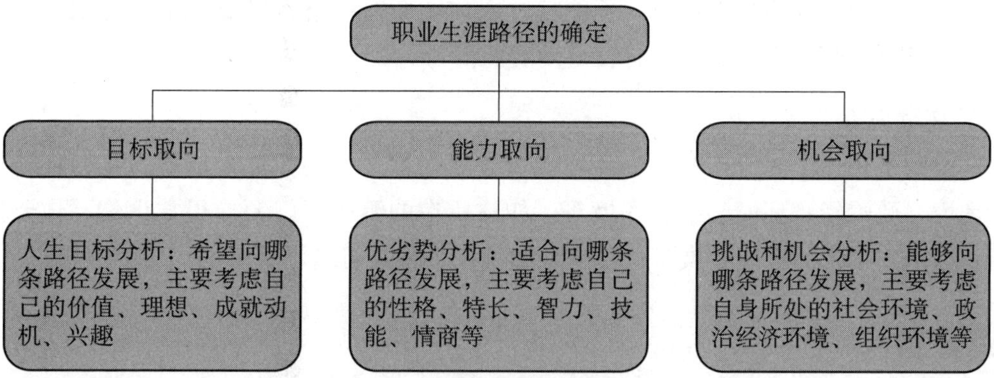


**图 6-2　职业生涯路径选择图**

职业生涯路径选择的重点是对生涯选择要素进行系统分析，在对上述三个方面的要素综合分析的基础上确定自己的职业生涯发展路径。

### （二）影响职业生涯路径选择的因素

在选择职业的过程中，应考虑很多因素的影响和制约，其中主要的影响因素有：

1. 性格

人的能力不足可以经过培训加以提高，但性格跟职业不相匹配要改变起来困难较大。酒店选择人才时要重视人的性格，个人选择职业时更应该考虑性格与职业路径选择的匹配度，要充分进行自我评估。

2. 兴趣

在职业路径选择时，不仅需要了解自己的性格，还需要了解自己的兴趣。不同的职业需要不同的兴趣特征，如果一个人选择的职业与自己的兴趣吻合，那么对职业的热情度就会提高，工作的主动性就会大大加强。

3. 特长

在职业选择时，要考虑个人的爱好特长，要想获得事业的成功，还要发现自己的特长，并将特长与职业相匹配。一个人的特长往往具有隐蔽性，不易发现，这需要在自我分析及日常工作生活中多加留意，也需要有意识地培养工作所需要的特长。

4. 能力

能力直接影响职业活动的效率，任何职业都对能力有一定的要求。例如：酒店前厅服务员需要较好的英语会话能力；酒店餐饮服务员需要良好的观察和沟通能力；酒店采购员需要较好的精算能力。

5. 竞争性

竞争性是指同时选择某个职业的人多不多。如果某个职业的社会需求量很大，但同时选择这个职业的人很多，呈现饱和状态，那就要考虑是否应该选择另一职业。

6. 发展潜力

在进行职业生涯路径选择时，不能仅看眼前的暂时利益，还要充分考虑职业的发展潜力，从长远的眼光看职业是否有长足发展的潜力。

7. 环境因素

环境因素是指个人所在的企业环境能否让你在欲选择的职业上成功。各种环境涉及社会环境、政治经济环境、组织环境等。如你所在的酒店部门领导很赏识你，你要抓住机遇，力求在本部门有所发展，这一良好的组织环境是可遇不可求的。

**知识拓展**

**跳槽、转行前，你为职业选择准备了什么？**

职业是人生的大事，而跳槽、转行是职业的转折点，也是职业轨迹曲线的拐点，在拐点处是向上发展，还是原地踏步，抑或是走下坡路，这个拐点处就是分水岭。所以，跳槽、转行之前，职业选择准备尤为重要，需要进行八大选择，分别是：选择方向、选择行业、选择企业、选择职位、选择老板、选择主管、选择环境、选择同事。同时要进行八大准备，分别是：思想准备、简历准备、面试准备、吃苦准备、适应准备、心理准备、充电准备、生活准备。

## 二、职业生涯发展路径的具体模式

酒店员工的职业发展过程是一个不断探索的动态过程。其职位会随个体自身能力、动机、需求及兴趣的改变以及外部环境的变化等而有所调整和变动。美国职业心理学家施恩教授提出了职位变动理论。结合酒店业的实际，我们得出如图6-3所示的酒店职位变动管理示意图。

### （一）纵向流动模式

纵向流动模式是指组织中个人工作等职位的升降。在图6-3中，纵向上的流动意味着充分肯定的途径之一，其变动可用上、下升降的圆锥体来描述。在酒店企业中，员工

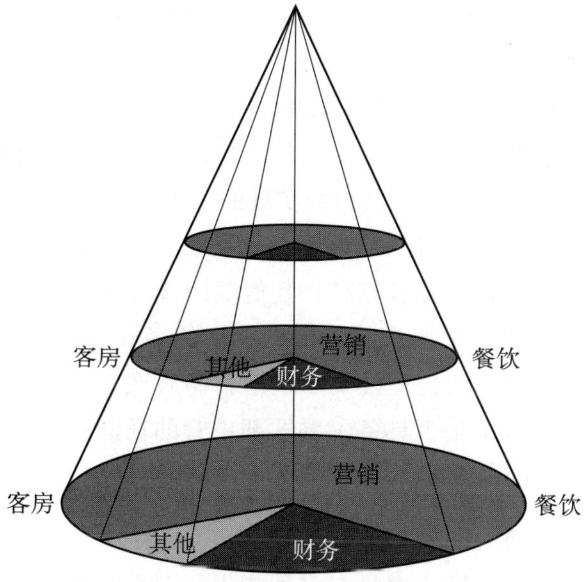


图 6-3 酒店职位变动管理示意图

在某个部门如前厅、客房不断发展，职位沿管理类职业生涯路径发展；与此有所差别的是，酒店中工程部、厨房等部门，员工可以选择技术性职业生涯路径发展，如图 6-4 中客房部与工程部的案例所示。

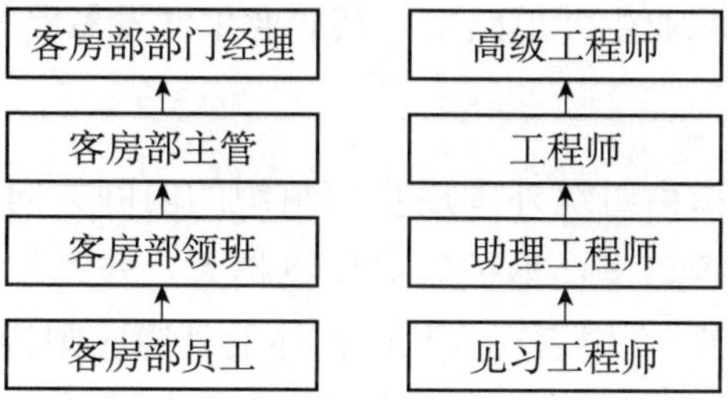


图 6-4 客房部与工程部的职位流动模式对比

### （二）横向流动模式

横向流动模式是指员工通过工作调动从一个部门进入另一个新的部门或新的工作领域。员工职位级别一般没有上升，有的甚至会下降，但是通过在不同业务或职能领域发展，学习新技术，承担新责任，不仅可以消除员工的职业倦怠感，丰富知识技能，同时为其提供广阔的职业发展道路。

首先，新员工轮岗的横向流动。新员工刚进入酒店行业，还不熟悉酒店各部门的工作，也就无从判断自己喜欢的部门或擅长的工作。此时，往往会让新员工在几个部门间横向流动。其目的是让新员工尽快熟悉各部门的工作，通过亲自尝试，初步选定自己的职能贡献区。

其次，酒店暂时无法为员工提供更高一级岗位时，往往采取横向流动管理模式。员工在某个部门辛勤耕耘了较长一段时间后，在不断的学习和积累中逐步成长，并取得了一定的成绩。此时员工会产生晋升到高一级岗位的任职标准。然而，当时酒店可能无法为其提供岗位。这种情况下，让员工仍停留在原岗位上无疑给员工带来厌倦甚至不满情绪。安排其职业生涯横向发展则是一条上好的途径。尽管转到其他部门，职位没有上升，但员工可以在新环境下接触新同事，最主要的是可以学习新技能或得到新的培训。这对注重自身全面发展的员工来说，也是其自我实现的一条途径。

当然，由于酒店企业中各部门间的差异，并不是任何部门间都可以如此横向流动。例如：工程部、厨房对员工技术要求较高，其他部门普通员工通过横向流动方式进入的壁垒较高。此外，由于酒店工作要求员工具有丰富的经验，尤其是对中高层管理人员，如客房部主管，当其晋升为部门经理的要求遇阻，酒店准备让其按横向流动发展到餐饮部做主管时，还需考虑该员工是否具备了餐饮部主管的任职资格。因此转换部门后上岗前的培训必不可少。

### （三）纵向流动和横向流动相结合的模式

该种职位变动模式常用于酒店内具有多种能力和双重甚至多重职业生涯的员工。例如：既懂技术又懂管理的工程部员工自身原本倾向于走技术性职业生涯道路，然而，在其渴望晋升的时候，酒店无法为其提供高一级岗位空缺。于是该员工可以选择管理性职业生涯通道，并在该职业领域取得一定的发展，晋升到高一级的管理岗位。由于该员工兴趣所在仍然是技术性领域，一旦技术性领域有了适合的机会，该员工可以再经过横向流动回到高一级的技术性职业生涯道路上，其职业生涯发展路径呈S形。

### （四）核心流动模式

核心地位流动模式是指由组织外围逐步向组织的内圈方向变动。当个人更靠近组织核心时，其对组织情况了解越多，承担的责任也越大，并经常会参加重大问题的谈论和决策。核心地位流动在图6－3中表现为从圆锥体的外围向圆锥体的中心变动。核心流动模式实际上是通过工作扩展让员工在原工作岗位上承担更多的工作和职责，相应地赋予其更大的权力和影响，即通常所说的让员工“原地成长”。员工通过自身权力和影响力的扩大，以及酒店对他的认可，获得了心理成就感，感觉实现了自身价值。

实践中，这几种职位变动模式既可能单独发生，也可能有机结合。

**实践经典**

#### 开元名都大酒店的接班人计划

杭州开元名都大酒店从2005年正式启动了接班人计划。在后备管理人员暨接班人预备班开班典礼上，56名大学生在详细了解了酒店接班人计划内容后，从驻店经理手中接过了接班人预备学员的证书和接班人手册。每期接班人预备班由学校酒店管理专业毕业的大学生组成，经过职业生涯问卷调查和绩效测评，及进一步素质评估，成为酒店接班人培养对象。经过预备班严格的培训后获得接班人预备学员证书和接班人手册，并通过岗位竞聘真正成为新一代的酒店接班人。

# 第四节 职业生涯规划管理

职业生涯规划管理是指酒店管理部门根据组织发展和人力资源规划的需要，在组织中制定与员工职业生涯整体规划相适应的职业发展规划，为员工提供适当的教育、培训、轮岗和提升等发展机会。简而言之，就是酒店帮助员工实现职业生涯目标的过程。职业生涯管理的实质就是把员工职业生涯规划的制定、实施和调控纳入组织的人力资源规划体系中。一般而言，完整的职业生涯管理应该体现两方面的要求：一是组织发展的要求，二是员工个人职业发展的要求。

在职业生涯管理的过程中，不仅酒店要通过一系列的管理措施帮助员工实现职业生涯目标，员工个人同样也要通过各种活动，确保自己职业目标的实现。

## 一、职业生涯规划管理的内容

### （一）职业生涯早期酒店管理任务

在员工职业生涯早期，酒店承担非常重要的职业生涯管理任务，通过对新员工进行有效评估、培训、职业生涯规划及管理等措施，帮助员工顺利适应工作。主要包括以下内容：

1. 对新员工进行上岗引导和岗位配置

在大多数酒店中，上岗引导活动的第一部分由人事部门来完成。首先由培训老师介绍企业的基本情况，酒店发展的历史、现状，酒店发展的宗旨、任务目标等；进行遵守劳动纪律和遵纪守法的教育；明确酒店对员工的要求；进行敬业和发扬企业优良传统教育，培养员工对酒店的归属意识等。然后将员工分配到一定岗位并介绍给他的新主管，由这些主管来继续进行上岗引导，包括准确讲解新的工作性质，将新员工介绍给他的新同事，让新员工熟悉工作场所，对新员工灌输酒店文化，帮助新员工接受酒店正确的价值观。

2. 提供一个富有挑战性的初始工作

酒店应分配给新员工一些富有挑战性的工作，帮助新员工学会如何工作，并对其潜质进行考察和测评，根据新员工的工作表现、潜能，对其职业生涯发展做到心中有数。

3. 对新员工严格要求，并开展职业生涯规划活动

在一位新员工开始工作的第一年中，应当为他明确一位主管人员，加强新员工对他们自己的职业生涯规划和开发活动的参与，让员工学到职业生涯规划的基本知识，并让员工和其主管人员根据每一位员工的职业目标来分别评价他们的职业生涯发展与进步情况，同时确认他们还需要在哪些方面开展职业生涯开发活动。

4. 开展工作绩效评估，提供阶段性工作轮换和畅通的职业通道

主管人员需要将有关被评价者的潜在职业通道信息加以具体化。换句话说，主管人员需要弄清楚自己对下属未来工作性质评价的依据，以及下属员工需要的是什么。

新员工进行自我测试的一个最好办法是去尝试各种具有挑战性的工作。通过在不同专业领域中进行工作轮换，从厨房采购到宴会管理再到客房销售等，员工可以获得一个评价自己资质和偏好的良好机会。同时，酒店也得到了一位对酒店事务具有更宽的多功能视野的管理者。

### （二）职业生涯中期酒店管理任务

1. 为员工提供更多的职业发展机会

按照发展的常规思路，酒店对员工人力资源需求呈金字塔形，而且随着酒店的扁平化，中层和高层人员的数量更加有限。如何在这种情况下，给发展到一定阶段的员工创造发展机会，是酒店留住员工的关键。可以从以下几方面着手：开辟新的发展项目，以增加酒店新的岗位；通过一定的形式，承认员工的业绩，给予一定的荣誉；进行岗位轮换，丰富员工的工作经验，使员工的成长需求得到满足。

**实践经典**

#### 万豪为员工提供多种职业生涯发展机会

万豪国际集团连续多年被美国《财富》杂志评为“100家最佳雇主”，在拥有超过10万名员工的企业中排名第二，也是唯一上榜的美国酒店集团。

万豪与别的集团的一个不同点是：不希望员工做老实人。万豪文化创造一种氛围，鼓励员工敢想、敢说，并且帮助他们实现想法。例如：一个员工告诉人力资源经理说他想做总经理，请求帮助他设计一下职业发展路径。人力资源经理就会告诉他，做到总经理大概要15年，每一步需要哪些条件，需要学习哪些东西，接受哪些培训等。当员工有想法时，不需要预约，随时可以找人力资源经理聊。人力资源经理在肯定他想法的基础上，再问他原因，给他一些建议，安排相应的课程。另外，万豪还实行内部转岗，有位秘书做了三年后，希望可以尝试其他工作，因为她对酒店十分了解，英文不错，气质很好，适合与客人打交道，所以酒店人力资源经理推荐她做宴会统筹，做得非常成功。

2. 转变观念，提高员工的竞争力

由于社会的发展、新技术的引进和经济状况的变化，酒店也面临不断的变化，这就要求员工付出更多的努力才能适应酒店的变化。而酒店要将员工个人发展融入人力资源的政策中，如鼓励工作轮换、管理人员跨部门流动或提升、员工进修培训。这样，当遇到经济或行业发展不景气时，员工就会有较强的调整和竞争能力，职业生涯发展就不会因偶发事件而中断。

3. 帮助员工形成自我管理意识

在职业生涯中期，由于个人的职位、地位提升有难度，许多员工面临一些失败的体验，使早期确立的职业理想产生动摇，因此需要重新检讨自己的理想和追求，确立新的自我。酒店应该较早地鼓励员工进行职业生涯探索，给他们提供必要的职业信息，对职业探索的结果尽可能给予支持。增强员工对职业变化的适应性，从而提高其自我管理职业生涯的能力。

4. 协助员工解决工作与家庭的冲突

酒店应有意识地采取一些政策和措施以部分减轻员工的家庭负担，帮助员工平衡工作和家庭责任的关系。如设立幼儿日托、提供产假和家庭休假、设计灵活的职业发展通道、实行弹性工作制等。

### （三）职业生涯后期酒店管理任务

在职业生涯后期，员工进入职业生命的最后阶段，这一阶段酒店要发挥员工的潜能和余热，并帮助员工顺利度过这段时间。所以，在职业生涯后期，酒店仍肩负很重的职业生涯管理任务。其中最主要的是做好员工的退休管理和下岗管理工作。

1. 退休管理

即将退休的员工会面临财务、住房、家庭等方面的实际问题，同时又要应付结束工作开始休闲生活的角色转换和心理转换。

（1）开展退休咨询，着手退休行动。退休咨询是指向即将和已经退休的人提供财务、住户、搬迁、家庭、法律和再就业等方面的咨询和帮助。在为员工提供退休教育的同时，酒店可以实施递减工作量、试退休等措施，帮助员工适应退休生活。

（2）做好退休员工的职业工作衔接。员工退休，但酒店工作仍要正常运转，因此，酒店要有计划地分期分批安排应当退休的人员退休，切不可因为退休影响工作正常进行。在退休计划中，选好接班人，及早进行培训是十分重要的。酒店可以安排接班人与即将退休员工一起工作，请老员工帮、传、带等，保证工作顺利进行。

（3）采取多种措施，做好员工退休后的生活安排。包括：因人而异地帮助每一位即将退休者制定具体的退休计划，尽可能地把退休生活安排得丰富多彩又有意义；经常组织退休人员活动，保持酒店与退休人员的互动；如果退休员工个人身体和家庭情况允许，尚可继续参加工作，酒店可以采取兼职、顾问或其他方式聘用他们，让他们发挥余热。

2. 下岗管理

酒店改组、裁员、合并、兼并、接管或酒店倒闭，都会造成员工失业。当下岗不可避免时，酒店应该尽力减轻下岗可能产生的负面效应。

（1）提前告知和解释裁员下岗问题。在下岗问题不可避免时，酒店应提前告诉员工实际情况，解释裁员问题，让员工了解企业的困难，让他们感觉到下岗不是人为因素而是酒店无力再提供更多的发展机会，以得到他们的谅解和支持。

（2）提供心理、经济和重新谋求职业方面的咨询。下岗会给员工带来不理解、愤怒和埋怨等情绪，造成经济上的困难。酒店及时地提供心理、经济和职业方面的咨询，可以使员工以平静的心态面对下岗，寻求新的职业。

（3）提高再就业竞争方面的服务。许多下岗员工都存在知识老化或“职业高原”现象，很难适应新的技术变革的要求。酒店应提供下岗再就业培训或专门技术培训等方面的服务，使他们掌握一技之长，重新获得工作。

（4）汇集各种职业信息。酒店及时通过各种渠道，广泛收集各种职业信息，为下岗员工提供再就业信息服务，有助于下岗员工的再就业。

## 二、员工职业生涯规划管理的步骤

### （一）确定员工职业规划方案及岗位发展目标要求

职业生涯规划管理的第一步是人力资源规划，员工的职业生涯规划与酒店人力资源规划密切联系。酒店要预测人力资源的要求，依据人力资源对未来几年所预测的人员配备需要，详细列出关键职务所应配备的人员目标，并对工作任务进行分析，确定每个目标岗位所需相关人员的任职资格要求。

### （二）评估员工职业发展潜力

酒店要及时发现具有能够晋升到更高一层管理职位或承担更加复杂工作岗位任务的人员，这是职业生涯规划管理很重要的方面。酒店要结合每位员工的成长背景、学历经历、年龄性格、兴趣爱好、职业能力等方面，对其工作绩效、能力态度、个人目标、受训情况等进行全面的分析和评估，根据员工自身的职业期望确定其职业发展目标。

### （三）确定职业生涯路径

酒店应根据员工个人条件和愿望，结合酒店发展需要，帮助每一个具有潜力的候选人确定职业生涯路径，使不同志向、不同能力、不同需求的人都可以在企业实现个人职业生涯的发展。员工在酒店内的职业发展路径有以下几个方面：

（1）管理发展路径。酒店管理晋升轨迹通常为：领班、主管、部门经理助理/副经理、部门经理、总监助理/副总监、总监、总经理助理、副总经理、总经理。

（2）职业技术发展路径。根据服务技能、专业技能等专业方向发展，服务技能一般为初级服务员、中级服务员、高级服务员、技师、高级技师。现国家取消餐饮、客房、前厅服务等职业技能等级证书，不少酒店根据自身情况，设定职业技术等级，如高级宴会师、高级礼宾司等，也有的酒店设定星级服务员等。

（3）专业技术与行政管理双向发展路径。有些业务骨干因专业技术能力精湛，在某一领域内可以统领其他人员，可再赋予管理职能，让其担任相关的管理工作。

（4）技术多元化发展路径。有些员工在服务专业技术上表现出特有的天赋，属于多面手，这样的员工，可以在多个岗位进行培养。

### （四）建立酒店员工职业生涯规划图

酒店员工职业生涯规划图，包括所有加入职业生涯规划计划的候选人，注明各候选人的可使用性及准备接任的各种岗位，清晰地说明每一个管理岗位或关键工作岗位按层次次序可能有的候选人。

### （五）设计指导方案，实施生涯规划目标培训

在确定了职业生涯目标和选择职业路径后，要实现职业生涯目标还必须有相应的职业规划培训。酒店要在对各类员工的职业生涯发展进行评估和设计的基础上，建立与员工职业生涯管理相匹配的培训体系，以帮助员工实现发展目标，使员工职业生涯发展规划真正有效地实施。除了进行相关课程培训外，岗位轮训也是职业生涯发展十分重要的培训形式，通过岗位轮训，可以使候选人接触更多的工作环境，对酒店有全面了解，也为未来职业生涯发展奠定基础。

### （六）反馈评估员工职业生涯发展

企业应对员工进行持续的职业发展跟踪和评估。每项培训课程或阶段性任务结束后，要对员工进行反馈评估，评价是否达到目标。评估人员应经常与员工沟通，将评估形象反馈给员工。结合企业文化，通过员工职业生涯规划管理，逐步构建高效和谐的工作环境和识人、育人、留人、用人的健康氛围。

## 复习思考

1. 什么是职业生涯规划？职业生涯规划的意义有哪些？
2. 职业和个人匹配可以概括为哪两种类型？
3. 简述影响员工职业生涯路径选择的因素。
4. 在员工职业生涯中期，酒店承担哪些管理任务？
5. 简述员工职业生涯管理的步骤。

## 应用分析

### 一位高职酒店管理专业学生的职业成长之路

小俞是某高职院校酒店管理专业学生。从大一开始，作为现代学徒制班学生的他经常以实践生的身份在合作酒店学习各种技能，先后在工程部、客房部、宴会部、销售部等部门实习，对酒店基础设备的维护和保养，客房卫生清理及检查，宴会、会议接待及服务，酒店开业筹备筹建，OTA线上渠道搭建及维护，日常销售工作等酒店运营的各方面都有了基本的了解和实践经验。从大一开始，小俞就规划好自己的职业生涯，成为酒店职业经理人。

从大三开始，小俞正式进入本市一家酒店集团实习，毕业后选择留在集团工作。刚进集团，他主要负责项目拓展。因为没有经验、资源和人脉，他只能从很基础的事情做起。前三四个月，加班到晚上八九点对小俞来说是家常便饭，他经常是整个公司最晚下班的，也经常为了一份项目可行性报告通宵达旦地和同事、领导反复论证。功夫不负有心人，很快他就适应了工作，在运营、工程等方面的知识也都增长了不少。

除了日常的工作，小俞发现，通过酒店集团这么大的平台，他经常能参加行业内的各种高端论坛、讲座，也能结识很多酒店老总、行业大咖，拓宽眼界，积累人脉，提高自身的格局。

然而，随着接触的项目越来越多，小俞发现自己因为缺乏在单体酒店的运营经验，所以很多想法都是听起来不错，但实际落地却存在这样那样的问题。为了提高自己的专业性，他毅然选择离开集团，去一线单体酒店工作，担任房务部主管。原先小俞因为在集团工作，和客人没有直接的联系和接触，所以不可避免地在实际行动中缺乏服务意识。而来到单体酒店后，每天都和各种各样的客人面对面，要服务他们，更要了解他们对酒店的不同需求。他不得不快速调整自己的工作状态，急客人所急，想客人所想，提升服务的主动性。在单体酒店的工作经历，让他更像一位酒店人了。

3年后，小俞来到另外一个城市的精品酒店担任总经理，全面负责酒店的各项工作。这对他来说是一个十分巨大的挑战，但也是一个很好的机遇。他坚信有志者事竟成，自己在酒店人这一道路上，一定能越走越远，越走越宽广。

**分析：**

1. 小俞的案例对我们有什么启发？小俞的哪些做法值得你学习和借鉴？
2. 你觉得作为在校学生该如何规划自己的职业生涯？

## 实践训练

**实践一　个人职业生涯规划方案**

实践目的：结合霍兰德职业倾向测验量表，根据所学内容，掌握制定职业生涯规划的步骤。结合自身情况，能制定个人职业生涯规划方案。

实践要求：根据个人特点，从职业兴趣、职业能力、职业性格和职业价值观的角度对自我进行科学评估，分析各类环境因素，并对自我职业进行定位，开展SWOT分析，从而确定职业目标，完成职业生涯规划表。

实践指导：分步骤完成下列三个部分内容。

第一部分：认识自我

1. 职业兴趣

我的职业兴趣前三项类型是：＿＿＿＿＿＿＿＿＿＿＿＿＿＿＿＿＿＿

我的具体情况是：＿＿＿＿＿＿＿＿＿＿＿＿＿＿＿＿＿＿＿＿＿＿

2. 职业能力

我的职业能力前三项类型是：＿＿＿＿＿＿＿＿

我的具体情况是：＿＿＿＿＿＿＿＿

3. 职业性格

我的 MBTI 类型是：＿＿＿＿＿＿＿＿

适应的职业：＿＿＿＿＿＿＿＿

4. 职业价值观

我的职业价值观是：＿＿＿＿＿＿＿＿

我的具体情况是：＿＿＿＿＿＿＿＿

第二部分：环境分析

1. 家庭环境分析

＿＿＿＿＿＿＿＿

2. 学校环境分析

＿＿＿＿＿＿＿＿

3. 社会环境分析

＿＿＿＿＿＿＿＿

4. 职业环境分析

＿＿＿＿＿＿＿＿

第三部分：职业目标定位及其分解组合

1. 职业目标的确定

职业目标：＿＿＿＿＿＿＿＿

职业发展策略：＿＿＿＿＿＿＿＿

职业发展路径：＿＿＿＿＿＿＿＿

2. 对本人职业定位进行 SWOT 分析

| | | |
|---|---|---|
| 内部环境因素 | 优势因素（S） | 弱势因素（W） |
| | | |
| 外部环境因素 | 机会因素（O） | 威胁因素（T） |
| | | |

3. 职业生涯规划总表

| 计划名称 | 时间跨度 | 总目标 | 分目标 | 计划内容 | 策略和措施 |
|---|---|---|---|---|---|
| 短期计划<br>（大学计划） | | | | | |
| 中期计划<br>（毕业后三至五年计划） | | | | | |
| 长期计划<br>（毕业后十年或以上计划） | | | | | |

**实践二　酒店新员工职业生涯规划分享会**

实践目的：通过设计新员工职业生涯规划分享会，熟悉酒店对员工职业生涯规划管理的步骤和方法，制定分享会的详细流程。

实践要求：应当了解酒店职业生涯管理的具体步骤，明晰新员工制定职业生涯规划的重要性，设计酒店新员工职业生涯规划分享会的详细方案，制作 PPT，并以小组为单位介绍分享会方案。

实践指导：

（1）全班同学以 4～6 人为小组，自行分组，选定组长，明确分工。

（2）每位同学收集酒店对新员工职业生涯指导的相关做法，讨论决定新员工职业生涯规划分享会的形式。

（3）方案包括分享会前如何组织新员工开展职业生涯设计，分享会中如何组织，分享会后如何对新员工进行培养等。

（4）具体方案要求包括三部分：第一部分为分享会活动会前准备。第二部分为分享会活动程序：包含活动目的、时间、地点、参加对象、组织形式、具体程序等，该部分内容要求把具体流程制作成 PPT，以小组为单位在课堂展示方案。第三部分为分享会后酒店对新员工的培养计划。

（5）指导教师根据方案内容及分组展示情况给予评价。

**延伸阅读**

霍兰德职业倾向测验量表

巴黎酒店国际集团新的职业生涯管理系统

# 第七章 薪酬管理

【本章导读】

劳动者之所以愿意将自己的劳动（包括时间、技能等）贡献给一个组织或一位雇主，很重要的原因是他们期望获得与个人劳动价值相符的经济回报，这种回报最主要的体现形式就是薪酬。要使每一位员工得到的薪酬与其他员工相比是合理的，就要求企业进行有效的薪酬管理。本章主要就是向读者说明如何进行薪酬体系的有效设计，创建一套具有市场竞争力的薪酬计划。

【学习目标】

- 了解员工、企业和社会三个不同视角对于薪酬理解的异同
- 理解薪酬的概念及其包含的内容
- 理解报酬、薪酬、工资、福利等的关系及内涵
- 掌握薪酬体系设计基本流程
- 了解薪酬调查的项目、渠道和方式
- 了解岗位价值评估的概念和方法
- 了解全面薪酬体系与宽带薪酬体系
- 了解福利的概念和内容
- 了解全面报酬战略和激励薪酬

【关键术语】

报酬、薪酬、工资、福利、市场薪酬调查、岗位价值评估、弹性福利计划、全面薪酬体系、宽带薪酬、全面报酬战略、薪酬激励

## 案例导入

### 令人犯愁的薪酬体系

吉祥餐厅规模不大，陈设幽雅，主要经营正宗的川菜。餐厅服务员由餐厅老板王静的两个妹妹担任，同时她们还兼任厨房的帮工。主厨李军是王静从家乡请来的。由于餐厅生意兴隆，王静决定扩大餐厅的规模。王静租赁了吉祥餐厅隔壁的1间空房，将餐厅的餐桌从原来的8张增加到20张。服务员和厨房里的帮工人手明显不够，因此王静通过一家人才中介机构聘请了8名员工，其中2名是当地40岁以上的下岗妇女，王静让她们帮助厨师打下手，工资为每个月1 800元。其余的6名员工都是20～30岁的年轻人，他们或多或少都有一些在餐厅工作的经验，王静给他们的底薪是每个月2 000元。

装修一新的吉祥餐厅再次开业了。正当王静踌躇满志考虑餐厅下一步的发展计划时，她发现员工间的矛盾日益激烈。矛盾的起因是厨房工作人员和服务员之间的对抗。厨房工作人员认为那些服务员挣了比他们所应得的多得多的钱；相反，厨房工作人员这么辛苦，却每月只能拿到1 800元的定额工资。在燥热又不通风的工作间，每晚听着服务员谈论着他们赚了多少小费，这一切激怒了厨房工作人员，他们认为非常不公平。但服务员们却自有他们的看法，他们认为人人都会切菜、洗盘子，他们觉得自己在个人素质和职业化程度上要比厨房工作人员优秀得多。

王静在亲眼看见了几次明争暗斗后，决定着手解决这个问题。事实上，王静在管理餐厅的过程中，从来没有认真考虑过员工的薪酬问题。因为以往在餐厅工作的人，几乎都是她的亲戚朋友，主厨李军也是以合伙人的身份在餐厅工作的，每年年终王静都会给他一个很厚的红包，一直没有出现过什么不愉快。以往她以为经营餐饮业最主要的是原材料采购、菜肴质量等，但是现在她发现员工的薪酬问题也不容忽视。经过认真考虑，为了提高厨房工作人员的工作积极性，王静决定给这2个女工增加工资，每人每月2 000元。于是弥漫在餐厅中的紧张气氛暂时消失了。但是，不久王静发现那些服务员的工作积极性开始下降了，有2个人甚至还私下透露过跳槽的念头。原因是他们觉得既然厨房工作人员的工资增加了，那么他们的底薪也应该增加，在其他餐厅，从事类似性质的工作的服务员每月的底薪为2 200元。

王静这才发现问题不像她想象的那么简单，她也曾考虑过辞退这批员工，重新招募一批新人，但是招聘和培训的费用也是一笔不小的数目，另外，频频更换员工对餐厅来说也有很多负面的影响。员工的工资肯定不可能无限制地增加下去，但是又该如何调动他们的工作积极性呢？

**思考：**

1. 造成吉祥餐厅的员工对现行薪酬计划不满意的原因有哪些？
2. 为确定一个合理的薪酬体系，王静应该如何进行规划？

# 第一节 薪酬的概念与内容

## 一、薪酬的概念

广义的薪酬（Compensation）概念基本上和报酬（Rewards）的概念相同，指的是从工作中得到的各种回报。员工从工作中得到的报酬基本上可以分为两大类：一类是经济性报酬，既包括直接以货币形式体现的报酬（如工资），也包括间接的经济报酬（如福利）；另一类是非经济性报酬，主要是关系性或者心理性回报，如从工作中得到的学习机会、获得对自己成就的认可等。

狭义的薪酬主要是指经济性报酬。米尔科维奇在《薪酬管理》一书中对薪酬给出如下定义：薪酬是指雇员作为雇佣关系中的一方所得到的各种货币收入，以及各种具体的服务和福利之和。本书中，对薪酬的讨论主要围绕经济性报酬。

在管理实践中，有时对“薪酬”的内涵界定得更加狭窄，不包括福利在内，将薪酬与福利相并列。例如：大多数高星级或者国际品牌酒店常常将薪酬福利称为“C&B”，即“薪酬”与“福利”（Compensation and Benefit）。这是因为在实践中，薪酬和福利各自影响因素和设计原则是不同的。例如：薪酬主要是由职位、能力、绩效等因素所决定，而福利则包含更多的对员工照顾的因素。为了在行文过程中更好地区分薪酬概念，本章将实践中更为狭窄的薪酬的概念表述为“工资”，也就是说工资是和福利相并列的，是薪酬（经济性报酬）中两个最主要的组成部分。

基于以上的理解，本书将报酬、薪酬、工资、福利等概念之间的关系总结归纳为图7－1的基本框架。

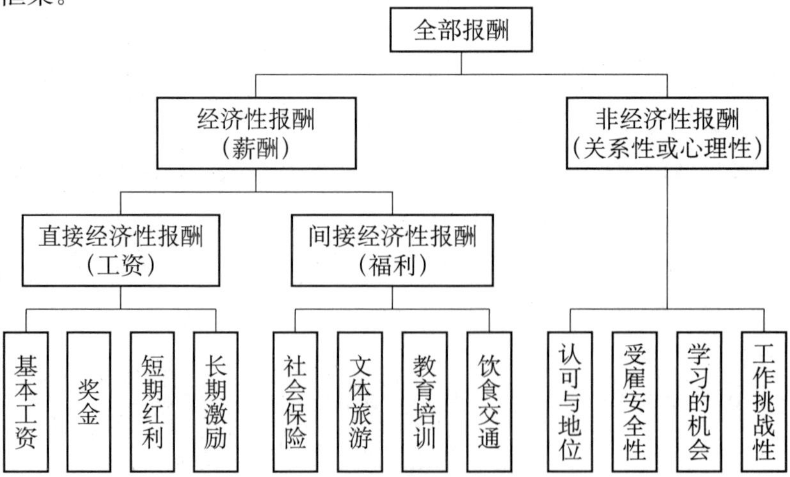


**图7－1　报酬的基本分类**

## 二、薪酬的内容

薪酬，即经济性报酬，主要包括工资和福利两大组成部分。其中，工资包括与个人的工作绩效和能力无关的部分、与个人的工作绩效和能力相关的部分以及利益分享三个方面；福利主要包括法律法规规定的强制性福利和非强制性福利两个方面。具体内容如图 7－2 所示。

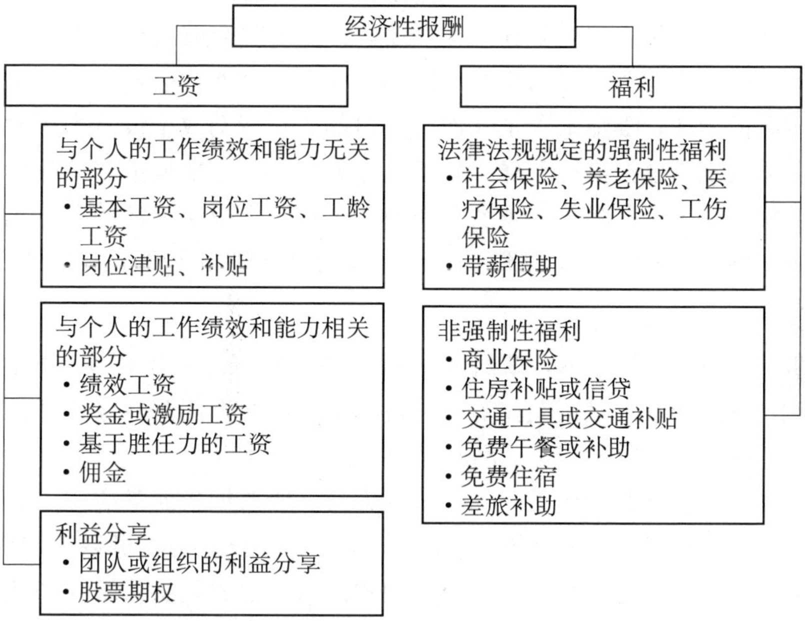


**图 7－2　薪酬（经济性报酬）的具体内容**

### （一）工资

1. 与个人的工作绩效和能力无关的部分

在员工的薪酬中，有一部分内容主要受到员工所从事的工作岗位特性、所服务的组织以及所属的行业等因素影响，体现同类员工薪酬的共同水平，并不体现员工个体间的差异，即与个人的工作绩效和能力无关。这部分薪酬主要包括基本工资、岗位工资、工龄工资以及各种岗位津贴、补贴等。

工资是指根据劳动者所提供的劳动的数量和质量，按事先规定的标准付给劳动者的劳动报酬。工资有许多不同的形式，如基本工资、岗位工资、工龄工资等。基本工资或者岗位工资是指反复发放的、只要员工在岗就可以持续得到的工资，具有同工同酬的特点，其仅反映工作岗位的价值，并不反映同一岗位员工之间的个体差异。工龄工资是指根据雇员工作时间长短来决定的工资，也可能表现为定期增加其基本工资。这些都是与员工个人的工作绩效和能力无关的工资部分。

岗位津贴、补贴是指对员工在特殊劳动条件、工作环境中的额外劳动消耗和生活费用的额外支出的补偿。常见的津贴类型有：劳动保护津贴，如夜班津贴、高温环境工作津贴等；地区性津贴，如在高原地区工作或者在偏远地区工作的津贴；生活补贴，如物价上涨的补贴。津贴主要体现的是对员工工作及生活的照顾，也与员工的工作绩效和能力无关。

2. 与个人的工作绩效和能力相关的部分

员工薪酬有一部分会受到个人的工作绩效和能力的影响，这部分薪酬包括绩效工资、奖金或激励工资、佣金等，此外还有基于胜任力的工资。

绩效工资，也叫成就工资，指的是根据绩效对基本工资进行永久性增加。奖金或激励工资是指因员工达到或者超越某一预先设定的工作目标而给予的奖励。奖金的形式多种多样，如业绩奖金、年终奖金、分红等。绩效工资和奖金或激励工资都是和绩效直接挂钩的可变形薪酬，但是两者之间是有区别的。绩效工资通常会加到基本工资中去，是对基本工资永久的增加；激励工资是一次性给付的，对劳动成本没有永久的影响，员工业绩下降时，激励工资也会自动下降。基于胜任力的工资是根据员工的胜任力水平而给予的工资和奖励。佣金是从事某些类型工作的员工按照完成交易额的一定比例获取的报酬，如销售人员的薪酬通常是由一部分固定的底薪加上按照销售额提成的佣金构成的。

3. 利益分享

除了一般的工资、奖金之外，薪酬还包括各种以利益分享形式体现的经济性报酬，如团队或组织的利益分享、股票期权等。利益分享可以根据团队业绩或者整个公司业绩确定。衡量业绩的标准有收入增长、利润增加、投资收益等。

股票期权是具有长期激励作用的利益分享方式。股票期权通常应用于高级管理人员和业务、技术骨干，在有些公司中也应用于全体员工。股票期权可以表现为各种形式。员工持股计划，是指在规定的时期内以股票期权的行权价格购买本公司股票。股票升值权，是指持有者被授予该权利时股票的市场价格与权利使用时股票价格之间的价差，以现金的形式支付。限制股票，是指向高管人员或技术骨干直接赠送股份，但是同时会规定一定的限制期，在限制期间股票持有者不能对股票进行处置，如果在规定的期限到期之前员工要离开公司，那么公司将收回或者回购这些股份。影子股票期权，是指参与者在被决定给予股票期权报酬时，按照一定的合同规定，借助于股票期权，但又不实际发放股票期权的一种形式，用于作为参照物的股票期权被称为影子股票期权，用影子股票期权来提供长期激励性报酬时，计算报酬大小的原理基本相同。

## （二）福利

1. 法律法规规定的强制性福利

为了保障劳动者的基本权益，国家和地区的法律法规规定了一些强制性福利内容，如各种社会保险、带薪假期等。各个企业都应该遵照有关的规定，给员工提供相应的福利内容。

2. 非强制性福利

除了法律规定的强制性福利外，有些雇主还给员工提供了更多福利内容，如提供商业保险、住房补贴或信贷、交通工具或者交通补贴、免费午餐或者补助、免费住宿、差旅补助等，这些属于非强制性福利内容。非强制性福利也是区分不同雇主之间福利差异的主要内容。



# 第二节 薪酬体系设计的基本流程

薪酬一方面是企业需要付出的费用和成本，另一方面可以影响员工的工作态度、工作方式和组织业绩。薪酬既包括保健因素，又包括激励因素。例如：提供保障员工基本生活需要的工资水平和福利构成了薪酬中的保健因素，而由于员工绩效和对企业贡献差异导致的工资差异和奖金则是薪酬中的激励因素。因此在薪酬体系设计时，既要考虑如何满足员工的基本需要，又要考虑如何利用薪酬杠杆提高员工的工作积极性，为企业带来竞争优势。

酒店企业薪酬体系设计一般可以分为六个基本流程，包括市场薪酬调查、岗位价值评估、薪酬类别确定、工资结构设计、福利制度制定、薪酬体系调整，如图 7－3 所示。

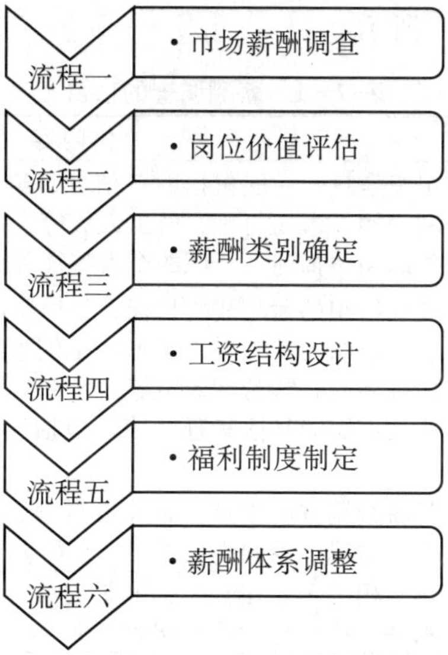


**图 7－3 薪酬体系设计的基本流程**

## 一、市场薪酬调查

### （一）薪酬调查的概念

薪酬调查是指通过一系列标准、规范和专业的方法，对市场上各职位进行分类、汇总和统计分析，形成能够客观反映市场薪酬现状的调查报告，为企业提供薪酬设计方面的决策依据及参考。薪酬调查是薪酬体系设计的重要组成部分，重点解决的是薪酬的对外竞争力和对内公平性问题，薪酬调查报告能够帮助企业达到个性化和有针对性地设计薪酬的目的。

### （二）薪酬调查的目的

薪酬调查是为了解其他酒店薪酬支付和管理信息的过程。随着企业间竞争的加剧，薪酬调查成为企业薪酬战略实现的工具之一，薪酬调查的范围也越来越广泛，由以往主要对薪酬水平的调查扩展到对薪酬体系整体性的调查。

薪酬调查是薪酬体系设计的重要组成部分。只有实事求是的薪酬调查，才能使薪酬设计做到有的放矢，解决企业的薪酬激励的根本问题，做到薪酬个性化和有针对性的设计。具体而言，薪酬调查的目的一般包括以下5个方面：

（1）制定新入职人员的起点薪酬标准。

（2）查找企业内部工资不合理的岗位。

（3）了解同行业企业调薪时间、水平、范围等。

（4）了解当地工资水平并与本企业比较。

（5）了解工资动态与发展趋势。

### （三）薪酬调查的项目

对酒店企业来讲，有价值的薪酬信息包括组织与工作信息、薪酬战略信息、薪酬水平信息及其他信息，如表7－1所示。

**表7－1　薪酬调查的项目**

| 序号 | 信息类别 | 具体内容 | |
|---|---|---|---|
| 1 | 组织与工作信息 | （1）企业或组织信息。一般包括财务信息、组织规模、性质和结构等，如营业额、产量、利润额、市场份额、员工人数等<br>（2）基准岗位的岗位描述、任职的个人特征和薪酬支付情况等 | |
| 2 | 薪酬战略信息 | （1）目标企业或组织的薪酬战略目标，是控制成本，还是激励或吸引员工<br>（2）目标企业或组织的薪酬政策类型，是侧重薪酬水平政策，还是薪酬组合政策、薪酬结构政策或薪酬管理政策等<br>（3）目标企业或组织的其他管理政策，包括加班、轮班、试用期、新毕业生的起薪等 | |
| 3 | 薪酬水平信息 | 基本薪酬信息 | 是薪酬调查的重点，企业需要全面掌握选定企业的基本薪酬支付、变动情况，不同岗位等级的薪酬差距以及同一等级内薪酬的幅度等 |
| | | 可变薪酬信息 | 调查相关企业在奖金、短期激励、长期激励等薪酬方式方面的支付水平，特别是货币薪酬的水平 |
| | | 福利薪酬信息 | 调查相关企业的福利项目构成、福利方案设计与实施、福利计划的改革及其对员工激励的功能等 |
| 4 | 其他信息 | 薪酬等级结构 | 企业岗位和岗位等级结构的设计、薪酬等级差、最高等级与最低等级差等 |
| | | 薪酬要素组合 | 基本薪酬与浮动薪酬的比例、货币薪酬与福利薪酬的比例、绩效薪酬的设计等 |
| | | 薪酬管理方式 | 薪酬支付的时间、内部薪酬信息的保密程度、与员工的沟通方式、反馈渠道、员工满意度调查情况等 |

### （四）薪酬调查的渠道

薪酬调查的渠道主要有以下五个方面。

1. 企业之间的相互调查

由于我国的薪酬调查系统和服务还不完善，因此最可靠和最经济的薪酬调查渠道还是企业之间的相互调查。相关企业的人力资源部可以采取联合调查的形式，共享相互之间的薪酬信息。这种相互调查是一种正式的调查，也是双方受益的调查。调查可以采取座谈会、问卷调查等多种形式。

2. 委托专业机构进行调查

现在，在多数城市均有提供薪酬调查的管理顾问公司或人才服务公司。通过这些专业机构调查将会减少人力资源部的工作量，省去企业之间的协调费用，但它需要向委托的专业机构支付一定的费用。

3. 从公开的信息中了解

有些企业在发布招聘广告时会写上薪酬待遇，调查人员稍加留意就可以了解到这些信息。另外，某些城市的人才交流部门也会定期发布一些岗位的薪酬参考信息，同一岗位的薪酬信息一般分为高、中、低三档。但由于它覆盖面广、薪酬范围大，因此对有些企业并没有意义。

4. 通过应聘者来了解

招聘时采用问卷调查及面谈期望薪酬等方式，对外部人力资源市场价格有大致了解。一般情况下，这个信息的准确度还是比较高的，因为大多数应聘者对行业内该岗位薪酬水平是有了解的，同时也会非常慎重地提出薪酬要求。如果企业经常因为薪酬原因不能招聘到最优秀的员工，那么说明企业提供的薪酬水平的确没有竞争力。

5. 外部数据购买

向专业薪酬服务机构购买有关薪酬数据。很多市场调查公司、资讯公司都有自己的薪酬数据库，薪酬数据库往往按区域、行业、岗位、时间编排，可以查询任意区域、任何行业、任何岗位有关薪酬数据以及变化趋势数据。

**知识拓展**

#### 薪酬调查问卷所包含的内容

收集资料时首先寄给受访的企业一封专函并附上问卷。信中表示感谢合作，保证资料保密，并解释问卷需注意的地方。通常，问卷中应包括以下三大类资料。

（1）有关薪酬的资料。包括基本薪酬、福利、调薪措施、薪酬结构、工作时数、假期等。

（2）有关企业的资料。包括名称、地址、员工人数、企业规模、营业额、企业资产等。

（3）有关岗位及员工的类别。包括工作类别、员工类别、员工的实际薪酬率、总收入、最近一次的加薪、奖金及津贴等。

## 二、岗位价值评估

### （一）岗位价值评估的概念

岗位价值评估，又称职位价值评估或工作评价，是指在工作分析的基础上，采取一定的方法，对岗位在组织中的影响范围、职责大小、工作强度、工作难度、任职条件、岗位工作条件等特性进行评价，以确定岗位在组织中的相对价值，并据此建立岗位价值序列的过程。

### （二）岗位价值评估的方法

一般来讲，岗位价值评估的方法可以分为两大类，即基于市场的评估方法和基于工作内容的评估方法。基于市场的评估方法是用市场资料来决定岗位价值的差异。很多公司选择基于市场的评估方法是因为他们希望自身的工资水平和市场水平相比不会过高或过低。基于工作内容的评估方法强调公司内部的价值体系，它可以根据每一个岗位在公司的战略角色来建立内部岗位价值等级结构。

**知识拓展**

常用的报酬要素见表7-2。

**表7-2 常用的报酬要素**

| 序号 | 要素种类 | 因素 |
|---|---|---|
| 1 | 与技能有关的要素 | （1）智力、智力运用、创新能力、分析能力、判断力、心理要求、多才多艺<br>（2）身体或机械技能、做详细工作的能力、能常规工作的能力、办公室工作技能、身体灵活性<br>（3）教育、技术要求、工作准备、必要的教育和知识、基本知识和经验、培训经历、过去的经验<br>（4）自我表现能力、人际关系能力、社会技能、管理技巧、决策能力 |
| 2 | 与职责有关的要素 | （1）行政职责、人事职责、监督职责、职务职责、市场责任、质量职责、数量职责<br>（2）责任的复杂性、错误的影响、对企业决策的影响、对其他工作的影响<br>（3）准确性的要求、与他人接触的要求、与公众和客户的接触、对合作的要求<br>（4）材料、设备、方法 |
| 3 | 与努力有关的要素 | 工作困难、工作压力、身体或精神疲劳、工作量、注意力集中程度、精神努力、身体努力、肌肉或神经紧张、眼睛紧张造成的劳累 |
| 4 | 与工作条件有关的要素 | 劳动条件、自然环境、心理环境、个人危险、单调性、长期出差、职业病、机器或设备危险、工伤事故危险、抬举重物的危险 |

在人力资源管理发展的过程中，产生了很多岗位价值评估的方法，常用的方法有岗位分类法、简单排序法、岗位参照法、因素计分法、配对比较法、交替排序法、分数分析法等。其中，岗位分类法、简单排序法、配对比较法、交替排序法属于定性评价方法，而分数分析法、因素计分法属于定量评价方法。本部分主要介绍前四种方法。

1. 岗位分类法

岗位分类法是指将公司所有岗位根据工作职责、任职条件等方面的不同要求，将其分为不同的类别。例如：按照岗位层级，分为经营层岗位、管理层岗位和基层操作层岗位；按照不同序列，分为行政人事类岗位、财务投资类岗位、营销类岗位、技术研发类岗位和生产制造类岗位等。然后根据每一类岗位确定一个岗位价值范围，并且对同一类岗位进行排序，从而确定每一个岗位的相对价值。

2. 简单排序法

简单排序法是指根据一个简单的标准，如工作复杂性或工作对公司竞争战略的重要性，把所有的岗位从高到低进行排序。这种方法需要对每个岗位完整地进行考虑和分析，通常适用于岗位比较简单的公司，对于大公司来说，采用这种方法需要以部门为单位给每个部门的岗位进行排序，再对每个部门进行排序，并确定相应的系数，通过系数进行转化，确定每个岗位的价值大小。采用这一方法时，参与排序的人要对所有岗位的情况非常了解，排序结果的处理可以用简单算数平均，也可以根据评分人对岗位的熟悉情况进行加权平均。

3. 岗位参照法

岗位参照法是指企业事先建立一套较合理的标准岗位价值序列，然后其他岗位比照已有标准岗位进行评估。岗位参照法的具体操作步骤为：

（1）成立评估小组；

（2）评估小组选出几个具有代表性，并且容易进行评估的岗位，将选出的岗位定为标准岗位，对这些岗位采用合适的方法进行评估；

（3）评估小组根据标准岗位的工作职责、工作环境和任职条件等信息，将类似的其他岗位归类到标准岗位中；

（4）将每一组中所有岗位价值设置为本组标准岗位的价值；

（5）在每组中，根据每个岗位与标准岗位的工作差异，对这些岗位的价值进行调整；

（6）确定所有岗位的价值。

当企业已经有了一套合理的岗位价值序列，又有新增岗位需要进行岗位价值评估时，就可以参照标准岗位进行了。

4. 因素计分法

因素计分法是一种应用非常广泛的岗位价值评估方法，其最大优点是不直接对每个岗位的具体职责、工作内容、工作环境和任职资格等相互比较，而是将所有岗位的工作特性抽象成若干个计酬要素，再将岗位的具体内容与这些要素标准相比较，从而得到每个岗位的价值分数，然后通过分数排序得到岗位价值序列。因素计分法是一种定量分析岗位价值的方法，在目前的人力资源管理中，是一种运用非常普遍的工具。

**知识拓展**

岗位价值模型见表 7-3。

**表 7-3　岗位价值模型**

| 序号 | 岗位价值系统要素 | 权重 | 分值 | 系统子要素 | 权重 | 分值 |
|---|---|---|---|---|---|---|
| 1 | 工作环境条件 | 14% | 14 | 体力消耗 | | |
| | | | | 脑力消耗 | | |
| | | | | 工作时间 | | |
| | | | | 自然环境 | | |
| | | | | 人际交往 | | |
| 2 | 知识和资历要求 | 17% | 17 | 学历 | | |
| | | | | 经验 | | |
| | | | | 知识广度 | | |
| | | | | 综合能力要求 | | |
| 3 | 解决问题的程度 | 18% | 18 | 工作复杂性 | | |
| | | | | 工作创造性 | | |
| 4 | 管理与监督 | 15% | 15 | 层级类别 | | |
| | | | | 管理人数与层数 | | |
| | | | | 职权与影响 | | |
| 5 | 沟通与交流 | 12% | 12 | 沟通内容 | | |
| | | | | 语言表达与写作要求 | | |
| | | | | 与内外部沟通 | | |
| 6 | 对企业的影响 | 24% | 24 | 效益收入影响 | | |
| | | | | 质量责任影响 | | |
| | | | | 成长促进影响 | | |
| 汇总 | | 100% | 100 | | | |

## 三、薪酬类别确定

根据企业的实际情况和未来发展战略的要求，对不同类型的人员应当采取不同的薪酬类别。例如：企业高层管理者可以采用与年度经营业绩相关的年薪制，管理人员和技术人员可以采用岗位技能工资制，营销人员可以采用提成工资制，企业急需的人员可以采用特聘工资制等。目前主要有以下五种主流薪酬体系：基于岗位的薪酬体系、基于绩效的薪酬体系、基于技能的薪酬体系、基于市场的薪酬体系、基于年功的薪酬体系。

### （一）基于岗位的薪酬体系

基于岗位的薪酬体系，是以岗位价值作为支付薪酬的基础和依据。即在确定员工的基本工资时，首先对岗位本身的价值作出客观的评价，然后根据评价结果赋予承担这一岗位工作的员工与该岗位价值相当的基本工资。通俗地讲，就是在什么岗，拿什么钱，对岗不对人。对于员工而言，岗位更为客观、稳定。

优点：与传统的按资历和行政级别的薪酬模式相比，真正实现了同岗同酬，内部公平性比较强。职位晋升，薪级也晋级，提高了员工努力工作以争取晋升机会的积极性。

缺点：如果一个员工长期得不到晋升，尽管本岗工作越来越出色，但其收入水平很难有较大的提高，也就影响了其工作的积极性。由于岗位导向的薪酬制度更看重内部岗位价值的公平性，致使企业无法吸引到急需的人才。

### （二）基于绩效的薪酬体系

基于绩效的薪酬体系是以员工的工作业绩为基础支付工资，支付的主要根据是工作业绩或劳动效率。将员工的绩效同制定的标准相比较以确定其绩效工资的额度，形式有计件（工时）工资制、佣金制等。绩效工资制适用于生产工人、管理人员、销售人员等。

优点：员工的收入和工作目标的完成情况直接挂钩，让员工感觉很公平，“干多、干少、干好、干坏不一样”，激励效果明显。员工的工作目标明确，通过层层目标分解，组织战略容易实现。企业不用事先支付过高的人工成本，在整体绩效不好时能够节省人工成本。

缺点：员工收入与个人绩效挂钩，会造成部门或者团队内部成员的不良竞争，为取得好的个人绩效，员工可能会减少合作。因此，在需要团队协作时，不应过分强调个人绩效对收入的作用。绩效评估往往很难做到客观、准确。对大多数中国企业来说，很少有企业的绩效考核系统很完善，如果在这种情况下将收入和绩效挂钩，势必造成新的不公平，也就起不到绩效付酬的激励作用。绩效付酬假设金钱对员工的刺激作用很大，长期使用后会产生不良的导向。在企业效益增长缓慢时，员工拿不到高的物质方面的报酬，对员工的激励作用就会下降。在企业困难时，员工可能会选择离职或消极工作。

### （三）基于技能的薪酬体系

基于技能的薪酬体系是以员工所具备的能力/技能作为工资支付的根本基础，即以人的能力要素作为工资支付的直接对象。这种体系认为员工获得报酬的差异主要来自人本身能力水平的差异，而非职位等级的高低、职位价值的高低。通俗地讲，就是有好的能力就有好的结果。这种薪酬体系适用于企业中的技术工人、技师、科技研发人员、专业管理者等。

优点：员工注重能力提升，有助于其转换岗位，发展机会得以增多。不愿意在行政管理岗位上发展的员工可以在专业领域不断深入，同样可以获得好的待遇，对企业来说留住了专业技术人才。员工能力的不断提升，使企业能够适应多变的环境，企业的灵活性增强。

缺点：同样的工作，但由于两个人的技能不同而收入不同，容易造成低技能员工的不公平感。高技能员工未必有高的产出，即技能工资的假设未必成立，这就要看员工是否全身心投入工作。界定和评价技能不是一件容易的事情，管理成本较高。员工着眼于提高自身技能，可能会忽视组织的整体需要和当前工作目标的完成。

### （四）基于市场的薪酬体系

基于市场的薪酬体系是根据市场价格确定企业薪酬水平，根据地区及行业人才市场的薪酬调查结果，来确定岗位的具体薪酬水平。至于采取高于、等于或是低于市场水平的薪酬，要考虑企业的经济效益及人力资源策略。市场经济供求关系决定价格的基本规律也适用于员工的工资模式，人才资源的稀缺程度决定了薪酬的水平。这种薪酬体系一般适用于企业的核心人员。

优点：企业可以通过薪酬策略吸引和留住关键人才，也可以通过调整那些替代性强的人才的薪酬水平，从而节省人工成本，提高企业竞争力。参照市场水平制定工资，容易让员工接受，减少企业内部的矛盾。

缺点：市场导向的工资制要求企业具备良好的发展能力和盈利水平，否则难以支付和市场接轨的工资水平。员工只有非常了解市场薪酬水平，才能认同市场工资体系。因此，这种薪酬体系对薪酬市场数据的客观性提出了很高的要求，同时，对员工素质也提出了较高的要求。完全按市场水平付酬，企业内部薪酬差距会拉大，影响企业内部的公平性。

### （五）基于年功的薪酬体系

基于年功的薪酬体系是一种简单而传统的薪酬制度，是按照员工为企业服务期的长短而支付或增加薪酬的一种管理制度，往往与终生雇佣制相关联。其基本特点是员工的企业工龄越长，工资越高。

优点：有利于培养员工的忠诚度，员工的安全感强。

缺点：工资刚性太强，弹性太弱，不容易调整；容易形成论资排辈的氛围，不利于有才能的人才成长；不利于吸引年轻人，他们即使进入企业也会因漫长的等待而失去信心。

可以发现，不同侧重点的薪酬体系各有其优缺点，事实上目前酒店采用的薪酬体系并不限于其中的某一种，更多的是多种薪酬体系的综合。

## 四、工资结构设计

岗位性质不同，工资结构需要随之变化。根据工作内容、工作性质，岗位性质分类如表7-4所示。

**表 7-4 工资结构的整体框架**

| 序号 | 岗位序列 | 职位说明 | 工资结构的整体框架 |
| --- | --- | --- | --- |
| 1 | 管理序列 | 从事管理工作并拥有一定管理职务的职位。即有下属，因其承担的计划、组织、领导、控制职责而成为主要的企业付薪依据。例如：在一般企业中使用的比较广泛的“中层和高层”的概念 | 年总收入＝年基本收入＋年其他收入＝(月固定工资＋月绩效工资＋年度延迟支付工资)＋(企业业绩分享＋工龄工资＋各类补贴或补助) |
| 2 | 职能序列 | 从事职能管理、生产管理等职能工作且不具备或不完全具备管理职责的职位。与上述“管理序列”的区别在于该岗位下可能有下级人员，但企业付薪依据的主要依据不是因为其承担的计划、组织、领导、控制职责，而是其辅助、支持的职责 | 年总收入＝年基本收入＋年其他收入＝(月固定工资＋月绩效工资＋年度延迟支付工资)＋(企业业绩分享＋工龄工资＋各类补贴或补助) |
| 3 | 技术序列 | 从事技术研发、设计、操作的职位，表现为需要一定的技术含量，企业付薪依据的主要是该岗位所具备的技能，一般付薪的项目不体现为计件的形式，但不排除少量的项目奖金 | 年总收入＝年基本收入＋年其他收入＝(月固定工资＋月绩效工资＋项目奖金＋年度延迟支付工资)＋(企业业绩分享＋工龄工资＋各类补贴或补助) |
| 4 | 销售序列 | 指在市场上从事专职销售的职位，一般工作场所不固定 | 年总收入＝年基本收入＋年其他收入＝(月固定工资＋佣金＋销售奖金＋年度延迟支付工资)＋(工龄工资＋各类补贴或补助) |
| 5 | 操作序列 | 指在公司内部从事生产作业或销售的职位，一般工作场所比较固定 | 年总收入＝年基本收入＋年其他收入＝(月固定工资＋计件工资＋年度延迟支付工资)＋(工龄工资＋各类补贴或补助) |

## 五、福利制度制定

### (一) 福利的概念

福利是薪酬体系中的重要组成部分，是指企业为了保留和激励员工，采用的间接经济性报酬。福利的形式可以是金钱与实物，也可以是服务机会与某种特殊权利。通常来讲，国家和地区劳动部门为保护劳动者的权益，会规定企业应该向员工提供的福利内容，如养老保险、医疗保险、失业保险、住房公积金等。除了这些强制性内容之外，许多企业往往会为员工提供一些特殊的福利形式，这些福利对吸引和保留员工起到了很大作用。例如：有的企业为员工提供丰富美味、价格低廉的员工餐，有的企业为员工办理商业医疗保险或者提供免费体检的机会。

### (二) 福利的内容

福利包括强制性福利和企业额外提供的非强制性福利两个方面。

1. 强制性福利

强制性福利亦称基本福利，是指按照国家法律法规和政策规定必须发生的福利项目，其特点是只要企业建立并存在，就有义务、有责任且必须按照国家统一规定的福利项目和支付标准支付，不受企业所有制性质、经济效益和支付能力的影响。强制性福利包括：

（1）社会保险。包括生育保险、养老保险、医疗保险、工伤保险、失业保险以及疾病、伤残、遗属三种津贴。

（2）法定节假日。按照2013年修订的《全国年节及纪念日放假办法》的规定，全年法定节假日为11天。

（3）特殊情况下的工资支付。是指除属于社会保险，如病假工资或疾病救济费（疾病津贴）、产假工资（生育津贴）之外的特殊情况下的工资支付，如婚丧假工资、探亲假工资。

2. 非强制性福利

非强制性福利是指在国家法定的基本福利之外，由企业自定的福利项目。企业补充福利项目的多少、标准的高低，在很大程度上受到企业经济效益和支付能力的影响以及企业出于自身某种目的的考虑。

非强制性福利的项目五花八门，常见的有：交通补贴、房租补助、免费住房、工作午餐、女职工卫生费、通信费补助、互助会、职工生活困难补助、财产保险、人寿保险、法律顾问、心理咨询、贷款担保、内部优惠商品、搬家补助、子女医疗费补助等。

目前大多数酒店都为员工提供员工餐厅、员工制服、员工宿舍、员工浴室、员工理发室、员工培训、员工文体活动场地和设施等。

### （三）福利管理创新

现代酒店在福利管理上也在不断地进行改革和创新，主要做法包括：

1. 创建“一揽子”工资福利计划

许多酒店不再将工资与福利管理作为两项独立的管理工作，而是使其成为一个有机整体。两种手段互相配合，共同围绕酒店目标运转。例如：一些工作适宜采用货币支付的方式；反之则采用非货币，即福利支付的方式。对于一些奖励性报酬，可以采取货币与福利并用的方式。

2. 灵活的福利提供方式

灵活的福利提供方式，也称自助餐式福利管理方式，即员工可以在多种福利项目中根据自己的需要进行选择。例如：单身员工可以不选择儿童保健，但可选择附加养老金福利；夫妻双方可以选择不同的福利项目，如一方选择子女保健，另一方选择住房或休假。这种自助餐式的福利可以分成两种类型：一种是基本保障型，如一些法律规定的福利必须执行；一种是各取所需型。

3. 降低福利成本，提高效率

企业在福利方面对员工的投入往往不容易被员工注意到，员工没有充分理解福利的价值，甚至无法列举企业为自己提供了哪些福利。在这种情况下，企业的福利投入就无法起到充分的激励作用。事实上，除了员工每月获得的工资之外，企业至少需要额外投入相当于工资总额的40%～50%的福利费用，有的企业比例甚至更高，而这是很多员工没有意识到的。有时，员工也会觉得企业提供的福利千篇一律，没有很好地符合自己的需要。在提高福利服务效果、减少浪费方面，许多酒店也进行了一些改革。例如：为了严格控制保健福利开支，可以采取以下几项措施：

（1）建立员工合作医疗，弥补健康保险的不足。

（2）通过其他的福利计划诱导员工降低对健康保险的兴趣。

（3）通过增加酒店对门诊治疗费用的支付比重，降低员工的住院率。

4. 弹性福利计划

弹性福利计划与传统福利计划最大的区别在于给予员工选择权和决定权，最大限度地满足员工的个性化需要，大大提高了员工对福利的感知度与体验值。弹性福利计划通常简称为弹性福利，也可称为自助餐式福利、菜单式福利或自选福利等。弹性福利计划一般包括四种：

（1）核心外加计划：即每个员工都可以享受的福利加上可以随意选择的福利项目。

（2）标准组件计划：即企业推出多种固定的福利组合，员工只能挑选其中一种。

（3）工资/薪水下调计划：即员工可以选择降低其工资/薪水来获得福利。

（4）薪酬转换计划：即员工可以通过放弃或降低其税前奖金的方式来获得福利。

在实践中，通常是由企业提供一份列有各种福利项目的“菜单”，然后由员工依照自己的需求从中选择其需要的项目，组合成属于自己的一套福利“套餐”。这种计划非常强调员工参与的过程。当然员工的选择不是完全自由的，有一些项目，如强制性福利是每位员工的必选项。此外，企业通常都会根据员工的薪水、年资或家庭背景等因素来设定每一个员工所拥有的福利预算，同时福利清单的每项福利项目都会附上金额，员工只能在自己的预算内选择喜欢的福利。

**实践经典**

## 员工福利管理制度

1. 目的

为了增强公司员工归属感，提高员工的满意度及对企业的认同度，制定本办法。

2. 适用范围

本办法适用于公司全体员工福利管理的全过程。

3. 定义

3.1 员工，是指在公司登记注册的全日制工作人员，即在编正式员工。

3.2 法定福利，是指公司为员工缴纳国家或地方政府规定的社会统筹保险。

3.3 统一福利，是指公司全体员工都有权利享受的共有福利。

3.4　专项福利，是指公司为特殊条件职位的员工提供的专门福利。

4. 职责

4.1　行政部职责

4.1.1　负责对公司福利进行综合预算。

4.1.2　负责本办法的具体执行及统一福利的发放。

4.2　财务部负责现金部分福利的发放。

4.3　总经理负责审批本办法。

5. 内容

5.1　福利结构

（1）本办法所称福利是指发给员工法定福利、统一福利与专项福利的统称。即：员工福利＝法定福利＋统一福利＋专项福利。

（2）具体福利结构见图7-4。

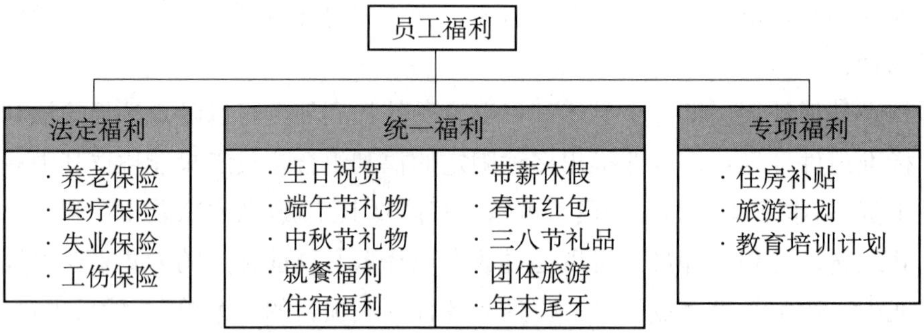


**图7-4　具体福利结构**

5.2　法定福利

5.2.1　法定福利享受资格

（1）法定福利是国家规定的强制性福利，原则上全体员工都有权利享受。

（2）在具体执行上可按以下程序办理：

第一步，公司为关键职位的人员缴纳社会统筹保险；

第二步，公司为其他职位的人员缴纳社会统筹保险。

（3）具体缴费金额参见当地社会保险相关规定。

5.2.2　法定福利使用规定

（1）辞职人员在办理辞职手续后，辞职当月行政部即停止为其缴纳社会统筹保险费。如员工要求转移社会保险手续，由行政部统一办理。

（2）社会统筹保险费，员工个人缴纳部分由行政部在其每月工资中予以扣除。

5.3　统一福利

5.3.1　统一福利享受资格：在公司登记注册的全日制员工，均可享受公司的统一福利待遇。

5.3.2　统一福利执行标准：公司执行统一福利项目及标准如表7-5所示。

**表7-5 统一福利项目及标准**

| 序号 | 福利项目 | | 福利标准 | 发放形式 | 备注 |
|---|---|---|---|---|---|
| 1 | 员工生日 | 全部人员 | ××元/人 | 生日礼物，每月发放一次 | |
| 2 | 妇女节 | 全部女性 | ××元/人 | 以现金或实物形式发放 | |
| 3 | 中秋节 | 全部人员 | ××元/人 | 实物形式发放 | |
| 4 | 端午节 | 全部人员 | ××元/人 | 实物形式发放 | |
| 5 | 带薪休假 | 全部人员 | 参见《请休假管理办法》 | | |
| 6 | 春节红包 | 全部人员 | ××元/人 | 以现金发放 | |
| 7 | 团队旅游 | 全部人员 | ××次/人·年 | 实物形式发放 | |
| 8 | 年末尾牙 | 全部人 | ××元/人·年 | 实物形式发放 | 奖品 |
| | | | ××元/人·年 | 实物形式发放 | 晚餐 |
| | | | ××元/年 | 实物形式发放 | 晚会 |
| 9 | 每日三餐补贴 | 全体人员 | 员工食堂 | 实物形式体现 | |
| 10 | 住房补贴 | 全体人员 | 员工宿舍 | 实物形式体现 | |

5.3.3 统一福利使用规定

（1）统一福利项目由行政部执行，财务部预算控制。

（2）部门因特殊原因向公司申请特殊福利时，应先向行政部提交方案，经审核通过并报总经理批准后执行。

## 六、薪酬体系调整

在建立了薪酬体系之后，必须继续定期调整以确保有效性。内外部环境施加在薪酬体系之上的压力需要进行监督、评价、修正和控制。这一步的结果是确认薪酬体系的“病症”，从而使薪酬管理者能够保证这一系统有效运行。

### （一）奖励性调整

奖励性调整，又称功劳性调整，是为了奖励员工做出的优良工作绩效，鼓励员工继续努力，再接再厉，更上一层楼，即论功行赏。

### （二）生活指数调整

为了补偿员工因通货膨胀而导致的实际收入无形减少的损失，使员工生活水平不致降低，企业应根据物价指数对薪酬体系进行调整。生活指数调整常用的方式有两类：一类是等比调整，即所有员工都在原有薪酬基础上调同一百分比；另一类是等额调整，即全体员工不论原有薪酬高低，一律给予等幅的调升。

### （三）效益调整

当企业效益好、盈利增加时，对全员实行普遍加薪，但以浮动式、非永久性为宜；当企业效益下滑时，全员性的薪酬下调也成为必然。但需注意的是，薪酬调整往往具有不可逆性。

### （四）工龄调整

薪酬的增加意味着工作经验的积累与丰富，代表着能力或绩效潜能的提高，即薪酬具有按绩效与贡献分配的性质。因此，企业最好不要实行人人等额逐年递增的薪酬调整办法，而应将工龄与考核结果结合起来，确定不同员工工龄薪酬调整的幅度。

### （五）特殊调整

特殊调整是指企业根据内外部环境及特殊目的而对某类员工进行的薪酬调整。例如：实行年薪制的企业每年年末应对下一年度经营者的年薪重新审定和调整；企业应根据市场因素适时调整企业内不可替代人员的薪酬，以留住人才。

# 第三节 薪酬管理的新举措

## 一、全面薪酬体系

全面薪酬体系是目前发达国家普遍推行的一种薪酬支付方式，源自20世纪80年代的美国。为了更好地激励员工，许多公司将相对稳定的、基于岗位的薪酬战略转向了相对浮动的、基于绩效的薪酬战略，使薪酬福利与绩效紧密挂钩。全面薪酬体系既包括直接经济性报酬（工资）和间接经济性报酬（福利），又包括非经济性报酬（工作及环境），是物质薪酬与精神薪酬的统一。

建立全面薪酬体系的原则包括：

### （一）基于对劳动市场的认识与调研，制定规范、有效、富有市场竞争力的薪酬体系

酒店的标准工资在考虑技能/岗位的基础上（体现内部公平），综合行业平均工资率或现行贴现率，与该类劳动力细分市场挂钩，按劳动力市场价格确定最低工资水平（体现外部公平）。薪酬的定期调整必须掌握市场的水准，保持酒店基本薪酬的竞争性，以吸引和保留优秀人才。同时，薪酬的调整也必须配合社会的生活成本，调薪幅度要根据物价指数来确定。

为降低酒店的工资支出成本，酒店的工资总额应与效益挂钩并有一定弹性，工资浮动部分按工作绩效来算，可以根据酒店的各项组织绩效指标来决定，如酒店经营利润、酒店市场占有率、能源消耗指标等。

### （二）引入薪酬风险机制，明确薪酬的激励导向功能

员工基本工资应占全部薪酬的30%～80%，主要目的是保证员工基本的生活需要。如果基本工资偏低，会损害员工利益，影响其工作积极性。

企业要明确属于激励性报酬的奖金和股权的发放方式和标准，采取一定的公式计算，根据经营业绩，由于个人努力而增加绩效的按规定发放奖金，而如果绩效是全体员工共同努力的结果，则可用奖金的方式让员工共享，而且应体现不同部门、不同岗位的绩效差异性。明确、公平的奖金分配方式是把员工的个人目标与酒店总体目标联系起来的最佳途径。在薪酬制度中引入风险机制，使得薪酬成为一种激励与鞭策并用的措施。由于它既体现物质方面的奖励和处罚，又使不同层次的员工承担不同的风险，不仅从物质上激励员工奋发进取，而且从心理上激发员工与酒店荣辱与共。

### （三）调薪方式要透明、公开，并根据员工的不同需要调整薪酬管理方式

酒店要吸引、激励和留住有能力的员工，必须体现薪酬体系的公平原则。根据员工关系的特点，内部薪酬的公平性更为重要。但是，酒店为了保持可持续发展的能力，必须在劳动力市场上提供有竞争力的工资水平，需要对外部公平予以密切的关注。

目前，我国酒店业的劳动力供应结构复杂，人力资源呈现结构性短缺，如何留住高素质的基层与中层的管理人员是酒店管理者所面临的严峻挑战。这就要求酒店管理者重新考虑现有薪酬管理方式，不要简单以为只要提高酒店员工工资就可以达到激励的效果。酒店管理者应充分了解不同性别、年龄、受教育水平的员工对于工作安全、家庭照顾、发展潜力、培训机会等不同的需求程度，从而为其设计相应的薪酬体系，体现差异性，激发员工潜能。

### （四）改变传统的单一模式，实施弹性福利计划

在当今提倡个人发展、自我实现的时代，员工的生活背景与知识背景都有着很大的差异性，统一的福利形式并不能够满足员工丰富多彩的个人需求。而且展望未来，员工需求越来越多元化，传统的福利制度已不能满足员工的需要。这就需要酒店人力资源部与工会提供多样化的福利项目，使福利的效用最大化，以最终实现对薪酬体系的支持和激励功能。

由于福利与保险涉及组织中每一名员工的切身利益，不仅影响员工的眼前利益，而且直接影响其长远利益，因此制定适合酒店发展水平的福利保险制度，是酒店和全体员工共同关心的问题。在实际工作中，是福利的形态而不是福利的水平产生激励作用。弹性福利计划非常强调员工参与的过程，希望从员工的角度来了解其需要。

## 二、宽带薪酬

### （一）宽带薪酬的定义

宽带薪酬，又称宽带交叉薪酬或海氏薪酬，是由美国薪酬设计专家爱德华·海于

1951年开发出来的。宽带薪酬是将组织原来较多的薪酬等级压缩成几个级别，同时将同一级别内的薪酬范围扩大，从而形成一种新的薪酬管理系统及操作流程。

### （二）宽带薪酬的创新意义

1. 宽幅

宽幅即酒店内每一个大工种都有多个级别。虽然酒店薪酬等级减少了，但每个薪酬等级内的最高值与最低值的区间变动范围扩大了，哪怕是基层的服务员，也有多个晋升级别，这有利于酒店员工的成长。例如：服务员可以分为5～7级，薪酬级别中的最高值和最低值之间的区间变动范围比率可以达到200％～300％，最优秀的服务员可达到相当于中级白领的职位待遇和薪酬水平。这样，员工无论在哪一个工作岗位上，都可以看见自我发展的前景，从而激发其工作积极性。

2. 交叉

交叉即服务员、基层管理人员、中高层管理人员的薪酬级别呈现交叉状，构筑成一个梯度结构。新的宽带薪酬有助于每一个工作岗位都能创造“英雄”。对大多数人来说，真正的职业发展是在一个能发挥才干的岗位上做精、做好，成为专家。

3. 职位不再是决定员工薪酬的关键因素

宽带薪酬的假设前提是：一位出色的专业服务人员可能比某一个刚调入的主管对酒店的价值更高，或者一位顶级销售员可能比一位销售经理对酒店的作用更大。职位不再是决定员工薪酬的关键因素，员工创造的绩效和所拥有的技能才能决定其薪酬。在绝大多数情况下，不管什么工作，只要对之进行度量和奖励，员工就会努力去实现自我价值。

### （三）宽带薪酬的实施要点

酒店在实施宽带薪酬时，必须把握以下要点：

1. 拉大一级服务岗位的工资级差幅度

越是低级的一线服务岗位的工资级差幅度越应该拉大，最低级与最高级员工的工资差距可达5倍以上。酒店划分业绩的档次越细、越多，员工的努力目标和方向就越明确。

2. 各个级别薪酬可以重叠

服务员、普通员工、领班、主管、部门经理的薪酬可以重叠，表现突出的服务员工资甚至可以超过领班的工资。这样员工即使不进入管理层，也能拿到高工资。

3. 薪酬差异形式多样化

薪酬差异不仅体现在工资级别上，而且体现在个人待遇上。例如：表现特别突出的普通员工可以享受与部门经理一样的福利待遇，包括免费工作餐、免费洗衣、更衣条件改善等。

### （四）宽带薪酬的主要优点

1. 克服酒店传统薪酬体制的弊端

传统薪酬与岗位挂钩的做法使员工被迫不断地向高一级岗位晋升。而宽带薪酬将薪酬与岗位的这种联系极度弱化，使员工的注意力由职位等级转向个人或团体创造的绩效。

2. 拓展员工职业生涯路径，为酒店战略发展目标服务

传统职业晋升路径是纵向的发展，这种晋升路线单调，很难灵活地配合酒店的战略发展目标。而在宽带薪酬中，由于不受职位等级的限制，员工的发展路径更加多样化。

3. 提高绩效工资比重，强化绩效管理

薪酬一般由基本工资、补贴、浮动工资（即绩效工资和隐性工资）组成。实行宽带薪酬后，薪酬的区间变动范围扩大，可达到200％以上，而变动的部分主要体现在绩效工资和技能工资上，这就大大提高了绩效工资的比重。

4. 消除沟通壁垒，培养学习型、平等型、合作型酒店企业文化

在传统薪酬体系下，由于晋升职位有限，员工之间存在明争暗斗的关系，因而容易导致沟通和合作障碍，互相推诿拆台的现象屡见不鲜。而在宽带薪酬下，员工得到和运用的技能越多，得到的薪酬就越多，即使没有晋升到上一级岗位，也可以激励自己注重个人学习，不断拓展职业技能。

**知识拓展**

#### 酒店业职业经理人执业资格制度

由中国饭店协会起草，原国家质量技术监督检疫总局、国家标准化管理委员会发布的《饭店业职业经理人执业资格条件》国家标准（GB/T 19481—2004）（以下简称《标准》）于2004年8月1日正式实施。这是我国中高级管理人员执业资格条件的第一个国家标准，也是我国酒店行业借鉴国际管理经验，继星级标准后的又一个国家标准。该《标准》的主要内容包括：

（1）规定全国酒店业统一实行职业经理人执业资格制度，将职业经理人划分为初、中、高三个等级，按照职业道德、职业素养、现代酒店管理知识等基本条件和学历、经历、业绩、现任职务等资质条件，对酒店中高级管理人员统一进行执业资格认定。

（2）职业经理人执业资格制度实行全国统一考试和登记注册。职业经理人通过执业资格审核后，还要通过领导艺术、酒店财务管理、酒店人力资源管理、酒店市场营销、酒店房务管理、餐饮管理六门课程的统一考试，考试合格者将获得中华人民共和国饭店业职业经理人执业资格证书。对获得职业经理人执业资格证书的，要进行全国统一的注册登记，经过注册登记后即可以职业经理人名义执业。按照注册登记期内不少于40标准学时的继续教育规定，对职业经理人进行继续培训。

（3）建立全国饭店业职业经理人合理流动机制。健全酒店业职业经理人人才库，完善酒店职业经理人信用档案，规范酒店经营活动与经营行为，为酒店企业的全面协调可持续发展创造良好的环境。民政部已经批准中国饭店协会成立中国饭店业职业经理人专业委员会，负责全国饭店业职业经理人执业资格国家标准的组织实施工作。目前，已经完成了统一教材、统一师资、统一试卷、统一证书、统一管理的饭店职业经理人认定体系建设，并在全国范围内分区域建立考试中心，定期组织全国统一考试。

## 三、全面报酬战略

全面报酬战略区别于全面薪酬体系，它是将各种传统和非传统的薪酬结合在一起，达到使雇佣关系更有意义以及更能满足员工需要的目的。全面报酬是指在雇佣条件下，员工从雇主那里所获得的所有价值。它从多角度体现了员工的价值和贡献，将多种激励方式有机地整合在一起，使之成为支持组织战略实现和应对变革挑战的有力工具，在组织和员工之间形成一种特殊的关系，最大限度地调动员工的积极性，提升员工的敬业度，使员工全身心投入工作，从而实现组织的战略目标。全面报酬战略着重增加了工作体验因素，工作体验包括五个核心要素。

（1）认可、感激和赏识。如给予员工积极的工作反馈使他们产生成就感。

（2）工作与生活的平衡。如给员工灵活安排工作时间的机会等。

（3）企业文化。包括员工在工作中感受到的领导风格、组织气氛、组织中的员工参与和沟通程度等。

（4）学习与发展机会。如使员工有机会得到更多的培训。

（5）工作环境。如办公环境是否舒适。

在吸引员工方面，薪酬因素可能是最重要的因素。在保留员工方面，薪酬和工作体验同样重要。在激励员工方面，工作体验的作用甚至比薪酬更大。工作体验满足了薪酬福利之外员工的内在需求。有时，如果给员工安排符合其需求的工作，员工可能愿意接受更低的工资。根据盖洛普咨询公司的调查，使员工有较高敬业度的工作环境往往符合下列工作体验：员工对自己的工作要求非常清楚，拥有相应的资料和设备以保证有效的工作，在工作中每天都有机会做最擅长的事，因工作出色受到赏识和表扬等。另外，全面报酬战略也非常强调直线经理在激励员工方面的作用。因为如果员工工作表现好，经理并不能立即给他加工资，但是可以通过表达赏识和认可来改变员工的工作体验，通过工作体验实现员工激励。

## 四、激励薪酬

激励薪酬是指以员工、团队或者企业的绩效为依据而支付给员工个人的薪酬，分为个人激励薪酬和群体激励薪酬。

## （一）个人激励薪酬

个人激励薪酬是指主要以员工个人的绩效表现为基础而支付薪酬，有助于员工不断提高自己的绩效水平。其主要形式有：

1. 计件制

计件制即根据员工的产出水平和工资率来支付相应的薪酬。在实践中，更多使用差额计件制，即对于不同的产出水平分别规定不同的工资率，以此来计算报酬。

2. 工时制

工时制即根据员工完成工作的时间来支付相应的薪酬。最基本的工时制是标准工时制，即首先确定完成某项工作的标准时间，当员工在标准时间内完成工作任务时，依然按照标准工作时间来支付薪酬，由于员工的工作时间缩短了，这就相当于工资率提高了。

3. 绩效工资

绩效工资即根据员工的绩效考核结果来支付相应的薪酬。绩效工资包括四种主要形式：(1) 绩效调薪：指根据员工的绩效考核结果对其基本薪酬进行调整，一般按年进行，绩效考核成绩越高，调薪的比例相应地就要越高。(2) 绩效奖金：指根据员工的绩效考核结果给予的一次性奖励，类似于绩效调薪，但对绩效不良者会罚款。(3) 月（季）度浮动薪酬：指根据月度或季度绩效考核结果，以月度绩效奖金或季度绩效奖金的形式对员工的业绩加以认可。一般用基本工资乘以一个系数或者百分比的形式来确定，然后用一次性奖金的形式兑现。(4) 特殊绩效认可计划：指在个人或部门远远超出工作要求，实现优秀绩效或重大贡献的情况下，组织额外给予的一种奖励，如度假机会或现金等。

## （二）群体激励薪酬

群体激励薪酬是指以团队或企业的绩效为依据来支付薪酬，有利于增进团队的合作，整体绩效的实现。其主要形式有：

1. 利润分享计划

利润分享计划是指对代表企业绩效的某种指标（通常是利润指标）进行衡量，并以衡量的结果为依据来向员工支付薪酬。潜在优势：(1) 将员工的薪酬和企业的绩效联系在一起，可以增强员工的责任感；(2) 利润分享计划所支付的报酬不计入基本薪酬，有助于灵活地调整薪酬水平。

实现形式：(1) 现金现付制：以现金的形式及时兑现员工应得的分享利润。(2) 递延滚存制：指利润中应发给员工的部分不立即发放，而是转入员工的账户，留待将来支付，通常与企业养老计划结合在一起。(3) 混合制：两种形式的结合。

2. 收益分享计划

收益分享计划是指企业提供的一种因生产率提高、成本节约和质量提高等带来的收益分享的绩效奖励模式。

（1）斯坎伦计划。先确定收益增加的来源，提留和弥补上期亏空，确定员工分享收益增加净值的比重，用可分配的总额除以工资总额，最终得出分配单价。

（2）拉克计划。它的基本假设是员工的工资总额保持在一个固定的水平上，然后根据公司过去几年的记录，以工资总额占生产价值（或净产值）的比例作为标准比例，确定奖金的数额。

3. 股票所有权计划

股票所有权计划是股份制发展的产物。常见的股票所有权计划主要有：（1）现股计划，指公司通过奖励的方式向员工直接赠予公司的股票或者参照股票当前价格向员工出售公司的股票，使员工获得现实的股权。（2）期股计划：指公司和员工约定在未来某一时期员工要以一定的价格购买一定数量的公司股票。（3）期权计划：类似于期股计划，公司给予员工在未来某一时期以一定的价格购买一定数量公司股票的权利，员工到期可行使这项权利，也可放弃。

## 复习思考

1. 什么是薪酬？薪酬的内容包括哪些方面？
2. 薪酬体系设计的基本流程是怎样的？
3. 什么是岗位价值评估？岗位价值评估的方法主要有哪些？
4. 薪酬体系的类别主要有哪些？
5. 简述工资结构设计的整体框架。
6. 我国目前的强制性福利包括哪些内容？

## 应用分析

### 巴黎酒店国际集团的新型福利计划

巴黎酒店国际集团的竞争战略是："通过卓越的顾客服务将自己与同行区别开来，吸引顾客延长入住时间，提高顾客再次入住比率，从而提高酒店的收入和利润水平。"酒店人力资源总监莉萨·克鲁兹现在必须制定和实施战略性人力资源管理政策和活动以支持酒店这一竞争战略。莉萨和她的团队在完成薪酬调整的同时，福利计划的相关数据也映入其眼帘。目前，其他酒店公司几乎不相上下的福利政策似乎并没有让巴黎酒店的员工感到满意，至少有60%的员工时常抱怨对于自己得到的福利颇为不满。莉萨担忧的是，员工对于福利政策的不满会降低他们应有的工作热情和责任感，从而阻碍巴黎酒店实现自己的战略目标。所以，莉萨开始着手评估和重新设计公司的各项福利计划。

莉萨和她的团队为公司计算出几项福利计划相关的数据，其中包括福利支出在薪酬总支出中所占的百分比、全日制员工平均每人每年的病假天数、本公司福利的支出与竞争对手的福利支出之间的比率以及对员工提供补偿的历史经验评级。正如首席财务官所说的，结果是“喜忧参半”。可喜的是，这些数据大体上与竞争对手相同；可忧的是，这些结果与以高质量服务为导向的企业相比相去甚远。

莉萨知道自己想要通过一项新的福利方案成功实现多个目标。她希望这个方案能够鼓舞员工的工作士气，增强他们对工作的投入。同时，她也希望这一方案的内容能够使员工更加轻松地应对自己的工作。正如她说的那样：“当员工来上班的时候，能够全身心地投入工作，集中精力为顾客提供优质的服务，而不用在工作的同时还担心着孩子的看护问题，也不必再为其他家庭事务而分心。”

这项新计划的中心是建议实施更好的家庭友好型福利。由于各酒店的员工有很多都是单身父亲或母亲，而每家酒店都必须每天 24 小时营业，因此莉萨的团队提议：在每家酒店中留出一个房间作为设在工作场所的儿童看护设施，同时雇用一位受过培训的专业护理人员。这个提议获得了董事会的批准。他们还考虑制定一种弹性工作时间安排方案，但是对大多数职位来说，这是不切实际的，如每位前台接待员就必须在指定的时间待在工作地点。不过，他们制定了一个新的职位分享方案。现在，一个客房清理或前台接待的职位可以由两个人共同担任，只要该职位被纳入职位分享方案的覆盖范围。

在所得到的这些数据中，莉萨和她的团队尤其想解决的是巴黎酒店相对较高的员工缺勤率问题。由于很多工作都是与顾客直接接触的，缺勤对加班费和临时人员成本等指标有着特别严重的影响。在这种福利系统中，员工能够用病假的价值交换其他福利。正如莉萨所说：“我宁愿看到我们的员工利用他们的病假交换像卫生保健这样的福利，如果这样能使他们在以病假的名义做私事前再三考虑的话。”

**分析：**

1. 莉萨团队是如何实现对酒店一线员工弹性工作时间安排方案的？
2. 你觉得莉萨的福利计划方案还有什么需要改进的？

## 实践训练

**实践一　制作一份酒店薪酬调查问卷**

实践目的：掌握薪酬调查包含的内容，学习薪酬调查问卷的制作。

实践要求：假设你是某家正在筹建中酒店的人力资源部薪酬主管，现在酒店正面临制定符合人力市场供给需求及酒店发展的薪酬管理体系，人力资源总监希望你能对当地酒店薪酬情况做一项调查，为设计合理的薪酬体系提供参考。现在你首先需要制作一份薪酬调查问卷。

实践指导：

（1）将全班按照 4～6 个人一组分成若干组，每个小组相互独立。

（2）每个小组需要充分熟悉薪酬调查项目内容的具体知识，根据酒店战略和定位的不同，设计不同的薪酬调查问卷。例如：可以选择不同星级酒店的调查，也可以选择某一个地理区域的酒店调查，或者选择同类型的酒店（经济型酒店）调查。调查的定位应该与你筹建酒店的定位相一致。

（3）薪酬调查相对比较敏感，难度较大。各个小组具体调研过程中可以尽量选择有学长、学姐实习的酒店，或者指导老师相对熟悉的酒店进行。

（4）根据调查结果进行分析和总结，并尝试为要筹建的酒店确定初步的薪酬体系框架。

（5）指导老师根据各个小组从制作到调研到分析全过程的观察进行成绩评定，特别需要考虑各个小组调查的难度。

**实践二　酒店管理职位评估排序**

实践目的：为练习者提供一个运用排序法进行职位评价的机会。

实践要求：全面熟悉职位评价中的排序法，并且获得关于选定酒店某个部门（如餐饮部、前厅部、客房部）的部门经理、副经理、主管、领班、服务员等岗位的职位描述。

实践指导：

（1）将全班同学分成若干个小组，一般4～6个人一组为宜。

（2）每个小组根据自身情况选定一个准备调研的酒店部门，并做好初步的衔接工作，防止调研工作影响酒店的日常工作。

（3）这些小组都将运用排序法，对经理、主管、领班三个职位进行评价，可以运用一种或者多种报酬要素进行排序。

（4）每个小组选定1位代表，将本小组的排序结果进行汇报。

（5）根据每个小组的汇报结果，思考并讨论：每个小组最终得到的结果答题相同吗？他们的评价结果区别何在？为什么你认为他们的结果存在差异？

## 延伸阅读

某酒店工资制度

2019年中国酒店业薪酬水平调查（摘录）

巴黎酒店国际集团的新型薪酬计划

# 第八章 绩效管理

【本章导读】

员工绩效管理是人力资源管理的核心。员工绩效管理的主要目的是帮助员工提升绩效，从而提升酒店绩效。员工绩效管理是一个完整的循环流程，包括绩效目标的制定、绩效辅导、绩效考核和绩效激励等内容。酒店的员工绩效管理体系应把“以人为本”作为核心理念，把员工绩效管理提升到酒店战略管理的层面。本章主要介绍员工绩效管理的流程、绩效考核和激励的作用和方法。有效的员工绩效管理将会为酒店创造最大利润。

【学习目标】

■ 理解并掌握绩效与绩效管理的概念、含义及作用

■ 了解建立绩效管理体系所应遵循的原则

■ 熟悉绩效管理流程的四个步骤

■ 掌握绩效考核的常用技术

【关键术语】

绩效、绩效管理、绩效管理流程、绩效管理计划、绩效管理计划目标、绩效管理计划程序、绩效评价、绩效评价内容、绩效评价形式、绩效评价实施、绩效评价方法、绩效评价结果运用

## 案例导入

### 绩效考评

某酒店年终的绩效考评结束了，小王的绩效考评分数低于他的同事小何。小王和小何是同时应聘进入这家酒店的，做着同样的工作。这是她们进入酒店后接受的第一次绩效考评，而且这一次的绩效考评结果，可能会影响下一年度谁能够被提升的问题。

从进入这家酒店开始，小王一直勤勤恳恳地工作，并希望自己的付出能够得到上司的认可。并且，无论从学历还是从工作能力来讲，小王都自认为优于小何，但这次考评结果令小王产生了困惑。

这时，邻座的电话响了，电话铃声不由得使她想起了一件事情。刚刚进入这家酒店后不久的一个周末，她和小何都在加班，因为有事情需要请示领导，所以小何拨通了上司家里的电话。刚开始接电话的可能是上司家 5 岁的儿子，上司接了电话后，小何并没有直接谈工作，而是先问："刚才接电话的是亮亮吗？真可爱，让他再和阿姨说几句话？贝贝在叫啊，是不是着急让你带它出去？"小王觉得奇怪，她怎么会知道上司儿子的名字？贝贝又是谁？事后她才知道贝贝原来是上司家的一条宠物狗。小王当时的感觉是这件事情很无聊，也很浪费时间，如果是她打电话，一定会直接和上司谈工作，别人的儿子和狗与工作又有什么关系？

现在小王明白了，自己恐怕是在人际关系方面出了问题。因为自己过于关注工作，忽视了与同事之间的沟通，并且在工作中过于认真的态度也可能会令同事感觉紧张，会给人不够随和的感觉。但是，人际关系和工作质量有什么关系呢？小王自认为自己的工作质量和业绩是无可挑剔的，为什么最后的考评分数仍然很低呢？毕竟人际关系也只是考核内容中的一方面而已呀！那么，小王究竟应该适应酒店的这种方式，改变自己的个性，还是应该考虑重新找工作呢？

对绩效考评结果产生困惑的不止小王一个人。广告部的员工对金融部员工的考评分数普遍高于自己而感到不满，而酒店里有些年纪较大的员工也认为他们的成绩低于年轻人是因为上司认为自己年纪大，绩效就一定低。

绩效考评结束了，该酒店却开始变得不平静了。员工的这些抱怨传到了老总的耳朵里。他在思考，究竟问题出在哪里？

**思考：**

1. 该酒店的绩效考评问题出在哪里？
2. 小王和小何谁做得好呢？

# 第一节 酒店绩效管理概述

## 一、绩效与绩效管理

### （一）绩效的概念

绩效是组织中个人（群体）特定时间内的可描述的工作行为和可测量的工作结果，以及组织结合个人（群体）在过去工作中的素质和能力，指导其改进、完善，从而预计该个人（群体）在未来特定时间内所能取得的工作成效的总和。

从字面意思分析，绩效是绩与效的组合。绩就是业绩，体现企业的利润目标，包括两部分：目标管理和职责要求。企业要有企业的目标，个人要有个人的目标，目标管理能保证企业向着既定的方向发展，实现目标或者超额完成目标可以给予奖励，如奖金、提成、效益工资等。职责要求就是对员工日常工作的要求，如业务员除了完成销售目标外，还要做新客户开发、撰写市场分析报告等工作，对这些职责工作也有特定的要求，这个要求的体现形式就是工资。

效就是效率、效果、态度、品行、行为、方法、方式。效是一种行为，体现的是企业的管理成熟度目标。效包括纪律和品行两方面。纪律包括企业的规章制度、规范等，纪律严明的员工可以得到荣誉和肯定，如表彰、发奖状/奖杯等。品行是指个人的行为。“小用看业绩，大用看品行”，只有业绩突出且品行优秀的人员才能够得到晋升和重用。

在酒店人力资源管理中，绩效可以被定义为在一定时期内经过评价的工作行为、方式与结果。根据不同的标准，绩效可以分为不同的类型。

1. 按实施主体分为酒店组织绩效、部门或团队绩效和个人绩效

酒店组织绩效是指在一定时期内整个酒店所取得的绩效，包括财务指标与非财务指标两个方面。其中，财务指标主要是指经营收入、利润率、投资回报率等，而非财务指标主要是指客户满意度、内部效率、组织学习与创新等。在酒店实现其战略目标的过程中，部门或团队是基本的战略业务单位，其绩效包括部门或团队的任务目标实现情况以及为其他部门或团队的服务、支持、协调、配合、沟通等方面的行为表现。个人绩效是指在完成工作目标与任务的过程中所体现的个人业绩。

2. 按考核角度分为任务绩效、周边绩效与管理绩效

任务绩效是指绩效指标直接体现被考核对象的工作目标、职能与工作结果，具体包括销售额、利润、成本、工作准确率、差错率、顾客满意度、工作效率、费用控制等。

周边绩效则体现在考核对象的工作主动性、沟通与协调能力、服务意识、个人发展能力以及纪律等方面。对于酒店管理人员而言，管理绩效是其整体工作绩效的关键部分，主要内容包括计划、决策、指挥、控制、授权与协调等方面的表现。

### （二）绩效管理的概念

绩效管理是指为了达到酒店所期望的利益与产出，通过持续、开放的沟通和规范化的管理，对个人或某个部门在酒店中所做和应该做的事情进行鉴定、评价与发展，提高员工或团队的能力与素质的过程。绩效管理强调组织目标和个人目标的一致性，强调组织和个人同步成长，形成“多赢”局面；绩效管理体现“以人为本”的思想，在绩效管理的各个环节都需要管理者和员工的共同参与。

## 二、绩效管理对酒店的作用

### （一）绩效管理与酒店发展

1. 诊断作用

绩效管理可以对酒店管理过程中的各个环节进行诊断与分析，为酒店变革和发展提供重要依据。绩效管理作为酒店各个职能和业务部门主管的基本职责，在绩效管理目标明确的前提下，不仅需要对酒店组织中每个成员的活动进行追踪，及时沟通和分析、反馈绩效管理信息，而且要及时发现存在的共性问题，采用科学方法进行诊断，找出现存问题的症结所在，从而为酒店的变革和发展提供依据。

2. 监测作用

有效的绩效管理体系可以显示酒店各层管理人员、各类硬件条件（如酒店工作环境、设施装备等）和软件情况（如企业文化、领导方式、工作方法）等方方面面的实际运行情况。酒店各级主管只有对人力、物力和财力等资源的配置及实际运行情况进行及时的监督、测定和考量，才能实时掌握各种情况，以便及时作出反应。

3. 导向作用

一个高效能的绩效管理系统建立在企业愿景和战略的基础上，能将员工的工作活动与酒店的发展战略目标联系在一起，保障发展战略在管理中的实现。各级主管在绩效管理过程中，通过积极、主动的绩效沟通和反馈面谈，采用科学方法从不同需求出发，激励、诱导下属朝着共同目标努力学习和积极工作，通过提高员工的个人绩效来提高酒店整体绩效。

### （二）绩效管理与管理效能

1. 规范作用

绩效管理为各项人事各项管理提供了一个客观而有效的标准和行为规范，并依据绩效评价结果进行晋升、奖惩、调配等，通过持续的绩效评价，按照标准进行奖惩与晋升，使酒店形成事事按标准办事的风气，使酒店人力资源管理更加标准化。

2. 控制作用

通过绩效管理，管理者充分认识到自己必须注意收集和掌握必要的员工工作信息，在此基础上把员工工作的数量和质量控制在合理范围内，并控制工作进度和协作关系，使员工明确自己的工作职责，按制度和规定做事，提高工作的自觉性和纪律性。

3. 沟通作用

绩效管理系统使管理者明白自己的绩效目标需要通过下属的绩效得以实现。它是一个完整的管理过程，重视绩效形成过程的互动与交流，为管理者和下属之间创造了许多相互理解的途径。在绩效管理过程中，员工和管理者对于组织要求的工作内容以及工作要求、工作方法达成充分的共识。

### （三）绩效管理与员工成长

1. 竞争作用

绩效管理总是与薪酬奖励、晋升调配等制度密切相关。绩效优秀的员工不但会受到奖励，还可能获得晋级，也就为全体员工树立了工作模范和榜样。无论是受奖还是受罚，对员工都会产生某种触动和鞭策，其结果是优秀的人才希望更优秀，落后的员工则不甘于落后，在组织中形成你追我赶的局面。

2. 激励作用

绩效管理可以充分肯定员工的工作业绩，使优秀人才能够脱颖而出，并体验到成功的满足感与成就的自豪感，有利于鼓励先进、鞭策落后、带动中间，从而对每个员工的劳动行为进行有效的激励。

3. 发展作用

绩效管理一方面使组织根据考核结果制定正确的培训计划，达到提高全体员工素质的目标；另一方面可以发现员工的特点，根据特点决定培养方向和使用方法，充分发挥个人长处，将个人与组织发展目标有效结合。

**实践经典**

#### 上海波特曼丽嘉酒店的 KRA 考核方式

在上海波特曼丽嘉酒店，每年对员工考核两次。每位员工都有一个个人目标，考核时会根据他们的表现进行评估，使员工按照这条路发展下去。对管理人员和一线员工，波特曼丽嘉酒店的考核标准不同的。如在公关部，每周采用的都是 KRA 的考核方式，K（Key）是这周要完成的最主要工作，R（Result）是每项主要工作要达到的结果，A（Area）是每项工作完成的截止时间。若一周下来，你没有如期完成，就要分析没有如期完成的原因、遇到的困难和障碍等。若很长一段时间，经常不能按期完成工作，酒店就要考虑员工能否胜任这个岗位，通过口头通知、书面交流等方式与员工进行沟通，若迟迟不能改进的话，就要考虑员工是否继续留在酒店工作。

## 三、酒店绩效管理存在的误区

绩效管理从狭义上理解，其功能似乎局限于人力资源部对员工进行绩效考核并采取奖励措施，但在实际的酒店管理工作中，有效的绩效管理体系并不仅仅是对员工绩效的定期评估，而是一系列相关任务的整合，包括监控、指导、反馈、收集信息以及评估。绩效管理的目标并不单指员工的绩效目标，还包括各个部门的不同时期目标以及组织的总体目标。绩效管理必须与酒店年度预算及经营计划有机地结合起来并系统地实施，但是酒店实施绩效管理的过程中往往存在一些误区。导致绩效管理效果不佳的最根本原因甚至成为最难突破的障碍，归纳起来主要有以下几个：

### （一）绩效管理是人力资源部的事情，与业务部门无关

在酒店绩效管理实践中，有很多这样的事例，酒店领导对绩效管理工作很重视，人力资源部也下了很大工夫推进绩效管理工作，但是各部门领导和员工对绩效管理认识不够，总认为绩效管理是人力资源部的事情。有的业务部门经理认为填写绩效考核表格会影响正常业务工作；作为直线领导不想参与对下属的业绩评价，认为自己评价有失公正；总想由人力资源部或成立考核组来对员工进行考核。在这种思想观念的影响下，某些部门尤其是业务部门会对绩效考核消极应付，如果公司执行力不够强的话，业务部门的绩效考核往往流于形式。

持“绩效管理是人力资源部的事情”这种观点的人不在少数，甚至某些公司的决策层都这么认为。形成这种认识的深层次的原因和酒店的发展阶段以及员工的能力素质有关。干业务出身的业务部门经理往往习惯了简单粗放的管理方式，对定期收集考核数据信息、填写绩效考核表格等工作会非常厌烦，同时由于还没有看到绩效管理带来的好处，因此会极力抵制绩效考核工作。

正确的认识应该是：人力资源部只是绩效管理的组织协调部门，各级管理人员才是绩效管理的主角，各级管理人员既是绩效管理的对象（被考核者），又是其下属绩效管理的责任人（考核者）。

### （二）绩效管理就是绩效考核，绩效考核就是挑员工毛病

很多酒店启动绩效管理项目时，对绩效管理并没有清楚的认识，认为绩效管理就是绩效考核，把绩效考核作为约束、控制员工的手段，通过绩效考核给员工增加压力，以绩效考核不合格作为辞退员工的理由。

事实上，绩效管理和绩效考核是不同的，绩效考核只是绩效管理的一个环节。绩效管理是一个完整的循环，由绩效计划制定、绩效辅导沟通、绩效考核评价和绩效结果应

用四个环节构成。绩效管理的目的不是为了发放绩效工资和奖金，不是为了涨工资，这些都是手段，绩效管理的目的是持续提升组织和个人的绩效，保证企业发展目标的实现。绩效考核是为了正确评估组织或个人的绩效，以便有效激励，是绩效管理最重要的环节。绩效管理如果要取得成效，上述四个环节的工作都要做好，否则就达不到绩效提升的效果。

### （三）重考核，忽视绩效计划制定环节的工作

在绩效管理实施过程中，很多管理者对绩效考核工作比较重视，但对绩效计划制定环节重视不够，这是初次尝试绩效管理的企业经常遇到的问题。绩效计划是领导和下属就考核期内应该完成哪些工作以及达到什么样的标准进行充分讨论，形成契约的过程。绩效计划的作用有以下几个方面：

1. 绩效计划提供了对组织和员工进行绩效考核的依据

绩效管理是由绩效计划制定、绩效辅导实施、绩效考核评价、绩效结果应用四个环节组成的一个系统，制定切实可行的绩效计划，是绩效管理的第一步。制定了绩效计划，考核期末酒店可以根据由员工本人参与制定并作出承诺的绩效计划进行考核。对于出色完成绩效计划的组织和个人，应给予其优异评价并给予奖励；对于没有完成绩效计划的组织和个人，应帮助下属分析没有完成绩效计划的原因并帮助下属制定绩效改进计划。

2. 科学合理的绩效计划保证了组织、部门目标的贯彻实施

个人、部门、组织三者间的绩效计划互相依赖和支持。一方面，个人的绩效计划支持部门的绩效计划，部门的绩效计划支持组织整体的绩效计划；另一方面，组织绩效计划的实现依赖于部门绩效计划的实现，部门绩效计划的实现依赖于个人绩效计划的实现。在制定组织、部门和个人绩效计划的过程中，通过协调各方面的资源，使资源向对组织目标实现起制约作用的地方倾斜，促使部门和个人绩效计划的实现，从而保证组织目标的实现。

3. 绩效计划为员工提供了努力的方向和目标

绩效计划包含绩效考核指标及权重、绩效目标以及评价标准等方面，对部门和个人的工作提出了具体、明确的要求和期望，同时明确表达了部门和员工在哪些方面取得成就会获得组织的奖励。一般情况下，部门和员工会向组织期望的方向努力。

在制定绩效计划的过程中，确定绩效目标是最核心的步骤，如何科学合理地制定绩效目标对绩效管理的成功实施具有重要的意义。许多公司绩效考核工作难以开展的原因就在于绩效计划制定得不合理。有的员工的绩效目标定得太高，无论如何努力，都完不成目标；有的员工绩效目标定得比较低，很容易就完成了。这种内部的不公平会对员工的积极性造成很大的影响。绩效目标定得过高或过低，会降低薪酬的激励效应，达不到激发员工积极性的目的。绩效目标制定得合理可行是非常关键的，科学合理地制定绩效计划是绩效管理取得成功的关键。

#### 4. 轻视和忽略了绩效辅导沟通的作用

绩效管理强调管理者和员工的互动，强调管理者和员工形成利益共同体，因此管理者和员工会为绩效计划的实现而共同努力。绩效辅导是指绩效计划执行者的直接上级及其他相关人员为帮助执行者完成绩效计划，通过沟通、交流或提供机会，给执行者以指示、指导、培训、支持、监督、纠偏、鼓励等帮助的行为。绩效辅导沟通的必要性在于：

（1）管理者需要掌握员工工作进展状况，提高员工的工作绩效；

（2）员工需要管理者对工作进行评价和辅导支持；

（3）必要时对绩效计划进行调整。

#### 5. 过于追求量化指标，轻视过程考核

定量考核指标在绩效考核指标体系中占有重要的地位，在保证绩效考核结果公正、客观方面具有重要作用，但定量考核指标并不意味着考核结果必然是公正、公平的。要求考核指标全部量化的管理者，在某种程度上是不称职的，表明其没有正确评价下属的工作能力。

在酒店绩效管理实践中，很多管理者希望所有考核指标结果都能按公式计算出来，实际上这是不现实的，某种意义上是管理者回避了问题，这是管理者的一种偷懒行为。绩效考核不是绩效统计，一定要发挥考核者的主观能动性，根据实际情况的变化，对被考核者作出客观、公正的评价。

很多酒店对人力资源部的考核指标中涉及培训工作完成及时率，实践过这个指标的人力资源管理者应该知道，不会有哪个酒店人力资源部完不成这样的考核指标。事实上，这种考核指标的完成有时是以工作质量的降低作为代价的。如某酒店不具备培训条件，但人力资源部门硬要搞培训，这样培训的必要性和效果都会受到影响。

既然定量指标的运用需要一定条件，那么就应该发挥过程指标在考核中的重要作用，应该充分尊重直接上级在考核中的主观评价作用。事实上，没有人比主管更清楚下属的工作状况，任何一个称职的领导都非常清楚下属的工作绩效状况，因此用过于复杂的方法寻求绩效考核的公平、公正是低效的。

#### 6. 忽略了绩效考核的导向作用

绩效管理取得成效最重要的一点是实现绩效考核与薪酬激励的公平、公正，只有公平、公正才能使人信服，促进个人和组织的绩效提升。但追求绩效考核的公平、公正应以实现绩效考核的战略导向为前提。笔者曾向某部门经理询问：“您能不能对下属工作绩效进行有效区分，哪个绩效优秀？哪个需要改进?”对于这个问题他感到非常困惑，他说：“有的工作很努力，但基础不是很好，工作效果一般；有的在业务方面大胆开拓，但有时细节工作不到位；有的工作成绩平平，但有计算机特长。因此，如果真要选择一个优秀的，的确非常困难。”

事实上，这位经理的感受具有代表性，作为经理在对待绩效考核工作态度上是非常认真的，但对绩效管理的认识还存在差距。事实上，绩效考核要体现战略导向，在一定期间符合公司发展战略导向的行为就该受到奖励。如果公司本期对业务开拓创新有更大的要求，那么开拓创新的行为就应受到鼓励；如果公司业务发展压力较大，那么业务出色的员工更应受到激励。因此，绩效管理要考虑战略导向，绩效管理目的是提升绩效。

绩效管理实践中还有一种普遍现象，就是尽量追求考核指标的全面和完整，考核指标涵盖了这个岗位几乎所有的工作，详细说明了考核要求和标准。事实上，过分追求指标的全面和完整必然会冲淡最核心关键业绩指标的权重，使绩效考核的导向作用大大弱化。

7. 对推行绩效管理效果抱有不切实际的幻想，不能持之以恒

绩效管理是一个逐步完善的过程，绩效管理能否取得成效与酒店基础管理水平有很大关系，而酒店基础管理水平不是短期就能快速提高的，因此酒店推行绩效管理不可能解决所有问题，不要对绩效管理抱有过高期望。

很多酒店推行绩效管理不了了之，就是因为酒店领导急功近利，希望通过绩效管理迅速改变企业现状，这样的目的短期内是不会达到的。

绩效管理对酒店会产生深远的影响，但这种影响是缓慢的。绩效管理影响酒店各级管理者和员工的经营理念，同时对于促进和激励员工改进工作方法、提高绩效有很大的促进作用，但这些改变都是逐渐的，不是一蹴而就的。酒店只要坚持绩效管理就会有成效，但绩效管理的效果是逐步显现的。

推行绩效管理是酒店发展的必然，只要正确对待绩效管理，从企业实际情况出发扎扎实实地推进绩效管理工作，组织和个人的绩效就会逐步提升，酒店竞争力最终会得到提升。

## 第二节 酒店绩效管理的流程

酒店绩效管理的流程主要包括绩效计划的制定、绩效计划的实施与管理、绩效评估与反馈等步骤（见图8-1）。酒店绩效管理的流程是一个循环的过程，而任何一个环节的缺失，都可能会影响绩效管理的产出效率。

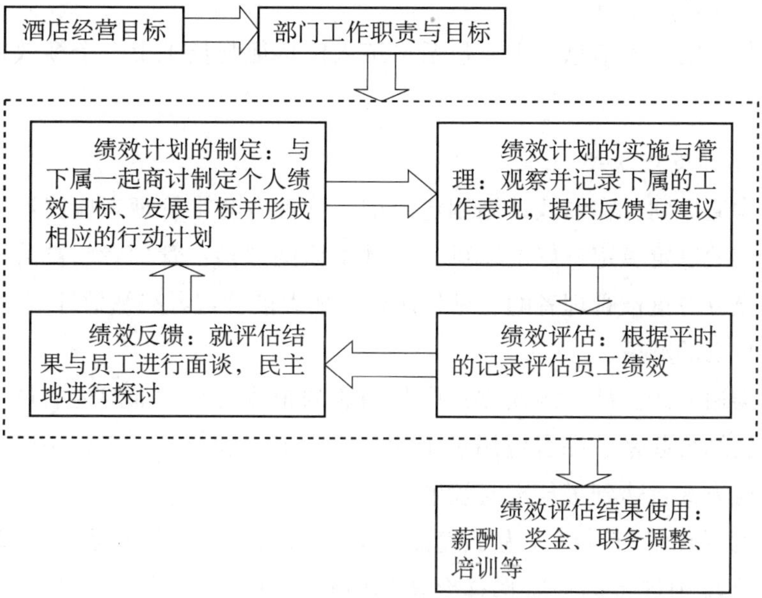


**图 8－1　酒店绩效管理流程图**

## 一、绩效计划的制定

绩效计划是绩效管理的起点，是酒店管理者与被管理者双向沟通，制定绩效目标、发展目标及行动计划的过程，其目的帮助管理者与被管理者对每项工作目标进行讨论并达成一致，其过程包括绩效计划的准备阶段、绩效计划的沟通阶段以及绩效计划的审核与确认阶段。

### （一）绩效计划的准备阶段

绩效计划的准备阶段的主要工作内容是为编制不同职位绩效计划收集相关信息，并为绩效计划的沟通做好基础工作。

1. 收集相关信息

酒店绩效管理是以完成酒店发展战略目标为导向的，绩效计划的主要目的是上下级之间通过双向沟通，对本周期内被管理者的工作目标和标准与管理者达成一致，并形成契约形式。因此，为确保下属的工作目标、部门工作目标以及酒店发展战略目标达成一致，绩效计划的第一步就是收集相关信息，其内容包括：

（1）酒店战略目标。为了确保绩效计划能够与酒店经营战略目标有机地结合在一起，在制定绩效计划之前，管理者与被管理者都必须重新回顾酒店的组织使命、战略发展目标，确保在沟通之前双方都已充分理解相关信息。

（2）不同岗位的相关工作信息，主要包括岗位的基本资料，即岗位名称（直接上级职位、所属部门、所辖人员与工作性质等）、岗位的实际工作内容、岗位的工作性质、责任范围与岗位的工作结果等。

（3）下属员工的个人信息，主要包括员工人格特征与员工上一个绩效期间的绩效评估结果。

2. 准备沟通环境与方式

（1）明确沟通原则。在绩效计划制定之前，管理者与被管理者应就沟通原则达成共识，为绩效计划的制定奠定良好的基础。其基本原则包括：管理者与被管理者为平等关系，管理者应充分尊重被管理者的意见与建议，加大被管理者在绩效计划中的参与程度，鼓励员工说出自己的顾虑。

（2）确定沟通方式。绩效沟通方式应与酒店的企业文化、部门内的员工特点以及部门工作目标有机结合起来。综合应用员工大会、员工个别交流、工作小组讨论、头脑风暴等不同的沟通方式，达到最佳沟通效果。

（3）准备沟通环境与时机。为了确保绩效沟通的效果，管理者与被管理者应在绝对避免干扰的环境中进行沟通。选择合适的时机，创造宽松的沟通气氛，消除被管理者的心理压力。例如：相对密闭的咖啡厅等非正式场所，要比办公室等象征管理者权威的环境更能使沟通双方轻松、开放地平等交流。在进行绩效交流前，双方可适当地谈论一些热点新闻，讲一些笑话，从而拉近双方的心理距离，有效地缓解被管理者的紧张情绪。

### （二）绩效计划的沟通阶段

绩效计划沟通是酒店管理者与被管理者经过充分交流，明确被管理者在下一个绩效周期所需要达到的绩效目标。因此，正确、有效地实施绩效计划沟通是酒店绩效管理的关键步骤。

1. 绩效计划沟通的内容

绩效计划沟通的内容主要包括六个方面，即回顾酒店的组织目标与部门的工作内容、开发目标草案、评估支持环境与工作资源、明确绩效指标、确定绩效指标的权重、确定绩效管理中的沟通方式。

（1）回顾酒店的组织目标与部门的工作内容。绩效目标的确立是实施酒店经营战略的一部分，是实现酒店经营目标的必要步骤与任务。例如：某酒店希望在下一个绩效周期内将客房入住率提高 5%，这只是一个十分宽泛的意图，而如何将这个意图落实成为每一位员工的具体工作目标，是绩效计划沟通的主要工作。

（2）开发目标草案。个人绩效目标必须对酒店经营发展目标的实现起到具体的作用。在开发个人目标草案时，管理者与被管理者必须就被管理者的工作内容达成一致，包括日常工作任务、工作范围、工作时间、工作班次、工作质量标准、工作标准流程、工作纪律等。

（3）评估支持环境与工作资源。任何目标的落实都离不开必要的支持与资源，因此管理者需要对实现绩效指标的支持环境与工作资源进行评估。主要包括：部门工作环境与工具、被管理者的工作经验与受培训程度、可提供的工作支持等。

（4）明确绩效指标。酒店管理者应有意识地引导员工意识到个人绩效指标对于实现酒店总体经营目标或部门工作目标的重要性，以激发员工的工作热情。绩效指标应满足以下要素：绩效指标应体现对组织目标的增值作用，绩效指标必须是具体的、可衡量的、有时间限制的，绩效指标应从数量、质量、费用与时间四个方面进行量化，绩效指标应充分体现被管理者的关键职责。

（5）确定绩效指标的权重。在被管理者实现绩效目标的过程中，不同工作内容所发挥的作用不同，因此在制定绩效计划时，应注意不同工作产出在总体绩效中所占的权重是不同的。以权重总分为 100 分计，把总分根据每项工作产出的重要性程度在不同产出上进行分配。

（6）确定绩效管理中的沟通方式。在制定绩效计划时，管理者与被管理者必须对绩效管理中的沟通方式达成一致，其内容包括：信息收集方式、检查监督的时间与频率等。

2. 绩效计划沟通过程中应注意的问题

绩效计划沟通是绩效管理的开始，因此在绩效计划沟通中就应体现绩效管理的原则——平等、公平、公开与公正。绩效计划沟通过程中应注意以下问题：

（1）创建平等的沟通模式，鼓励员工积极参与，耐心倾听相关的意见与建议。包括站在员工的角度上，了解员工顾虑，并提出解决方案。

（2）明确绩效计划中的每一项工作目标，与员工进行讨论并达成一致。鼓励员工参与，引导其作出主动的承诺，并为每一项工作目标设定考核的标准与期限。

（3）管理者应就行动计划和完成工作目标所需的支持与资源与员工达成共识，充分了解员工所面临的支持与资源缺失，向员工承诺可以提供完成工作目标所需的必要支持与资源，帮助员工克服客观障碍。

（4）注意回顾沟通过程，确保员工充分理解工作目标的意义以及所需要完成的任务，并就管理者在绩效管理过程中的跟进、反馈与检查达成一致。

### （三）绩效计划的审核与确认阶段

通过绩效计划沟通后，酒店管理者与被管理者就绩效工作计划在口头上达成一致，但是为了确保绩效管理的公平、公正，应保留正式书面的绩效计划书。在绩效计划书中，酒店管理者与员工都要在绩效计划书上签字认可，一式两份，管理者与员工各自保留一份，作为员工在未来绩效周期内的工作指南以及管理者开展绩效管理的重要依据。

**实践经典**

### ××酒店安全部经理所签署的年度绩效目标计划表

**表8-1　××酒店管理人员年度绩效目标计划表**

员工姓名：　　　　　　　　　　　　职　　务：

直接上级：　　　　　　　　　　　　填报时间：　　年　　月　　日

| 序号 | 工作任务 | 完成标准与要求 | 完成时间 |
| --- | --- | --- | --- |
| 1 | 减少酒店安全事故 | 完善酒店安全标准，加强员工安全培训、规范酒店安全规章制度，以达到全年无安全事故 | 12月底 |
| 2 | 提高顾客满意度 | 通过建设部门内部公平竞争环境，拟定员工发展规划以及加强与员工的双向沟通，在年终时部门员工满意度达到85分以上 | 12月底 |
| 3 | 树立酒店安全形象 | 创造本市酒店安全典范，获得“安全示范酒店”的称号 | 12月底 |
| 说明：1.“工作任务”是指考核期内应完成的主要工作事项。<br>2. 完成标准与要求包括工作内容和标准等内容。 | | | |

| 直接上级审核签字 | | 批准时间 | 年　月　日 |
| --- | --- | --- | --- |
| 员工个人签字 | | 签字时间 | 年　月　日 |

## 二、绩效计划的实施与管理

如前所述，绩效管理是一个循环过程，从绩效计划的制定开始，以绩效评估与反馈结束，而绩效计划的实施与管理是连接绩效计划的制定和绩效评估与反馈的中间环节，是绩效管理中耗时最长和最为关键的阶段。其主要内容包括：持续的绩效沟通和绩效信息的收集与记录。

### （一）持续的绩效沟通

持续的绩效沟通是指管理者与员工为完成工作目标而开展的双向交流，双方交流的内容包括：工作进展情况、潜在的障碍与问题、解决问题的措施等。

1. 绩效沟通的意义

有些酒店管理者错误地认为，所谓管理，就是通过指挥他人完成工作目标，既然绩效计划阶段已经为每一个员工都制定了具体、明确的工作目标，那么员工按照目标完成任务即可，最后考核就行了，对员工的工作过程并没有过多关注。这种观点的错误便在于忽视了与员工的持续沟通。

在绩效管理中，持续的绩效沟通的主要意义在于：首先，通过持续的绩效沟通可以跟进变化，及时变更绩效目标和工作任务，形成新的或不同的任务重要性次序。其次，通过绩效沟通可以为员工及时地提供各种帮助，而且通过持续绩效沟通可以对员工起到有效的激励作用。根据霍桑试验的结果，员工的行为与情绪是密切相关的；群体对于个人的行为有巨大影响；在决定个人工作绩效方面，群体情绪要比金钱因素所起的作用更为关键。

2. 绩效沟通的主要内容

持续的绩效沟通是管理者与员工的共同需要，因此绩效沟通内容必须同时满足管理者与员工双方的需求。因此，沟通必须回答以下两个关键问题：一是作为管理者要完成职责，需要从员工那里得到哪些信息；二是每位员工要完成工作职责，必须得到哪些信息。

为了满足管理者与员工在绩效沟通中的信息需求，绩效沟通的主要内容包括：

（1）工作的进展情况；

（2）员工和团队在完成绩效目标与绩效标准时，遇到哪些问题与困难；

（3）员工在开展工作时，有哪些好的绩效表现；

（4）员工在工作进程中，有哪些不好的绩效表现；

（5）员工的工作是否偏离了绩效目标；

（6）如果偏离了正确的轨道，需要做哪些工作才能纠正；

（7）目前的酒店经营环境与内部工作环境是否发生了一些变化；

（8）面对目前的经营与工作环境，需要对工作目标和行动计划做出哪些调整；

（9）员工需要管理者提供哪些支持。

3. 绩效沟通的方式

绩效沟通的基本方式可以分为两类，正式沟通与非正式沟通。酒店管理者应综合应用这两种沟通方式，以保证绩效沟通的效果与效率。

（1）正式沟通。是指根据酒店现有规章制度，明文规定的信息交流渠道，是按一定规则进行的沟通。常见的正式沟通方式主要有以下几种：

1）书面报告。是指上下级之间以书面文字或图表的形式进行沟通。其形式包括定期的书面报告以及不定期的备忘录或函件。

2）会议沟通。会议沟通为管理者与员工提供了面对面的直接沟通方式，可以有效地弥补书面沟通的缺陷。

3）谈话沟通。是指管理者与员工之间进行的一对一的口头沟通形式。通过面谈，可以帮助员工消除心理障碍，双方讨论一些相对比较敏感与不宜公开的问题，有效缩短员工与上级之间的心理距离，对员工实施个性化的辅导与帮助。

（2）非正式沟通。其形式不拘一格，轻松自然，不受时间与空间的限制，为收集所需要的信息、解决存在的问题或给予必要的支持与帮助，随时都可以进行。常见的非正式沟通方式主要有以下几种：

1）走动式沟通。是指管理人员在员工工作期间不定期地走访各个工作场所，了解员工的工作进展情况、存在的主要问题与困难，及时为他们解决困难，向他们表示问候与关心。

2）开放式办公。是指管理人员的办公室随时向员工开放，鼓励员工在沟通过程中采取主动，员工可以根据自己的时间与需要合理安排沟通，以有效地减少沟通对正常工作的影响。

3）非正式会议。是指管理人员与员工在一些非正式聚会上所进行的沟通，包括各种茶话会、联欢会、生日聚会等。这些场合往往气氛愉快，员工心情放松，管理人员可以了解团队中可能存在的问题。

### （二）绩效信息的收集与记录

除了持续的绩效沟通以外，绩效实施过程中的另一项重要工作就是各种绩效信息的收集与记录，是一种有组织的系统地收集有关绩效信息的方法。绩效信息的收集与记录的主要目的是为绩效管理的下一个环节（绩效评估与反馈）做好充分准备。

1. 绩效信息的收集与记录的意义

（1）帮助管理者更有效地解决在绩效管理中发生的问题。解决问题的关键在于了解是引发问题的原因，而记录则提供了书面的依据，帮助管理者回忆问题发生的过程，充足准确的信息可以帮助管理者迅速抓住问题的根源。

（2）书面记录可以防止不必要的劳动纠纷。当由于纪律问题，管理者需要对员工采取纪律处分时，管理者必须有充分的证据证明员工确实存在违法酒店规章制度的行为，而且应与员工进行充分的沟通。记录有关绩效的详情和沟通情况，可以供酒店进行纪律处分或处理潜在法律诉讼或纠纷时使用。

（3）完整的信息收集与记录，可以为管理者在绩效评估时提供充分的事实根据，避免各种偏见或误解所造成的消极影响。管理者与员工进行绩效反馈面谈能够言之有据，防止上下级之间由于在对绩效评估等级上的分歧而产生矛盾与冲突。

（4）通过平时的绩效信息收集，可以积累大量关键事件，管理者从中可以发现员工的潜在培训需求、需要提高的工作技能与需要丰富的工作知识，从而制定有效的培训方案与员工个人发展计划，以便有针对性地发展与培养员工。

（5）绩效信息的收集可以帮助管理者及时发现员工的突出或优异的表现，并给予及时的表扬。大量的科学实验表明，强化员工的出色表现，真诚的表扬，能够给员工带来持久的激励效果。当员工感到自己及正在从事的工作受到管理者的重视与赏识时，他们会更努力地工作，表现更为出色。

2. 绩效信息的收集与记录的主要内容

由于时间与精力的限制，管理者不可能对员工工作过程中所有的绩效表现都做记录，而应根据酒店绩效周期内的主要经营目标，有目的地选择那些与绩效管理密切相关的信息进行记录，主要包括以下内容：

（1）可以确定某个员工绩效好坏的主要事实依据，包括客人对某个员工的投诉或表扬，员工的迟到、缺勤或脱岗记录，管理者所观察到的员工优秀或不尽如人意的工作表现等。

（2）引起绩效问题的主要原因，包括员工是否在工作期间遭遇了家庭困难，员工是否承担了超出个人负荷的工作量，员工身体是否健康，员工是否受到了顾客或直接上级的不公平待遇等。

（3）激励员工突出绩效表现的原因，包括员工受到哪些酒店激励政策的影响，是否满意当前的团队氛围，是否接受了合适的培训等。

（4）为确定员工是否达到绩效目标提供证据，不同职位员工的绩效目标或标准也不相同。根据员工职务的工作范畴来决定收集什么样的数据。例如：在考核工程部经理的绩效时，数据应偏重于客人对工程设施设备方面的投诉率、酒店设备的维修成本以及酒店的能源消耗量等，而在考核厨师长时，数据则应偏重于食品存货周转率、食品成本率、客人对菜肴质量的投诉率等。

3. 绩效信息的处理

关于绩效信息如何处理的问题，主要涉及有关记录是否需要放入员工的个人档案。当然员工都非常期望将一些优良绩效表现的记录永久地保存下来，包括上级的表扬、个人取得的成绩、客人的表扬等。但对于如何处理那些绩效不良的记录，管理者必须制定相应的决策。这主要取决于问题的严重性、酒店档案管理政策以及员工的个人态度。

4. 绩效信息收集与记录的注意事项

在收集与记录绩效信息时，应特别注意关键事件数据记录的问题。关键事件数据是指比较极端的行为，常常是员工极端负面的行为，如在上班期间喝醉酒、与客人发生口角甚至殴打客人、对同事行为不端、偷窃客人或酒店物品等。由于这些极端行为往往可以成为酒店立即解雇员工的理由，因此管理者应尽可能快和尽可能多地进行相应的记录。记录应包括事件发生的日期、时间、地点、当时的谈话情况、员工的行为细节以及处理情况等，但应注意的是，在记录时，要以记叙的形式记载事情的经过，不要修饰或解释，用词客观，避免加入个人主观的意见或感情。在发生某些特别严重的事件时，可以要求目击事件的第三者也呈送一份报告。

## 三、绩效评估与反馈

绩效评估与反馈在流程上虽然属于两个步骤，但实际上这两个步骤是同时进行的。绩效评估与反馈不仅专注于被评估者个人，而且实际上绩效评估与反馈也是对整个绩效管理过程的回顾，因此，酒店进行绩效评估与反馈时，必须经过非常精心的计划，以尽量完美地涵盖各种相关细节。

### （一）绩效评估与反馈的准备

绩效评估与反馈由两个核心部分组成，包括对整个绩效周期的表现回顾以及对下一周期目标与目的的考虑。绩效评估与反馈不仅是一个绩效周期的结束，更是另一个绩效周期的开始，是管理者与员工达到双赢目标的过程。这个过程的成功主要取决于评估者与被评估者双方的准备情况，因此绩效评估与反馈流程必须从准备开始。

1. 绩效评估与反馈的信息收集准备

（1）相关数据与信息的准备。在绩效评估与反馈之前，管理者应准备好与评估工作相关的文档、数据与信息。这些信息包括员工签署过的绩效计划、年中进行绩效沟通时的有关信息与记录、客人表扬或批评的信件或口头投诉（表扬）的记录、各种相关报表等。

（2）关键信息的确定。关键信息是指2～3点足以涵盖员工在过去一年中的绩效成绩的相关信息，其中还应包括管理者所期望员工在下一绩效周期所需要做的工作。关键信息的主要内容包括：员工在这一绩效周期内所表现出来的强项与优势、员工在这一绩效周期内所需完成的基本绩效项目、员工个人发展的需求、酒店或部门未来发展的需求。

（3）回顾绩效计划管理过程，预计绩效反馈过程可能会出现的情况，并找出相关论据支持论断。在这一过程中，管理者应预计在绩效反馈过程中，员工可能出现的赞成或反对的某些论断，设想员工可能会对提出的论断作出怎样的反应，并应如何应对，包括有哪些具体的事例可以用来支持该论断。

2. 绩效评估与反馈的实施准备

（1）明确绩效评估与反馈的时间。由于绩效管理是一个循环过程，绩效评估与反馈直接与下一个绩效计划循环相连，因此进行绩效评估与反馈的最理想时间为酒店财政年度的年末或酒店制定下一年度计划和目标之时。绩效评估与反馈是管理者与员工进行一对一的沟通与交流。在安排时间时，应尽量在双方的空闲时间，以免影响面谈双方的注意力，而长度以半小时到一小时为宜。

（2）让员工做好绩效评估与反馈的准备。绩效评估与反馈是一个双向交流的过程，所以员工在参加绩效评估与反馈面谈之前必须做好准备。员工必须在面谈之前知道面谈的目的与性质，以明确他们需要为面谈做哪些准备工作。例如：管理者可以在评估工作开始前的一个月，召集全体员工召开短会，在会上说明将安排时间回顾每个人的工作绩效，说明绩效评估与反馈的意义，告诉他们面谈的主要议题，简要说明员工应做好哪些准备。

（3）绩效评估与反馈面谈。

1）设置气氛是计划面谈的开始。面谈气氛是绩效评估与反馈效果的关键，建立舒适、开放的面谈气氛可以有效地帮助双方进入适合的状态，提高面谈效果。首先，应选择恰当的面谈地点，以相对封闭的场所为宜，尽量避免干扰，减少压抑紧张的情绪。其次，面谈的距离要适当，距离太远不利于沟通，距离太近又会令双方产生一定的心理压力。

2）计划好议题的先后顺序。根据面谈对象的不同，议题的进程也有不同的方式。首先列出员工的关键工作指标，并根据管理者的管理目标确定重要性排序；其次根据员工的绩效情况作出相应排列；最后综合员工绩效情况与酒店或部门管理目标，确定基本的面谈议程。

3）确定绩效评估与反馈的预期结果。在面谈议程确定以后，管理者需确定针对每一项绩效指标的讨论以及所期望达到的结果。在确定预期结果时，管理者应注意：一是应注重结果，而非具体方法；二是需要明确改变员工的态度还是行为；三是对于员工所出现的绩效问题应如何改进。管理者在确定绩效评估的分数时，应同时综合考虑员工知识、技能、态度与外部障碍对其绩效的影响（见图 8－2）。

| 绩效诊断 | | |
| --- | --- | --- |
| | 知识<br>员工是否具备相应的知识与经验 | 技能<br>员工是否具备相应的技术与能力 |
| | 态度<br>员工是否具有正确的态度与信心 | 外部障碍<br>员工是否遇到不可控的困难与障碍 |

**图 8－2　知识、技能、态度与外部障碍四因素对绩效的影响**

3. 下一年度绩效规划准备

如前所述，绩效面谈不仅仅是上一个绩效周期的结束，更是下一个绩效周期的开始。有了上一个绩效周期工作绩效的讨论结果，管理者与员工都十分清楚地了解了个人的成绩与问题，因此管理者应在绩效诊断的基础上，与员工就下一个绩效周期的绩效指标进行准备性的沟通与交流，这也是绩效面谈中的一个重要问题。

管理者在确定绩效评估与反馈面谈的议程的同时，也必须为下一年度绩效规划做好准备，了解与之相关的各种信息，包括员工对酒店发展战略目标的意见和建议、员工对部门工作的意见与建议、员工对个人未来的展望、员工对潜在影响绩效的障碍的认识、员工对个人能力与素质的评价等。

**实践经典**

## 麦当劳绩效考评结果的有效应用

工作流程必须与绩效考评结果很好地结合，一个好的结果必然来自好的过程、好的工序。麦当劳的食品并不如中餐馆的菜花色多、品种全。为什么它能发展成一个全球的巨无霸，而没有一家中餐馆做到这一点？因为流程、因为标准。流程与标准不能产生艺术品，但能稳定地产生稳定质量的可预期产品。流程与标准都是从实践中不断总结出来的。麦当劳的分店现在遍及全世界各地，每个分店都可以生产品质相同的薯条。麦当劳的食品操作规程达 500 多页，牛肉饼一项就有 20 页，涉及 40 多项操作规程，各道工序都有严格规定。生菜从冷藏柜到成品台不得超过 2 小时，炸薯条在成品台停放不得超过 7 分钟，牛肉饼不得超过 19 分钟，否则均为不合格。而这个操作规程从哪里来的呢？这则是麦当劳在不断绩效考核中总结得来的。

### （二）绩效评估与反馈面谈的原则

绩效评估与反馈面谈能否顺利进行，决定绩效评估的效果及其激励作用的发挥。在绩效评估与反馈面谈中，管理者需有意识地应用以下原则，以确保绩效评估与反馈面谈的效果。

1. 对事不对人

在面谈期间，应将批评局限于所发生的具体事宜上，而不应将其扩展到对员工个人素质方面的攻击与指责，措辞客观，不要使用如“工作不努力”“个人能力有问题”等伤害员工自尊心的语句。绩效评估与反馈的主要目的是客观评价员工绩效的表现，使其明确今后的改进方向。

2. 言之有据

在绩效反馈面谈时，当管理者得出某一项绩效评估结论时，应言之有据，切勿含糊笼统。应避免使用“工作态度低劣”“工作积极性、主动性不够”等语句，而应使用一些具体的提法，如“去年10月份，有客人投诉你服务不够细心，这说明你还需进一步端正个人的服务态度”等。言之有据可以帮助员工理解个人的绩效评估结论，而且相关材料与数据可以促使员工改变原来过高的自我评估预期，平衡个人心态。

3. 双向交流

在绩效面谈中，管理者应避免“一言堂”的单向交流模式，应鼓励员工提出不同的意见，不能强迫其接受绩效评估结果。绩效评估与反馈是管理者与员工之间深入了解的机会，双向交流可以有效地建立起管理者与员工之间健康的上下级关系，从而为今后的工作奠定良好的基础。

4. 耐心倾听

在绩效面谈中，员工一般都会感到紧张与压力，从而影响个人的沟通能力。因此管理者应注意使用倾听的方式与下属交流，让下属积极参与交流，提出对绩效表现的自我评估、工作中遇到的困难与挫折、对未来的期望以及希望从管理者处得到的支持等，然后与其共同分析，拉近距离，引导其主动提出解决办法。

5. 相互信任

绩效评估与反馈面谈的核心就是管理者与员工就评估结果进行交流，而评估结果往往与奖惩措施紧密地联系在一起，因此员工对此类谈话非常敏感。此外，由于地位与权力上的弱势，员工容易在面谈中产生戒备、抵触甚至反抗情绪。因此，管理者要以真心换真心，使员工产生信任感，建立彼此相互依赖的关系。

6. 相互平等

管理者在绩效评估与反馈面谈时，应将个人角色从管理者或领导改变为教练员、帮助者或朋友，以平等的心态与员工展开面谈，以帮助员工排除心理障碍，让其畅所欲言。

7. 重在绩效

绩效管理的重点是事而非人，每个个体都有显著的差异性，将某个员工与其他员工妄加比较，不仅没有意义，而且易造成团队中员工与员工之间的相互排斥与矛盾，对员工提高绩效、纠正行为也没有指导意义。

8. 优缺点并重

管理者在进行面谈时应避免过分夸大员工的缺点而忽视员工的优点，应避免个人主观印象影响对员工的客观认识。在交流过程中，只有优缺点并重，才能客观、全面地让员工清楚了解管理者对他们的看法与期望，从而形成对自我的正确认识。

9. 支持帮助

在绩效面谈中，管理者不仅要提出问题，而且要帮助员工找原因，商议改进的意见与建议，并明确分担责任的态度以减轻员工的心理压力，落实绩效提高计划。

10. 积极向上

管理者要为整个会谈创造积极向上的氛围，以帮助员工以更大的热情投入下一个绩效周期的工作中。

## (三) 绩效评估方法

绩效评估方法是指酒店在绩效管理过程中进行绩效考核的具体方式与手段。绩效管理的关键在于公正、透明，设计合理的绩效评估方法可以帮助酒店管理人员取得公正的考评结果，起到激励员工的正面效果。准确的绩效信息反馈，也是酒店合理、公平地开展调资、升职、调动、培训等人事工作的基础。

1. 图尺度评价法

图尺度评价法是最简单和运用最普遍的工作绩效评估方法。在工作绩效评估表中(见表 8-2)，列举出与绩效相关的各种因素，并根据绩效等级评价说明，针对每一个因素对下属员工进行相应的评分，最后将所有分值相加，以得到其最终的工作绩效评估结果。

**表 8-2 某酒店前厅部行李员工作绩效评估表**

| 第一部分：基本信息 | | | |
|---|---|---|---|
| 员工姓名 | | 职位 | |
| 部门 | | 员工证号 | |
| 绩效评价原因 | □年度例行评价 □晋升 □绩效不佳<br>□工资调整 □试用结束 □其他 | | |
| 评价期间 | | | |
| 评价等级说明<br>5：表现十分突出 4：很好 3：好<br>2：需要改进 1：不令人满意 0：无法作出评价 | | | |

| | |
|---|---|
| 第二部分：工作内容的评价尺度 | |
| 被评价职位：前厅部行李员 | |
| A：问询服务　　评价权重：20%<br>礼貌服务于客人，对客人的投诉、要求和询问要作出快速和机智的反应；跟随客人到指定的客房并介绍客房设施；告知客人酒店的其他设施；熟悉酒店所有的设施和服务。 | 评价等级：<br>评语： |
| B：传送服务　　评价权重：30%<br>迎接客人并提供搬运行李的帮助，指引客人到总台办理入住；客人退房时，把行李运至大堂并指引客人到服务员处；将行李搬上出租车，清点行李并与客人确认；换房时运送行李；送递留言、包裹、信件和传真到客房；发送报纸到客房；跑腿、叫早和换房时运送行李。 | 评价等级：<br>评语： |
| C：工作纪律　　评价权重：30%<br>保证部门间的交流、通信和合作；参加所有要求参加的会议和培训；听从主管、经理的安排；计划、日程表的履行和部门会议都有好的表现；服从酒店的政策和规定。 | 评价等级：<br>评语： |
| D：个人形象　　评价权重：10%<br>给客人留下友好、整洁和职业性的形象；保持员工手册上所列正确的仪容仪表。 | 评价等级：<br>评语： |
| E：安全意识　　评价权重：10%<br>保证有必要的控制以防客人的财产受到损失或丢失；采取必要的措施有效避免个人人身伤害以及酒店的财产损失。 | 评价等级：<br>评语： |
| 总评分：<br>评语： | |
| 第三部分：签名 | |
| 此份报告是根据本人对其工作及行为的观察与了解而得出的。<br>评估者签名：　　　　日期： | |
| 非常同意□　基本同意□　有点同意□　有点不同意□　完全不同意□<br>被评估者签名：　　　　日期： | |
| 审查者签名：　　　　日期： | |

2. *交替排序法*

交替排序法是指根据不同工作绩效评估要素对相同职位的员工从绩效最好的人到绩效最差的人进行排序，其操作方法为：

（1）列举所有需要评估的员工名单。

（2）划去由于工作时间过短，暂不适合评价的员工姓名。

（3）根据不同工作绩效评估要素，首先挑选出此项工作要素上表现最好的员工，将其姓名列在第一位；再挑选出此项工作要素上表现最差的员工，将其姓名列在最后一位；将次最好的员工挑选出来，将其姓名列在第二位；将次最差的员工挑选出来，将其姓名列在倒数第二位。

（4）以此类推，将所有必须被评估的员工都排到表格中。

3. 配对比较法

配对比较法的基本做法是：将每一位员工按照其工作职位的所有评估要素（包括工作数量、工作质量等）与相同职位的所有其他员工进行配对比较，用“＋”（好）和“－”（差）标明谁好一些、谁差一些，最后将每一位员工得到的“＋”相加。从表 8－3 中可看出，员工小王的服务态度这一项是最好的，而员工小李的工作纪律这一项是最好的。

**表 8－3　运用配对比较法对员工工作绩效进行评价**

| 就“服务态度”要素所作的评估 | | | | | | 就“工作纪律”要素所作的评估 | | | | | |
|---|---|---|---|---|---|---|---|---|---|---|---|
| 比较对象 | 被评估员工姓名 | | | | | 比较对象 | 被评估员工姓名 | | | | |
| | A 小李 | B 小王 | C 小吴 | D 小郑 | E 小贾 | | A 小李 | B 小王 | C 小吴 | D 小郑 | E 小贾 |
| A 小李 | | ＋ | ＋ | － | － | A 小李 | | － | － | － | － |
| B 小王 | － | | － | － | － | B 小王 | ＋ | | － | ＋ | ＋ |
| C 小吴 | － | ＋ | | ＋ | － | C 小吴 | ＋ | ＋ | | － | ＋ |
| D 小郑 | ＋ | ＋ | － | | ＋ | D 小郑 | ＋ | － | ＋ | | － |
| E 小贾 | ＋ | ＋ | ＋ | － | | E 小贾 | ＋ | － | － | ＋ | |

4. 强制分布法

强制分布法是指酒店先确定好各等级在被评估员工总数所占的比例，然后按照每个员工绩效的优劣程度，强者列入其中的一定等级，再根据员工所在的不同等级进行赏罚。操作方法为：首先将每一位参加评估的员工姓名分别写在一张小卡片上，然后根据不同的评估要素对每位员工进行评估，最后根据评估结果将这些小卡片放到相应的工作绩效等级上。

5. 关键事件法

在关键事件法运用过程中，主管人员必须为每一位需要评估的下属准备一本绩效记录本，记载日常工作中与下属员工绩效密切相关的事件。在记录时，主管应着重对事件或行为进行客观、具体的描述性记录，而不是偏重于对员工的评论，应避免用如“该员工工作高效”等抽象的行为评价。

关键事件法的作用包括：（1）绩效关键事件的记录可以帮助上级在对下属解释绩效评估结果时提供一些确切的事实证据。（2）通过对下属在整个绩效考核期间的记录，可以确保上级在进行评估时的依据为下属整个绩效考核期间的表现，而不是下属在最近一段时间的表现。(3) 保存动态的关键事件记录还可以帮助上级积累有关培训的具体实例。

关键事件法是等级评估方法的一种有效补充，但是如果对下属进行比较或作出与之相关的薪酬提升决策时，可能作用不大。

**实践经典**

**小本子，大作用**

某酒店客房部经理在对某个楼层主管的绩效记录本中记载道："9月10日，由于前一日酒店客房率达到100%，而销售部通知在下午2:00以后有大团队入住，预计客房率也为100%，为了确保客房供应，该主管立刻主动加入清洁客房的队伍中，独立清洁6间客房，带领该楼层员工在中午12:00以前完成了所有清洁工作，有效地缓解了客房供应的困难"。

6. 行为锚定等级评估法

行为锚定等级评估法，又称行为尺度评定量表法，是指通过应用具体的行为特征描述来体现每种行为标准的程度差异，而每一种具体行为特征的说明被称为"尺度"或"锚定等级"。行为锚定等级评估法是基于关键事件法中所记录的关键行为设计考核的量表，以有效地将量表评估法与关键事件法结合起来。

行为锚定等级评估法的操作步骤为：(1) 获取关键事件；(2) 建立绩效评价等级；(3) 对关键事件重新加以分配，将其分列到最合适的绩效要素中；(4) 对关键事件进行评定；(5) 建立最终的工作绩效评价体系。

**实践经典**

**餐厅的"主动服务"评估指标**

某酒店餐厅在收集大量的关键事件后，总结了一些工作绩效评估要素，其中有一项评估指标为"主动服务"。

考评指标：主动服务。

指标定义：积极主动地为客人服务，提前感知他们的需要，并尽量地满足他们的需求。

| 最好(5) | 较好(4) | 好(3) | 较差(2) | 最差(1) |
|---|---|---|---|---|
| 服务态度热情，通过观察客人的言行、举止、表情以及所服务餐台桌面情况，提前感知客人的需求，主动、适度地提供相应服务。 | 服务态度热情，积极主动地了解客人需求，并提供相应服务。 | 服务态度好，当客人提出需求时，及时给予满足。 | 服务态度较好，友好热情地对待客人的需求，但应答服务的速度缓慢。 | 注意力不集中，服务态度差，无视客人的需求，服务速度缓慢。 |

## (四) 绩效评估结果的应用

得出绩效评估的结果并不是绩效管理的结束，而是将其应用于酒店人力资源开发与管理领域的开始。绩效评估结果是否得到了正确的应用，是企业绩效管理能否成功的关键。

1. 绩效评估结果与绩效改进计划

绩效改进计划是指如何采取相应行动来改进员工的绩效。绩效改进计划的目的是使员工改变原有的行为，培养有利于酒店与个人发展的素质与能力，提高相应职位的工作效率与产出。而绩效评估结果给了管理者设定计划的基础。基于绩效评估结果，管理者可以有的放矢地编写相应的绩效改进计划，并根据员工特点设计可能改进绩效的方法，如工作轮换、参加相应技能培训、暂时调派至其他部门、更新工具、改善工作条件、重新设计工作程序、推荐阅读物、组织员工团队活动等。

2. 绩效评估结果与招聘

绩效评估结果在酒店选拔与招聘员工过程中，也发挥着十分重要的作用。

（1）绩效评估结果有助于内部选拔。绩效评估结果可以帮助酒店管理者更为客观、准确和全面地认识员工的能力与素质，从而可以帮助管理者对员工是否适合提升到相应的职位作出正确的判断。

（2）绩效评估结果有助于提高外部招聘效率。根据绩效评估结果以及绩效管理过程中的所收集的其他信息与反馈，可以更好地帮助人力资源管理人员认识酒店内各个岗位优秀人员所应具有的优秀品质与绩效特征，给招聘工作提供有益的参考。

3. 绩效评估结果与酒店人力资源规划

绩效评估结果在酒店人力资源规划中发挥着极大的作用。绩效评估结果可以为酒店人力资源部提供员工的经验、能力、知识与技能方面的信息。人力资源部可根据绩效面谈结果收集员工的历史资料以及绩效表现，对酒店内部人力资源作出准确、客观的估计，做到人尽其才、才尽其用，并确定酒店对新员工需求的数量与质量。

4. 绩效评估结果与人力资源开发及培训

通过对绩效评估结果的分析，管理者可以有效地了解员工的薄弱环节，从而为人力资源开发与培训提供决策依据。绩效评估结果为人力资源开发与培训提供了针对性，人力资源开发和培训的效果可以通过绩效评估结果来体现。

5. 绩效评估结果与酒店激励机制

绩效评估结果是通过确定一系列量化的指标来体现的，员工个体为最小的考核单位，酒店的组织目标在层层细化后成为每个员工的个人工作目标。酒店应根据每个人工作目标完成情况提出量的差距，充分体现个体之间客观的工作表现差异，从而为科学地确定薪酬体系奠定基础。如果离开评估，员工的绩效就不可能得到客观、公正的评价，从而也不可能建立起公平、科学的激励体制。

6. 绩效评估结果与人事调整

绩效评估结果对于处理酒店内部员工关系、改善酒店企业文化、提高员工士气、增强酒店的凝聚力与战斗力也起着关键性作用。绩效评估结果为酒店提供了与人事处理相关的有力的书面证据，使管理者与人事部门可以负责、公正、主动地运用纪律处分、降职、调动、晋升等人事处理措施，建立科学、合理的人事制度，体现酒店的组织公平感。

## 第三节 绩效管理工具

本章的第一节与第二节已较全面地介绍了绩效管理系统的建立、应用及其对酒店管理的意义。为了提高绩效管理的产出效率，多年以来，管理专家们一直在试验用新的方法来管理绩效、评估绩效和提供绩效反馈。在本节中，我们将着重介绍平衡计分卡、KPI、360度反馈系统等现在酒店绩效管理中得到广泛应用的工具。

### 一、平衡计分卡

平衡计分卡起源于20世纪90年代，由美国管理学家诺顿和卡普兰提出。作为一种具有前瞻性的组织绩效管理工具，平衡计分卡受到了全世界企业界管理者的推崇，现已成为当今最先进、最热门的绩效管理方法。

#### （一）什么是平衡计分卡

平衡计分卡是一种衡量组织绩效的系统方法，其功能在于识别与监控企业各个层级上的关键衡量标准，其目的是将管理层制定的战略与运作层的活动整合起来。

平衡计分卡由四个部分组成，可以帮助企业从四个角度审视组织绩效，这四个方面是：财务、客人、内部经营过程及学习与成长，充分兼顾了企业长期与短期目标、财务与非财务指标、滞后与先行指标以及企业内外部的衔接等。

平衡计分卡可以帮助酒店达到以下绩效管理的目的：

（1）将酒店远景、战略目标转化为绩效行动指标；

（2）根据已定的绩效指标对组织、部门或个人进行绩效追踪管理；

（3）有助于将酒店各种不同类型的绩效指标，包括绩效结果指标、驱动指标、个人能力、个人素质等纳入同一个系统；

（4）有助于酒店管理者同时从财务与非财务角度来审视企业；

（5）有助于酒店管理者开展前瞻性管理，将绩效结果指标与驱动指标有机地结合起来。

### （二）平衡计分卡的内容

平衡计分卡的四个主要内容（财务、客人、内部经营过程及学习与成长）相互关联、相互作用、缺一不可，但又各有侧重（见图 8-3）。

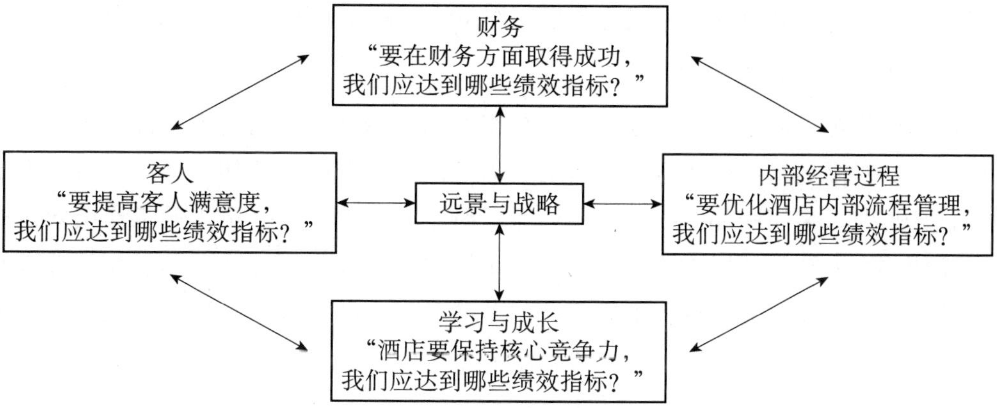


**图 8-3 平衡计分卡框架图**

1. 财务绩效指标

财务绩效指标包括经营总收入、毛利润、利润率、现金流量、投资回报率、销售增长率、市场占有率、新产品与服务开发周期、资金周转率等。

2. 客人满意绩效指标

客人满意绩效指标包括客人投诉率、客人回头率、市场占有率、客人满意度、新客数量、盈利能力等。

3. 内部经营绩效指标

内部经营绩效指标包括服务流程设计、存货周转率、客房成本率、食品成本率、新产品开发与设计、安全事故率等。

4. 学习与成长绩效指标

学习与成长绩效指标包括员工满意度、员工流失率、员工工作积极性、员工操作技能、内部培训、员工职业规划、酒店信息系统建设等。

## 二、KPI 考核指标体系

绩效管理过程实际上是对组织、部门、个人绩效的循环控制过程，通过绩效计划制定员工所要达到的工作目标，然后在绩效周期结束时把员工实际取得的工作结果与工作目标相比较，找出两者之间的差距，并制定下一步的绩效提高计划。但是由于酒店各个工作岗位的具体内容具有很大的差异性，因此如何为不同岗位建立关键绩效考核指标体系，成为开展高质量绩效管理的前提。

### （一）关键绩效指标概述

1. 关键绩效指标的定义

关键绩效指标，英文为 KPI（Key Performance Indicator），是对酒店经营过程中关键成功要素的提炼与归纳，是一系列计算、分析、衡量流程绩效的目标式的量化管理指标，是将酒店经营战略目标分解成为各个工作岗位可操作、可运作目标的工具。

2. 关键绩效指标的不同层次

关键绩效指标可以根据其实施主体分为组织绩效指标、部门绩效指标和个人绩效指标三个层次。对酒店组织绩效进行评价时，需使用组织绩效指标体系；对酒店各个部门绩效进行评价时，需使用部门绩效指标体系；对不同岗位上每个员工的工作绩效进行评价时，需使用个人绩效指标体系。但是这三个层次的绩效指标体系并不是相互分离和完全独立的，绩效考核时应注意将个人、部门及酒店组织的绩效指标体系有机地结合在一起，达到个人、部门及酒店组织利益的有效结合。

3. 关键绩效指标的意义

（1）KPI 是协助绩效管理、落实酒店组织战略目标的重要工具，通过 KPI 的设计与绩效计划过程，可以将酒店经营目标有效地分解到各个部门与个人，组织战略目标的改变都可以通过调整关键绩效指标来体现，从而引导各个部门经理与员工将精力投入目前酒店的经营重点。

（2）KPI 是绩效管理中绩效目标的载体，员工与管理者通过 KPI 统一对绩效目标的理解，统一对绩效表现与期望水平之间的差距认识，统一对绩效表现的评估标准，可以有效地提高管理者与员工的沟通质量。

### （二）设定 KPI 的原则与程序

1. 设定 KPI 的原则

（1）组织目标导向原则。即 KPI 的设定必须以酒店组织目标、部门目标以及个人职务目标等为导向，以确保各个层次 KPI 的一致。

（2）SMART 原则。即 KPI 的设定应满足目标指标设定的黄金法则，即指标必须 Specific（准确）、Measurable（可测量）、Achievable（可完成）、Relevant（相关）、Timebound（有时间限制）。

（3）稳定原则。KPI 体系设定以后，如酒店战略目标没有发生很大的变化，那么 KPI 体系应保持相对稳定。

（4）规范定义原则。对于每一个 KPI，酒店上下都应对其有相对统一、规范的认识，应对 KPI 进行明确定义。

实践经典

**某酒店总经理的个人KPI**

**KPI 1**：应用全面质量管理工具提高服务质量。

测量标准：

- 聘请专家，在本年度8月份之前对部门经理以上员工进行全面质量管理的培训。
- 本年度完成3项全面质量管理的课题。
- 本年度的客人满意率达到90%。

**KPI 2**：在本年度10月份之前，将中餐厅的营业额提高15%。

测量标准：

- 在本年度3月份之前，更新中餐厅菜单。
- 重新设计中餐厅的促销项目，并于本年度6月份之前实施。

**KPI 3**：在本年度，使宴会部由亏损转为盈利。

测量标准：

- 本年度9月份之前，宴会部的利润达到100 000元。
- 本年度婚宴数量增加20%。

**KPI 4**：在本年度，进一步提高员工满意度。

测量标准：

- 本年度员工满意度达到85%以上。
- 本年度5月份之前，重新装修员工浴室与卫生间。
- 在本年度9月份之前，组织一次部门经理的海外考察。

2. 设定KPI的程序

设定酒店的KPI时，主要应根据酒店的战略重点，明确关键业务领域的KPI。制定部门或个人的KPI，通常采用以下步骤：

（1）回顾部门或岗位职责，管理层与员工讨论后，明确工作要项，双方达成一致意见；

（2）根据工作要项和设定原则，明确KPI；

（3）根据工作内容与岗位的职责，明确各个KPI的权重；

（4）明确评估标准范围，下限为基本标准，上限为卓越标准。

## 三、360度反馈系统

与传统绩效考核主体相比，360度反馈系统更为公平、公正。

### （一）什么是360度反馈系统

360度反馈系统是指绩效考评主体包括被考评者的上级、同事、下级、内部客户、外部客户以及被考评者本人，各自从不同角度对被考评者的绩效作出全方位的评估，并通过反馈程序将评估结果反馈给被考评者，以达到公平、全面地评估被考评者的工作绩效，帮助被考评者改善工作行为、提高工作绩效的目的。图 8－4 为以酒店大堂副理为例的 360 度反馈系统。

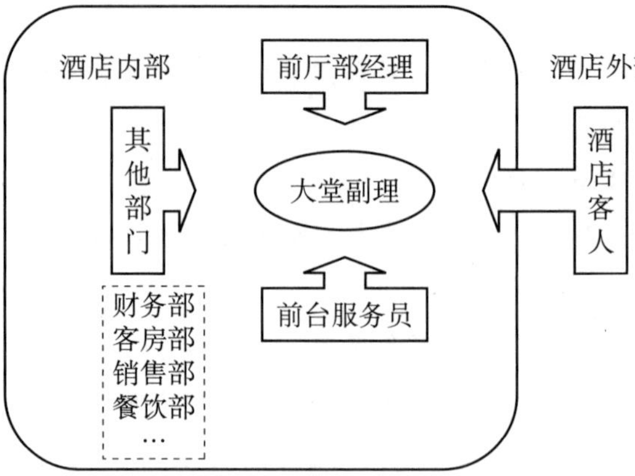


**图 8－4　以酒店大堂副理为例的 360 度反馈系统**

### （二）360 度反馈法的优点

首先，360 度反馈法的考评主体来自各个层面，而且各个层面的考评者往往有若干名，评估值取平均值，其结果更为公平、公正。

其次，通过评估反馈，被考评者可以获得来自各个层面的人员对自己工作素质、工作风格和工作绩效的评估意见，这能帮助被考评者更好地认识自我。

最后，360 度反馈法有助于酒店成员彼此沟通与互动，提高团队的凝聚力和工作效率，有利于提升酒店的组织效率。

### （三）360 度反馈法的缺点

由于涉及人员众多，增加了绩效管理系统的复杂程度，不利于提升系统的操作效率，占用时间多、费用成本增加。由于考评人员之间的利益冲突，个人偏见与矛盾可能会影响绩效评估结果的公正性。由于各个考评人员立场不同，对同一人的绩效评估可能会出现相互冲突的评价。

### （四）提高 360 度绩效评估效果的对策

为了提高 360 度绩效评估效果，首先，酒店应重视对参与考评人员的选择与培训，尽量避免主观的评估意见以及一些不必要的错误，树立考评人员的责任意识。其次，应端正对 360 度反馈法的认识，该方法就目前发展阶段来说，其作用主要体现在开发员工能力上，而不是评估本身，不要将其简单地作为考评、晋升的依据。而且在实施 360 度反馈法的过程中，应确保酒店内部的及时沟通与交流，使员工信任酒店所承诺的公平、公正原则，从而建立起对考评反馈开放、接受的态度，克服对该方法的抵触情绪。另外，酒店在收集反馈意见时，应充分利用现代信息技术，如酒店的局域网开展在线即时反馈，增强反馈的时效性，提高 360 度绩效反馈的管理效率。

## 复习思考

1. 什么是绩效？根据不同的标准，绩效可以分为哪些类型？
2. 常用的绩效评估方法有哪几种？请详细说明图尺度评价法的使用方法。
3. 在绩效管理过程中，有哪些非正式的绩效沟通的形式？
4. 在绩效评估反馈面谈中，面谈者应注意应用哪些原则？
5. 什么是平衡计分卡？平衡计分卡由哪四个部分组成？

## 应用分析

### 卓越绩效模式助深圳圣廷苑酒店迈向卓越

作为深圳市长城地产（集团）有限公司自主投资并由深圳圣廷苑酒店管理有限公司经营管理的圣廷苑酒店，从开业的那一刻起就较同行酒店承载更多的负担和压力。由于该酒店原承包商经过长达4年的筹建，酒店开业时间一再拖延，不但造成了较大负面影响，也给长城地产带来巨额的经济损失。正是这种强烈的危机意识，使得“生于忧患”的圣廷苑酒店无论在日后取得怎样的荣誉与成绩，却始终如一地保持这种敬业拼搏的精神，并逐渐形成了独具特色的企业文化。在众多的成功模式和经验教训面前，圣廷苑酒店创造性地选择了在酒店业实践卓越绩效模式的发展道路。酒店最初参考的是美国波多里奇奖的原版标准，标准从组织的领导、战略、顾客与市场、测量分析与改进、人力资源、过程管理以及经营结果七方面规定了组织卓越绩效的评价要求，为企业提升质量水平，实现卓越绩效，进行自我学习、自我评价提供了依据。

在当今激烈的市场竞争条件下，外部环境和酒店内部的每一个细微变化都有可能引发连锁反应，从而影响企业的前途和命运。为此，酒店成立了专门的研发团队，并广泛聘请业内知名学者专家来酒店讲学，组织管理人员参观成功实行卓越绩效模式的企业，与其共同探讨酒店业实施卓越绩效模式的方法和途径。经过不懈的分析和选择，圣廷苑酒店创造性地运用平衡计分卡这一工具，通过财务业绩、顾客市场、业务流程和学习创新四个方面的指标驱动，实现了卓越绩效模式和酒店经营管理实践的对接，为成功实践“卓越绩效模式”找到了突破口。

随手拿起一个岗位的KPI（关键绩效指标）计分卡，就可以体会到酒店绩效管理体系的精细和浩大。把酒店的长期和短期目标层层分解直至每个岗位的绩效指标，同时又将每个岗位的绩效与其相关岗位联系起来，以体现团队绩效，这在酒店这样一个部门分工细致的企业里确非易事。通过这些数据，每一个岗位的员工都能清晰地看到自己的工作业绩、表现与相关岗位甚至酒店整体目标之间的关联，所以员工能够更好地调整自身，与团队和企业的方向保持一致。在平衡计分卡的辅助下，圣廷苑酒店就像一架高速运转的机器，坚定而又和谐地向目标进发。

**分析：**

1. 卓越绩效模式是一种什么样的模式？适用于什么地方？
2. 圣延苑酒店的成功是否就是因其采用了卓越绩效模式？

## 实践训练

**实践一　绩效面谈**

实践目的：通过一次情境模拟训练，让学生更好地了解绩效面谈的工作步骤，掌握绩效面谈的方法和技巧。

实践要求：应当充分理解绩效面谈的意义和作用，清楚面谈失败可能带来的人力资源后果；充分了解被面谈者的基本情况和心理状态；有效掌握各种面谈技巧，并能灵活运用。

实践指导：

（1）组建若干个分别由4～6名学生组成的小组，各小组在练习过程中应该各自独立，各小组之间不应相互交流。

（2）每个小组所有成员先阅读以下内容，了解本次绩效会谈的假设情境，指导老师也可以根据教学实际自编会谈情境。

假设你是某个酒店的销售经理，手下有四个销售人员。目前，销售人员小陈在工作绩效中出了一些问题，主要是体现在个人工作纪律、团队合作与完成业务指标方面。第一，他在最近一周内已经迟到两次，而且每次迟到时间都在20分钟以上；第二，在工作时间上，周三与餐厅主管小周发生争执，而且很难控制自己的情绪；第三，上个月，根据部门的绩效考核指标，每个销售人员都必须达到3万元以上的会议收入，而小陈只达到了1万元，与他的个人指标相差了67%。但是主管小陈以前的表现一直非常突出，去年还获得了酒店最佳员工奖，但现在不知道什么原因使他出现了这些绩效问题。

（3）根据以上情境请制定主管与销售人员小陈绩效会谈的书面计划，并模拟绩效会谈的实施。

（4）指导老师和被会谈人员评估小组绩效会谈计划编制及情景模拟的表现。可以根据项目选题、作业态度、会谈内容、会谈表现、知识与方法应用、团队配合程度等方面进行综合评定。

**实践二　对教师进行绩效评价**

实践目的：获得设计和使用绩效评价表格的经验，掌握绩效工具的使用方法和过程。

实践要求：应当全面熟悉不同绩效评价工具的内容和使用方法；了解老师的工作内容和工作目标。

实践指导：

（1）组建若干个分别由 4～6 名学生组成的小组，各小组在练习过程中应该各自独立，各小组之间不应相互交流。

（2）各小组思考，根据目前对绩效评价的了解，以下评价尺度是对教师的工作绩效进行评价的有效工具吗？如果是，为什么？如果不是，也请说明为什么。

教师评价项目：

- 这位老师能够认真备课；
- 这位老师实际讲授的课程与课堂目标一致；
- 这位老师最后给我的课程分数是公平的；
- 这位老师对课程进行了仔细的规划和组织；
- 这位老师在其公布的学生接待时间是在办公室的；
- 这位老师能及时回复学生的在线咨询；
- 这位老师的只是和（或）经验能够胜任教授这门课程；
- 对这门课程的总体评价如何？

（3）每个小组应当自己设计一种对教师的绩效进行评价的工具。决定本小组将使用哪一种评价工具（图尺度评价法、交替排序法等），然后自行设计这种评价工具。

（4）每个小组推举出一名发言人，将本小组设计的评价工具进行汇报展示。不同小组设计出来的绩效评价工具彼此相似吗？它们所测定的是相同的绩效要素吗？哪些绩效要素是大家都用到的？你们认为在所有这些评价工具中，哪一种是最有效的？

（5）全班同学从大家设计的所有这些绩效评价工具中挑选出使用频率最高的 10 种要素，然后形成一种全班同学认为最适合对教师进行绩效评价的工具。

## 延伸阅读

酒店绩效考核全案

巴黎酒店国际集团的新型绩效管理系统

# 第九章 团队沟通与激励

## 【本章导读】

酒店，从其本质上看，就是一个相互联系的统一整体，是一个大的团队，涵盖很多的任务和工作，不是某一个人、某一个部门能完成的，通常是整个团队共同协作的结果。酒店目标与要求的实现有赖于各团队的配合与协作。如何利用激励手段充分调动员工的积极性、最大限度地挖掘员工的潜力，形成有效团队，这是酒店人力资源开发和管理所追求的目标。本章阐述团队沟通与激励的内涵、功能、基本原则以及激励管理的模式，介绍团队建立、团队沟通、有效激励的主要理论及应用。

## 【学习目标】

- 理解并掌握团队的概念以及类型
- 了解酒店建立团队的意义
- 熟悉团队建设的发展阶段和途径
- 掌握团队凝聚力的影响要素
- 掌握团队沟通中的障碍、误区及消除方法
- 理解并掌握激励的概念
- 理解激励与动机、行为和绩效的关系
- 掌握激励机制的功能
- 掌握有效激励应遵循的原则和方法

## 【关键术语】

团队、群体、沟通、沟通障碍、有效沟通、团队冲突、激励、物质激励、精神激励

## 案例导入

### 丽思·卡尔顿酒店团队组建

丽思·卡尔顿酒店是全球知名的豪华酒店，以优质服务著称于世。某天早晨，丽思·卡尔顿旗下的泰森斯角酒店的员工突然接到一个通知："我们正在进行一项新的试验，需要每位员工的参与、支持。从明天开始，我们这里不再有经理，只有团队。你不再有上级。"酒店成立了不同的团队，每个人所属的团队已经在通知里说得清清楚楚。这些团队包括抵达前团队、抵达-离开团队、停留团队、烹饪团队、宴会团队、酒店服务团队、晚餐服务团队、操作支持团队、指导团队等。员工看完通知后的抵触情绪非常明显，但是泰森斯角酒店负责人还是强制实施。

每个团队成员都摸不着头脑，不知道谁应该对什么负责，各自努力的方向也互不相同。员工私下相互打听，想知道酒店这样做是要干什么。他们在不停地抱怨："团队太庞大，没有清晰地对团队目标作出解释，责任划分问题也没有说明。没有上级，那谁来负责?"在此后的 3 个月里，前台人员的流动率是 100%，门童服务人员的流动率是 20%，服务质量急剧下滑。

泰森斯角酒店认识到了失误，决定重新开始。首先，酒店向员工介绍了组织变革以及组建团队的原因，通过循序渐进的方式使大家在观念上能够愉快地接受变革，支持团队建设。其次，对团队进行充分的授权，以前一些由管理者承担的任务现在改由团队成员承担，通过授权使得团队能够更灵活地工作，高效完成任务。同时，为了保证团队成员能够完成不断增加的任务，泰森斯角酒店加强了对员工的培训。泰森斯角酒店通过组织变革，将以前那种传统的等级结构化组织转变成了以团队为基础的组织。酒店总体目标分解为团队及其成员的目标，同时团队成员得到充分的培训、授权，感觉到自己是组织不可分割的部分，并可以按照自己的想法改进工作方式去完成任务，团队成员的自我约束与成就感增强了。团队成员之间充分信任、彼此承诺，以高效的协作实现目标，大家不需要过去的监督与控制，工作氛围更加和谐，服务质量不断提升。结果酒店焕发出新的生命力，客人满意度不断提高，回头率也不断提高。

**思考：**

1. 泰森斯角酒店在团队建设之初，有哪些问题?
2. 根据上述案例，你觉得酒店团队建设需要注意哪些方面?

# 第一节 团队建立

## 一、团队的概念

为了提高竞争力、改善作业流程、提高服务质量，许多酒店都成立了不同种类的工作团队。有成效的团队无疑是企业的无价之宝，因为它可以帮助企业解决不同层面的问题。然而，要建设好一个团队，首先就要认识其本质属性。团队是指企业内由若干爱好、志趣相投，技能、知识、工作相关或互补，其共同目标与企业目标相一致的人员自愿组合在一起工作，共同承担责任的一个特殊群体。根据其定义，我们可以将团队的基本要素概括为以下四点：共同的目标、互补的技能、相互的责任和积极的配合。如果团队的凝聚力强、合作程度高、成员贡献意识强，其工作效率就能比一般的群体高。

现代酒店的竞争不仅依靠领导者的智慧，更多的是凭借团队的力量。酒店管理者要让每一位员工都能够树立一种“这是我们的酒店”的信念，从而自觉、自愿地为酒店及团队做好自己分内的工作，如此，这个酒店才能在竞争中立于不败之地。

## 二、团队的特征

任何形式的团队都必须包含五个特征，简称5P。

### （一）目标

团队要有一个既定的目标（Purpose）。目标是团队成员的行动导航塔，使团队清楚要往哪个方向发展，成员个人又该往哪个方面努力。没有目标，团队就没有方向。

### （二）人员

人员（People）是构成团队的最核心力量。目标是通过人员的具体行动来实现的，所以，人员的选择是团队中非常重要的一项工作。在一个团队中，有的人要制定计划，有的人要负责实施，有的人要协调不同的人一起工作，有的人要监督团队目标的实施情况，不同的人通过各自具体的分工来共同完成团队的目标。

### （三）定位

团队的定位（Place）包括团队的整体定位和团队成员的个人定位。在酒店组织中，团队的整体定位是指团队在酒店中处于什么位置，团队最终对谁负责；团队成员的个人定位是指团队成员在团队中具体扮演什么角色。

### （四）权限

在以酒店经理人为核心的团队中，酒店经理人权限（Power）的高低与团队的整体发展有关。一般情况下，团队发展越成熟，经理人的权限就越高，对下属的直接管辖相应地越少。

### （五）计划

团队目标的实现需要一系列具体的行动方案，详尽的计划（Plan）可分解为实现目标而采取的具体的工作任务。只有在计划的控制下，团队才能够向目标一步步迈进，并最终实现目标。

## 三、团队的类型

斯蒂芬·P. 罗宾斯根据团队的存在目的和拥有自主权的大小，将团队分为三种类型：问题解决型团队、自我管理型团队和多功能型团队。

### （一）问题解决型团队

团队成员往往就如何改进工作程序、方法等问题交换看法，并就如何提高产品质量、生产效率和改善工作环境等问题提出建议。在问题解决型团队里，团队的主要责任是通过调查研究、集思广益，理清组织的问题、忧虑与机会，拟定策略计划或者执行计划。

**实践经典**

**迈阿密豪华酒店客房部团队**

客房部是酒店中最大、最复杂的运营部门之一。许多员工认为客房部的工作不具有吸引力，但是打扫房间却是酒店成功的关键。迈阿密的一家豪华酒店在客房部员工中引入了团队机制，列举了客房部15个可能对客人服务产生负面影响的问题。团队成员对这些问题进行探讨，提出解决办法，并负责实施。其中一个主要问题是缺少足够的布巾换洗品的供给。造成这一问题的原因很多：洗衣房管理混乱、服务人员私藏物品等。于是，客房服务员与洗衣房的员工一起开会，共同制定解决方案，以保证布巾的供应。员工的介入解决了布巾周转难的问题。听起来这只是一个小问题，但现在每一间客房都有了足够的布巾供给，客房服务员在清扫房间之前无须到处寻找布巾，因此工作效率也提高了。

### （二）自我管理型团队

自我管理型团队是一种真正独立自主的团队，团队成员不仅探讨问题怎么解决，而且亲自执行解决问题的方案，并对工作承担全部责任。一般来说，他们的责任范围包括自己制定工作目标、决定工作任务的分配、控制工作节奏、安排工作休息、自己负责在职训练。团队成员充分发挥民主，共同决策。彻底的自我管理型团队甚至可以挑选自己的成员，并让成员相互进行绩效评估。这种团队可以在酒店的各个部门进行推广。

**实践经典**

**丽思·卡尔顿酒店的自我管理工作团队**

丽思·卡尔顿酒店管理层认为采用自我管理工作团队的管理方法可以降低员工的流失率，增加满意度。管理者的角色已经从控制转向了指导，他们的“共同领导”方式已经在其拥有的多家酒店中实施。生产力提高了，员工的满意度达到了90%，流失率下降了。在实施自我管理工作团队之前，酒店对员工进行了培训。购买什么样的产品、人员晋升和聘用等都由员工决定。团队决策必须与公司管理哲学相一致。

### （三）多功能型团队

多功能型团队由来自同一等级、不同工作领域的员工组成，组织内员工之间（甚至组织与组织之间）交换信息，激发出新的观点，协调完成复杂的项目。在酒店中，此类典型的团队就是酒店管理软件开发团队，酒店的软件工程师需要和来自其他部门的员工一起合作才能开发出适合酒店的行之有效的应用管理软件。

## 四、高绩效团队的塑造

塑造高绩效团队既是目前许多酒店企业的主要任务之一，又是对企业管理者的管理能力的一种特殊挑战。如何塑造高绩效团队，酒店企业主要应从下列几方面入手：

### （一）确立清晰、明确的愿景和目标

共同的目标是团队存在的基础。心理学家马斯洛认为，杰出团队的显著特征便是具有共同的愿望与目的。由于人的需求、动机、价值观、地位和看问题的角度不同，对酒店的目标和期望值有很大的区别，因此，要使团队高效运转，就必须有一个共同的目标和愿景，就是让大家知道“我们要完成什么”“我能得到什么”。这一目标是成员共同愿望在客观环境中的具体化，是团队的灵魂和核心，它能够为团队成员指明方向，是团队运行的核心动力。

为了使团队的目标更具激励作用，在设计愿景和目标时，必须坚持以下原则：

（1）明确原则。必须明确团队的目标、价值观以及指导方针。

（2）激励性原则。制定的愿景和目标必须能够激励成员，使每位团队成员都相信团队的目标并愿意努力去实现它。

（3）切实可行原则。团队管理者应该根据团队及酒店现有内外环境资源及市场机会理性分析、综合评判，必须在团队确实能做到的基础上制定目标。目标不能定得太高，也不能太低。

（4）共识原则。团队目标应该是团队成员利益的集中体现，不仅要合乎社会规范、具有时代性，而且要与团队成员的价值取向统一。对于一个团队来说，所有的团队成员都支持一种观点是至关重要的。

### （二）培养良好的团队氛围

健康和谐的人际关系能使团队成员之间从生疏到熟悉、从提防到开放、从动荡到稳定、从排斥到接纳、从怀疑到信任，可以在长时期内使人们保持亲密。团队关系越和谐，组织内耗越小，团队效能就越大。信任对于团队的健康发展和效率提高具有至关重要的作用。要使团队健康发展，酒店管理者之间就应该团结一心，按时、按量履行对团队的承诺，管理层在实施政策时，要公正、公开，从而使团队成员对管理团队的信用以及酒店的政策产生信心。同时，管理者应该在团队工作范围内充分授权，并向成员公开工作所必需的信息，尽量创造机会，与团队成员进行沟通，注重员工工作满意度和生活满意度的提高。团队是每个成员的舞台，个体尊重与满足离不开团队这一集体，要在团队内部经常性地倡导感恩和关爱他人的良好氛围，尊重员工的自我价值，将团队价值与员工自我价值有机地统一起来。通过实行良好的工作福利待遇、改善工作环境、职位调换等手段使成员感受工作的乐趣以及挑战性，从而提高团队的工作效率。

### （三）建立健全的管理制度和激励机制

健全的管理制度、良好的激励机制是团队精神形成与维系的内在动力。一个高效的团队必须建立合理、有利于组织发展的制度和机制，并且促使团队成员认同规范、遵从规范。合理的制度与机制建设主要包括：

（1）团队纪律。有了严明的纪律，团队就能战无不胜。

（2）上级对下级的合理授权。这样就能明确责任和义务，充分调动各方面的积极性和创造性。

（3）有效的激励约束机制。要建立科学的工资制度以及公平考核与升迁制度，在实施激励时充分考虑人的需求的多样性，激励形式丰富多彩，注重精神激励与物质激励并重，不论是正激励还是负激励都应该做到及时，这样才能促进团队不断发展。

### （四）注重培训

要有效地提高团队的整体素质，提高团队竞争力，学习是一个重要方面。在知识经济时代，唯一持久的竞争优势是具备比竞争对手更强的学习能力。对于现代酒店企业来说，企业培训已经成为持续不断地学习和创新的手段和工具，培训对于团队目标的实现非常重要。在团队中，应该营造积极的培训氛围，使团队成员乐于培训，确信自己可以做得更好。酒店要在生产经营的同时，有计划地实施对员工的培训，把酒店办成学习型企业。酒店必须重视并积极创造条件，组织员工学习新知识、新技术，经常开展岗位练兵与技术比武活动，为其提供各种外出进修和学习的机会，提高员工的知识、技能和业务水平，使他们能够不断提高自身素质以适应酒店发展的需要。同时，要加强员工的思想政治工作，加强员工的职业道德建设，培养员工爱岗敬业、团结拼搏的精神，在团队内形成和谐、友善、融洽的人际关系和团结一心、通力合作的团队精神。

### （五）提高团队领导者的领导力

领导力是指领导在动态环境中，运用各种方法，促使团队目标趋于一致，建立良好的团队关系以及树立团队规范的能力。优秀的团队领导者往往充当教练员和协调员的角色，能在动态环境中为团队提供指导和支持，鼓舞团队成员的自信心，帮助他们充分认识自己的潜力，并为团队指明方向。团队领导者的行为直接影响团队精神的建立。人人都知道，一个优秀的团队领导者能够带动并且提高整个团队的活力，指导并帮助团队取得更加突出的成绩。由此可见，团队领导者首先要懂得如何管人、育人、用人；其次，必须加强自身素质和能力的修炼，善于学习、勤于学习，懂得运筹帷幄，懂得把握方向和大局，研究事业发展战略；同时，还要加强自身的德行修养，懂得以德服人，做到开阔胸襟、讲究信誉、发扬民主，敢于否定自己、检讨自己，善于集中团队成员的智慧，采纳团队成员的意见，发扬民主管理的作风，不断提高领导水平。

# 第二节 团队沟通

酒店要做到上通下达、高效运转，最重要的是酒店团队领导者与成员之间有良好的沟通。只有实施有效的沟通，营造良好的沟通氛围，才能使酒店内的信息畅通地传递，帮助领导者快速作出正确的决策，使员工保持较高的工作热情与效率。

## 一、沟通的原则

### （一）维护自尊，加强自信

沟通要建立在维护沟通双方人格与尊严的基础之上。在沟通中，双方都要自信。沟通不是低声下气、委曲求全，更不是丧失尊严。双方要互相信任和尊重，多从对方的角度出发去思考问题，以便达成共识。

### （二）专心聆听，了解对方

在沟通的过程中，沟通的双方要注意聆听对方的讲话，准确了解对方讲话的内容，把握对方的意图及想要表达的观点。

### （三）寻求帮助，解决问题

沟通是为了达到“沟”与“通”的目的，是为了寻求对方的帮助，消除误会、协调并解决问题。

## 二、有效沟通的技巧

这里从酒店领导者的角度讲讲如何与下属进行有效沟通。

### （一）掌握语言艺术

在沟通的过程中，有效的沟通技巧不仅是指要善于倾听、及时反馈，还要能够灵活地掌握语言艺术，善于挖掘对方在细微之处暗藏的信息。同样是一层意思，如果用不同的方式来表达，往往会取得不一样的效果。灵活地运用语言，不仅是一项技能，也是一门艺术。

1. 简洁明确

团队领导者要能够轻松地利用简洁明确的，甚至十分动听的语言进行商讨，动员、指挥、劝导同事或员工，使下属能够在情感上与自己产生共鸣，进而服从自己的指挥。相反，如果酒店管理者说话枯燥乏味，只知简单地重复上级指示，再加上令人厌烦的口头语，必然会引起员工的逆反心理，甚至最后把事情办糟。

2. 风趣幽默

团队的领导者应该具有一定的幽默感，要善于运用幽默来增进与员工的关系。幽默感是人际关系的润滑剂。幽默会使员工更喜欢你、信任你。员工希望与有幽默感的人一起工作，也乐于为这样的人做事。

### （二）善于观察

很多的“言外之意”是通过对方的表情、神态、肢体动作等不经意间表露出来的，善于观察的人会从这些蛛丝马迹中获取有用的信息，从而加深对对方所要表达的内容的理解和判断。作为酒店团队的领导者，也应该善于通过察言观色来揣摩对方的心理，从细节中发现问题，使自己在沟通中处于主导地位。

### （三）注意环境与时机

与人沟通，要注意环境与场合，还要把握沟通的时机。不同的场合、不同的时机，需要不同的交流方式。作为一名领导者，一方面，要注意在合适的场合选择合适的沟通方式。例如：在公共场合，领导者要注意自己的身份、地位和形象，要和下属保持适当的距离，而私下与下属或员工单独相处时，领导者要放下架子，平易近人，这样才能赢得下属和员工的信任。但是，该严肃的时候就一定要严肃，整天嘻嘻哈哈的领导者会使自己的威严尽失。另一方面，领导者可以选择先接受下属的意见，等下属的心情比较愉快时，再以合适的方式与之沟通，否则，坚持己见，无异于火上浇油。

## 三、沟通的障碍

沟通随时随地可能发生，任何沟通过程中都可能遇到各种不同的障碍，归纳起来主要有以下几种：

### （一）由知识、经验等差异引起的障碍

信息发出者对要传递的信息是凭借自己的知识、经验进行编码发送的，而信息接收者也是凭自己的知识、经验进行解码接收的。如果发、收双方有共同的知识和经验，即共通区，那么对所传递的信息就能有相同的理解和共识。通常来说，“一点就通”就是有很大的共通区。显然，共通区越大，双方交流就越顺利，交流范围就越广。

### （二）过滤障碍

过滤是指故意操纵信息，使信息显得对接收者更为有利。例如：下属告诉上司的信息都是上司想听到的东西，这位下属就是在过滤信息。信息过滤的程度与团队的层级和团队文化两个因素有关。在团队的层级中，纵向层级越多，过滤的机会也越多，信息传递过程中被过滤的可能性就越大。

### （三）心理障碍

信息传递者的思想倾向致使信息的传递被歪曲或中途停止。例如：传递者对信息的内容在观点、态度或心理上不能接受，或对信息本身抱有敌意、不信任，因而有意歪曲或故意搁置，以致信息走样、失真甚至停止传递。还有些人喜欢据其主观判断揣测对方的意图和动机，猜测对方的“言外之意”“弦外之音”。这样不仅会歪曲事实、产生误会，还会严重影响团队关系。

### （四）语言障碍

同样的词汇对不同的人来说含义是不一样的。年龄、教育和文化背景是三个最明显的影响因素，它们影响一个人的语言风格及其对词汇含义的界定。而在一个团队中，员工常常具有不同的背景。另外，横向的分化也使得专业人员发展了各自的行话和术语。在大型的团队中，成员分布的地域十分广泛，来自不同地区的员工都使用该地区特有的术语或习惯用语。纵向的差异同样造成了语言问题。虽然大家都会说同一种语言，但在语言的使用上却并不一致。了解每个人使用语言的习惯将会极大地减少沟通障碍。问题在于，团队成员常常意识不到所接触的其他人与自己的语言风格不同，他们自认为自己的词汇或术语能够被其他人恰当地理解，从而导致了沟通问题。

### （五）非语言提示的障碍

非语言沟通机会总是与口头禅相伴，如果二者协调一致，沟通效果便会被强化。例如：上司的言语显示他很生气，他的语调和身体动作也表明他很愤怒，于是可以推断出他很恼火，这极可能是正确的判断。但当非语言提示与口头信号不一致时，就会使接收者感到迷茫，而且传递信息的清晰度也会受到影响。

### （六）地位障碍

社会地位不同的人往往具有不同的意识、价值观念和道德标准，从而造成沟通的误解。不同阶层的成员对同一信息会有不同的甚至截然相反的理解。政治差别、宗教差别、职业差别等都可能成为沟通的障碍。

### （七）组织障碍

一个团队组织结构不合理会严重影响团队内部沟通渠道的行程和畅通。这种障碍是团队内部组织结构的层次过多造成的。层次越多，沟通中信息失真的可能性就越大；机构重叠，沟通传递过程缓慢，影响信息的时效性，时机一过，信息就失去了价值；条块分割，各个独立的部门为自身利益而层层设卡、封锁信息；渠道单一，造成信息不足，影响沟通效果。

### （八）情绪

在沟通时，双方的情绪也会影响对信息的解释。不同的情绪感受会使个体对同一信息在不同时间作出的解释截然相反。极端的情绪体验，如狂喜或抑郁，都可能阻碍有效沟通。由于这种状态常常使我们无法进行客观而理性的思维活动，因此最好避免大喜大悲，以使我们清楚地思考问题。

## 四、有效沟通的开展

### （一）消除沟通障碍

为消除沟通障碍，大致可以运用以下几种方法。

1. 敞开心扉，坦诚沟通

比尔·盖茨认为，如果人与人之间没有信任感，团队将会无法运作。如果团队缺少开诚布公、实话实说的氛围，很多人就会将自己真实的想法隐藏起来，以避免冲突和矛盾，免于承担责任，甚至粉饰太平，以维护个人或团体的利益。

团队领导者与成员沟通时要敞开心扉，坦诚相待，只有这样，双方才能分享彼此真实的想法，从而消除误解、增进理解。沃尔玛的每一位经理制服的纽扣上都刻有“我们关心我们的员工”的字样，也正是这些被称为“合伙人”的员工，依靠他们的创意和灵感，推动了沃尔玛从一家名不见经传的小公司发展成为全球最大的零售集团之一。

团队领导者要努力营造一种坦诚的氛围，各成员之间要以诚相待。信息发送者要心怀坦诚，言而有信，并通过自己的实际行动维护信息，使之有说服力；信息接收者要能诚恳地接受对方所反馈的信息，认真听取不同的意见，增进沟通双方的感情和信任。

2. 以理服人，以情动人

沟通是为了消除分歧，达成共识，不是将自己的观点强加给别人。在沟通中要做到以理服人，以情动人，沟通的双方才能够心悦诚服地接受彼此的观点。

以理服人，就是要在沟通的过程中，尊重他人的意见，切勿轻率地否定对方的观点。对对方的观点有了一个深层次的把握之后，从对方的角度去友善地指出他的不足并提出自己的看法和见解。以情动人，就是以真诚的赞赏和感谢为前提，在沟通中不抱怨、不批评、不责备，找到沟通双方都能接受的切入点，间接地指出他人的错误之后，提出自己的观点。

（1）克制自己的情绪。沟通的双方在观点和意见发生冲突时，双方的情绪会在不知不觉中发生微妙的变化。作为团队整体中的一名成员，要自始至终掌控好自己的情绪，避免感情用事，要仔细地斟酌沟通的内容和方式。

（2）责人先责己。一位优秀的管理者在责怪下属之前会先问自己，问题因何而产生？对于这个责任，自己是不是也需要承担一份？只有责人先责己，批评才会更客观、公正，当事人才敢于承担责任，下属也才会心服口服。

（3）要打气，不要打击。有的人错了，强词夺理，不肯认错；有的人错了，反躬自省，甘担责任；有的人错了，诚惶诚恐，心神不定……作为团队的一员，特别是作为团队的领导者，要正确对待下属的错误和失败，要打气，而不要打击，要给予指导性的“批评”，对事不对人，不要一棍子把人打死。

3. 换位思考，将心比心

换位思考是沟通的一种积极态度，体现的是对对方的理解和尊重，要求沟通的双方能够站在对方的角度考虑他人的利益关系。通过换位思考，既能修正自己的一些片面的、不合理的想法，又因为考虑了对方的利益而使对方容易接受你的建议。作为团队的一员，当你要劝说其他的团队成员做某事或放弃做某事时，是不是应该先思考一个问题——你该如何使他愿意主动地配合？聪明的人懂得站在对方的立场上分析问题的利弊，设身处地为对方着想，了解对方的态度和观点要比一味地为自己的观点和主张辩解要高明得多。

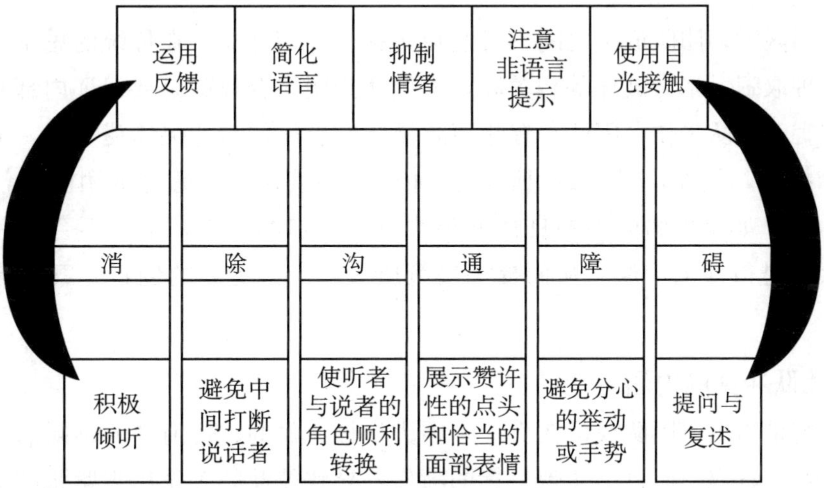


**图 9－1 消除沟通障碍的方法**

消除沟通障碍的方法也可以总结为图 9－1。

## （二）有效沟通的要点

1. 适时适地进行

在合适的时间、合适的地点、合适的时机，寻找沟通的机会，并非一定要在办公室内进行。

2. 要有充分的时间

当准备与对方沟通时，自己首先要能确定有足够的时间，保证沟通的过程不受其他事情干扰，以免使对方误认为你没有诚意。

3. 做好沟通前的准备

双方沟通之前，要就沟通的事项和沟通的方式做好周全的准备，以保证能够顺利达到预期的目的和效果。

4. 减少沟通的环节

在沟通过程中，尽量减少沟通的环节，确保信息传递的真实性、及时性，在顾全双方利益的基础上实现共赢。

5. 抓住主要信息

沟通要有明确的内容，沟通的双方要清楚主要的信息点，围绕主题沟通，避免盲目。如果有比较重要的内容，双方尽量以书面形式表述，确保信息的真实性、可靠性。

6. 建立会议制度

在酒店管理中，要建立诸如每日早会、每周例会等会议管理制度，使沟通制度化。

## 五、团队冲突管理

在一个团队中，团队成员之间不可避免地存在许多冲突。在传统的思维方式下，冲突似乎与无理取闹、暴力破坏等相关联，人们认为团队合作就是要保证内部和谐，任何冲突都会有害于团队工作，因此，有些团队领导者也往往对冲突讳莫如深，采取各种手段来回避和掩盖。然而，优秀的团队中的冲突未必就比一个恶劣的团队少，只是更多的是良性冲突。如果把团队内的良性冲突维持在一定的水平，不仅不会破坏成员间的关系，还会促进彼此的沟通，从而提高决策质量，产生更多的创新方案，最终提高团队绩效。

### （一）团队冲突的内涵

团队冲突是指由于团队成员在交往中因为目标、目的、价值观的不同而产生意见与分歧，又把对方看成阻碍自己实现目标的障碍，导致彼此间关系出现紧张的局面。冲突可以看做两种目标互不相容或互相排斥，既包括人们内心的动机斗争，又包括外在的实际斗争。一个再完美的团队，由于其内部部门、组织和人员构成较为复杂，同时又相互关联、相互依赖，因而其团队成员之间发生冲突在所难免。当冲突发生时，人们的情绪往往会变得异常激动，还没来得及理清事情的来龙去脉，就已经在相互指责了，结果，使得成员在以后的一段时间里不能充分发挥自己的积极性。冲突如果解决得好，将有助于工作朝着有利的方向发展；如果解决得不好，则会阻碍甚至破坏工作的开展。因此，如何看待冲突并有效地解决冲突，就成为所有团队必须面对的问题。

## （二）团队冲突的类型

1. 目标冲突——不一致的方向

团队成员是因为共同的目标才走到一起的，但并不排斥成员的个人目标，在两者关系的处理上必须认真对待，特别是当两者产生冲突时，成员必须以服从团队目标为原则。同时，成员与成员之间、成员与团队之间、团队与团队之间也会因立场不同而产生冲突。

2. 认知冲突——不一致的思想

认知冲突是指每个人都有自己的人生观、世界观，对事物的看法有着自己的观点和见解，因此，在具体分析问题时，总是以个人思维方式占主导，这必然会导致团队成员之间产生冲突。

3. 情感冲突——不一致的感情

情感冲突是指团队成员之间存在性格、爱好、情绪等方面的差异，导致其在表达观点的方式上或者是处理问题的方式上存在差异，由此产生矛盾，发生冲突。

4. 程序冲突——不一致的过程

程度冲突是指团队成员之间或者团体与团队之间对解决某一问题的具体的过程存在不同的看法和意见，从而导致在处理问题的过程中发生冲突。

## （三）团队冲突的化解

1. 解决冲突要及时

冲突如果不能及时并有建设性地加以解决，等到问题被激化，势必影响整个团队的协作和工作效率，严重时，甚至会毁掉整个团队，尤其是当成员各持己见、争执不下时，往往会使较小的分歧逐渐演变成难以控制的混乱。

2. 消除与员工的冲突

引发领导者与员工之间的矛盾与冲突的原因是多方面的，包括领导者自身的因素、领导者的思维方式和工作方法，信息交换、协调、沟通的不及时，以及在利益问题上处理的不公正等。由于种种原因，在团队中，领导者与下属之间存在异议和分歧是正常的，甚至是不可避免的。存在矛盾并不可怕，问题是要怎样妥善处理这些矛盾与冲突。冲突的有效解决，会消除员工心中的不满，有助于建立双方的和谐与信任。领导者必须重视团队存在的冲突，树立正确的观念与态度，学些解决冲突的知识与技巧，妥善地避免和消除冲突。

3. 给有冲突的员工降降火

当团队内部、员工之间出现冲突时，不仅使当事人感到过分紧张，还会使整个团队陷入紧张的氛围中，影响正常的组织活动和秩序。遇到这种情况时，作为团队的领导者，首先要保持镇静，不要因此而火冒三丈、大发雷霆，这样无异于火上浇油，倒不如先给矛盾的双方浇浇水，给发热的头脑降降温，既避免了很多不必要的麻烦，也会收到许多意想不到的效果。作为领导者，要本着“化干戈为玉帛”的理念，理顺员工之间的关系，遵循人的心理规律，对员工进行心理疏导，让员工实行自我教育，自己解决矛盾，维护企业内部融洽的氛围，和平解决冲突。

4. 将团队的冲突公开化

有冲突，说明作为团队的领导者要对员工的状况保持高度的敏感，在冲突或潜在冲突恶化之前就有所察觉，如果员工将不满、怨气、焦虑、牢骚都埋在心底，掩饰起来，问题就得不到有效的解决。一旦员工对领导者及团队产生了消极的看法，就很难建立开放、信任、和谐的工作环境。所以，团队的领导者应该尽量将冲突公开化。将冲突公开化之后，可以避免小问题发展成大问题，避免矛盾激化、问题恶化。

### （四）团队冲突的处理程序

1. 认识冲突

认识冲突是解决冲突的第一步。作为酒店团队的领导者，要经常主动与成员沟通，认识冲突发生的根源，从而真正获知成员希望获得哪些方面的帮助，并以适当的方式让他们亲自参与到解决冲突的具体工作中来。

2. 拟订方案

当冲突出现时，领导者要主动引导团队成员阐明自己的观点和意见，陈述各自的立场，避免相互推诿、相互指责。此外，领导者还要鼓励成员积极提出自己的不同见解，针对各种问题提出各自的参考方案，但不要急于作出判断。

3. 分析方案

对于已经拟定好的方案，领导者要和团队成员一起探讨，分析问题，找出矛盾的根源，然后从寻求双方的共同利益点出发，逐一排除不合理的方案，不断缩小可供选择的范围，直至找出双方均满意的解决方案。

4. 组织实施

在选定好解决方案之后，接下来领导者就要组织团队成员实施了。此阶段，领导者需要考虑的具体事项有：何时实施、何人负责、达到何种规模、期望达到何种成效、执行双方的具体职责是什么等。

5. 有效评估

解决问题的方案不是拟定好了，安排几个人去做就可以了，领导者还必须时刻关注方案的具体实施过程，要求团队成员及时反馈方案的实施成效。在方案实施的过程中，要鼓励员工敢于面对新的困难，解决新的突发问题，寻找新的对策。

# 第三节 员工激励

酒店服务质量是酒店的生命线，而酒店员工的积极性和创造性直接决定服务质量的高低。酒店如果想在竞争激励的市场中立足，并且实现可持续发展，关键在于吸引和留住优秀员工。吸引和留住优秀员工的关键就在于对他们施以有效的激励措施，充分调动他们的积极性。只有充分调动了员工的工作积极性，才能提高工作效率和服务质量，进而提高酒店的经济效益和竞争力。

## 一、激励的内涵

激励是行为的驱动力、举止的诱因。激励包括行为的引发、行为的保持及行为的导向等一系列的心理活动过程。引发是指做事的欲望，保持是指做事的时间，导向是指做事的具体行为。是否被激励是通过员工做什么以及付出多大的努力去做来体现的，它具有激发动机、鼓励行为、形成动力的意义。当一个人被高度激励时，他会努力工作；而没有被激励时，他会尽可能地节省精力。领导者的任务就是点燃员工内心的工作热情之火，以此来驱动员工在工作中的出色表现。

## 二、激励的三要素

### （一）需要

激励是以需要为基础、以目标为导向的。需要是一个人在生活中感受到某种欠缺而力求获得满足的一种心理状态，它是机体自身或外部生活条件的要求在大脑中的反映。人在社会关系中参与各种活动，获取所需要的东西。如果必要的东西得不到满足，人就会出现生理和心理的失衡，这时机体就会产生企图恢复平衡的紧张感。只有需要得到了满足，人们才能消除这种紧张感。

人一般有生理需要、安全需要、社交需要、尊重需要和自我实现需要这五个方面的需要。人的生理需要包括常见的饮食、睡眠等方面的需要；安全需要主要体现在个体会尽量使自己免于危险和伤害；社交需要表现在个体希望得到友情和爱情，希望归属于一个组织或群体；尊重需要体现在希望得到别人的承认、尊重和信赖；自我实现需要则体现在尽可能实现个人的理想、抱负等方面。人的需要是无止境的，可以说人的一生是不断产生需要、满足需要、再产生新的需要、再满足新的需要的过程。需要是员工努力工作的源泉。员工的需要是客观存在的，也是各不相同的。

有国外学者对酒店员工进行调查后发现，员工的职位不同、文化程度不同、性别不同、年龄不同等都会导致需要的千差万别，从而导致对激励措施的反应也不相同。例如：性格内向的员工可能对公开表扬、上光荣榜不是很感兴趣；金钱激励可能会对不同地位的员工产生完全不同的效果等。总而言之，不同的员工有不同的需要，所看重的激励物是不同的。管理人员只有深入了解员工的真实需要，进而实施差别化的激励措施，才能使员工达到最高激励水平。

### （二）动机

动机是指引起人的行为，维持已引起的行为和使行为朝向某一目标的内在动力过程。动机是行为的内因，动机会导致行为。人的行为背后必然有相应的动机。但是，动机只是一种心理活动，光有动机，并不一定会导致相应的行为，因为人的行为是动机与环境互动的过程。

动机具有目标指向和选择的本能。每一种动机都促使人的行为指向某个具体的目标。动机还具有强化的本能，动机引起行为，同时又由于动机的存在而使行为结果对该行为的维持和再生具有加强或减弱的作用。例如：一位员工因为服务热情受到了客人的表扬，从而得到了酒店的奖励，那么，这一结果对他而言是一种激励，促使他继续为客人提供更优质的服务。而另外一位员工因为上班迟到被扣发奖金，以后他就会尽量避免迟到。前者的行为结果对该行为的维持和再生具有增强作用，心理学上称为正强化；而后者的行为结果对该行为具有减弱或抑制作用，心理学上称为负强化。

一般认为，产生动机有两个条件：一是内在条件，即需要；二是外在条件，即诱因。如前所述，需要是个体对某种东西的缺乏而造成的生理上或心理上的不平衡所引起的内部紧张状态和不舒服感。这种紧张状态和不舒服感会产生一种内驱力，促使人们采取某种行动，以减轻和消除这种紧张状态和不舒服感。人的行为就是趋向均衡或舒服状态的过程。因此，需要以及它所产生的内驱力就构成了动机的内因。需要虽然可以解释行为的部分原因，但却无法解释全部的原因。外在刺激，即诱因也可以引发行为，并决定行为的方向。由此可见，由内在需要所引起的内驱力和由外在刺激所引起的诱因共同对动机起决定性作用。当然，人还要通过认知过程的感觉和判断才能最终决定能不能采取行动，采取什么行动，以及如何采取行动等。例如：对于高级的成就动机和自我实现动机，是通过对人生价值、工作意义、理想等的认知而产生的，并通过认知过程判断来决定行为。因此，认知也是决定动机的不可缺少的因素。

动机有四种表现形式：

（1）生理性动机。这类动机与身体的生理需要有关，包括饥饿、渴、疼痛、冷热、睡眠等。

（2）社会性动机。这类动机与社会性需要有关，是通过后天的学习而获得的，包括友谊、认可、归属、独立、成就、赞许、自我实现等。

（3）内在动机。如果个人从事的工作使他们发挥其才能，满足他们的好奇心和成就需要，则工作的结果对个体就是一种激励，并不需要外来报酬的刺激。这种动机是一种成长性动力，具有持久的动力性质，不会因一时的满足而减退或消失。在管理学中，运用激励人的内在动机来调动他们的工作积极性，通常被称为“内在激励”，如工作的扩大化和丰富化、工作的挑战性等。

（4）外在动机。通过活动对象以外的刺激所诱发的行为动力称为外在动机。这种动机不是活动本身所引起的，而是由活动结果的奖励所激发的。这种动机缺乏持久的动力性质，一旦没有报酬或奖赏，这种动机就会减退或消失。运用外在动机来调动人们的积极性的方法，称为“外在激励”，如给予金钱、表扬、名誉、地位等。

动机是引发行为的直接动力，而动机要激发行为并使行为产生预期的效果，往往要受到其他许多因素的影响，如个体的能力、价值观、情感，以及社会规范的影响等。

### （三）行为

行为包括两个部分，即行为动机和行为过程。行为过程是心理动机与环境反馈的互动过程。虽然行为是由动机决定的，但并不是一一对应的关系。类似的动机未必会出现类似的行为，而类似的行为有时可能出于不同的动机。例如：同样积极工作的人，有的是为了多得报酬，有的是为了得到上司的赏识，有的可能是出于对工作的热爱和兴趣等。当然，即使一种行为背后可能会同时隐藏着多种动机，如员工努力地工作，可能被“利”和“名”这两种动机同时支配。

由此可见，管理者在观察员工时，不仅要听其言、观其行，还要分析其内心的动机。只有将动机与行为结合起来考查，才能对其行为表现作出准确的判断。

## 三、激励的过程

激励过程就是一个由需要开始到需要得到满足为止的连锁反应。当人产生需要而未得到满足时，会产生一种紧张不安的心理状态；在遇到能够满足需要的目标时，这种紧张不安的心理就转化为动机，并在动机的驱动下向目标努力；目标达成后，需要得到满足，紧张不安的心理状态就会消除。随后，又会产生新的需要，引起新的动机和行为。这就是激励的过程。可见，激励实质上是以未满足的需要为基础，利用各种目标激发产生动机，驱使和诱导行为，促使实现目标，提高需要满足程度的连续心理和行为过程。激励的过程如图 9－2 所示：

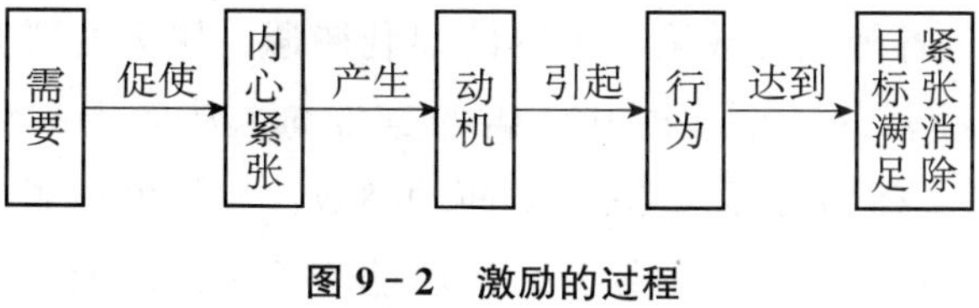


**图 9－2　激励的过程**

## 四、激励对于酒店管理的重要作用

在现代酒店人力资源管理中，利用各种有限的但尽可能充分的条件激励员工，可以促进每个员工自发地、最大限度地发挥自己的聪明才智与潜在能力，可以提高员工对酒店的参与感和归属感，可以增加员工的群体意识，可以使他们保持充足的动力和高昂的士气，齐心协力为提高整个酒店的经济效益、实现酒店的经营目标而努力工作。

### （一）有利于酒店目标的实现

人的需要不仅是复杂的，而且有时还是互相矛盾的。不仅不同种类的需要之间存在矛盾，而且同类需要之间也存在矛盾。激励工作要强化的是那些有利于酒店目标实现的人的需要，从而使其产生有利于酒店目标实现的行为。事实上，人们作出的选择往往是多种需要的调和与相互妥协的结果。如何能在这种调和中强化最有利于酒店目标实现的需要，这就涉及激励的艺术技巧问题。

### （二）有利于将动机引导到对酒店目标有利的行为上来

了解了员工的需求不一定就能使其行为朝预期的方向发展，因为可能有多种行为都能提供同一种满足。例如：酒店某一成员想要得到更多的报酬，他可以更加努力地工作，也可以考虑保持现状而再做一份兼职工作，甚至可以跳槽到另一家收入更高的酒店。但他也有可能会违反酒店的纪律，以不正当的手段谋取更高的收入。这时，管理者可以通过说服教育以及相应的激励措施来杜绝其不良动机，从而将其动机引导到对酒店目标有利的行为上来。

### （三）有利于提供酒店完成任务的行动条件

要鼓励人行动就应该为他们的行动提供条件，帮助他们实现目标。任何酒店成员在实现酒店目标的过程中，都需要酒店为其提供必要的工作条件，当缺乏某些工作条件时，酒店员工的工作情绪就会受到极大的影响。激励的目的在于调动员工的工作积极性，进而为实现酒店目标创造良好的条件。在激励过程中，调动员工积极性的同时就是向其提供工作条件和改善其工作条件的过程。可见，为人们提供行动条件也是激励工作的重要作用。

### （四）有利于吸引并留住人才

有效激励可以通过各种优惠政策、丰厚的福利待遇、快捷的晋升途径来吸引酒店需要的人才，满足酒店经营的需要，提升酒店的竞争力，从而提高酒店的经济效益。彼得·德鲁克认为，每一家酒店都需要三个方面的绩效：直接的成果、价值的实现和未来的人力发展。缺少以上任何一方面的绩效，酒店非垮不可。因此，每一位管理者都必须在这三个方面有所贡献。在三方面的贡献中，对“未来的人力发展”的贡献就来自激励工作。

### （五）有利于人才开发

激励是强化需要动机的手段，通过激励可以最大限度地调动人的积极性，挖掘员工潜力。准确而适度的激励，会大大增加下属的工作热情，激发其创造性与主动性，开发员工的潜在能力，促进员工充分地发挥其才能和智慧。科学的激励制度包含一种竞争精神，它的运行能够创造良性的竞争环境，进而形成良性的竞争机制。在具有竞争性的环境中，酒店员工会受到环境的压力，这种压力会转变为员工努力工作的动力。

## 五、酒店员工激励的方式

### （一）物质激励

物质激励是最基本的、首要的激励措施，尤其在酒店业，物质激励所起的作用是不可替代的。但物质激励不能实行“大锅饭”式的平均主义分配制度，应与员工责任、绩效和贡献挂钩。

1. 薪酬方案

岗位基本工资是员工薪酬中较固定和稳定的收入，是吸引和留住员工的必要条件，并配合其他激励方法；奖金分为月度奖金、季度奖金和年终奖金等，要发挥奖金的激励作用，必须配备一套公正、科学的业绩考核体系。

2. 福利

福利的形式多种多样，如养老保险、失业保险、医疗保险、保健补助等。对连续工作满一定年限的员工，可享受带薪休假和其他更多的福利；根据贡献和业绩，可以每月评出优秀员工，给予旅游奖励等。福利政策要落实，不能偷工减料，才能发挥激励的作用。

3. 共享成果

一是分享酒店业绩增长的成果。员工为酒店辛勤付出，提高了业绩，酒店应适当地跟员工一起分享成果，让员工享受到努力所带来的收获，从而促使其更努力工作以期获得更多的收益，酒店也从中获益，实现双赢。二是分享成本减少的成果。酒店是物质消耗较大的企业，减少物质浪费就能降低经营成本，而接触消耗品的是员工。酒店应设置减少消耗的奖励措施，鼓励员工共同节约，并把节约所得成果与员工分享。为酒店节约就是为自己增加收入，员工将会自觉地减少浪费。

4. 名衔奖励

设置荣誉奖项并给予一定的物质奖励，如创新奖，鼓励员工发明节约的方法，提供改进服务的方法。还有优秀员工奖、最佳服务奖、突出贡献奖、最美微笑奖等，这些名号和头衔可以增强和满足员工的荣誉感。

### （二）精神激励

1．企业文化激励

酒店文化是一个酒店内共同的价值观念、精神追求和行为准则，它表现为酒店的规章制度、员工的共同信念，反映了酒店的共同愿景。企业文化是酒店的核心竞争力之所在，对员工的影响最深、作用最持久，所以要把酒店文化贯彻到管理中，使其得到员工认可并内化为员工的理念，成为员工的精神动力。企业文化激励需要注意以下几点：

（1）重视企业文化建设。很多酒店没有自己的企业文化，没有形成差异化的竞争力。低星级酒店对建设自身的企业文化显得力不从心，甚至放弃对企业文化的塑造。作为企业，没有自己的文化，就等同于人没有了灵魂。酒店必须重视酒店文化的建设，以增强员工凝聚力，对员工产生本质上的激励作用。

（2）把企业文化贯彻到行为当中。酒店规章制度是企业文化的表现之一，管理者应以身作则，保证规章制度的严肃性，不能让规章制度变成空洞的文字，尊重它，也就是对企业文化的认同。

（3）构建共同的愿景。使其成为全体员工共同奋斗的方向，增强员工的使命感、凝聚力和向心力，极大地激励员工。香格里拉酒店集团的经营目标是成为亚洲地区酒店集团的龙头；四季酒店集团的目标是无论位于何地，都必须成为人们所认为的经营最好的酒店、度假区及娱乐场所。它们之所以成功，就是靠着其独特的企业文化和远大的共同愿景。

2．制度激励

制度包括竞争与用人机制、考核与晋升制度等。完善的企业制度可增强企业凝聚力，提高员工的归属感和忠诚度，激发员工工作热情。酒店企业可从以下几方面着手：

（1）目标设置激励。设立适当的、具体可行的目标，可以有效激发员工的积极性。设置目标时应注意三点：一是要让员工参与目标的设置，让员工自己提出目标，有利于强化其实现目标的欲望，使其自觉达到目标；二是目标设置要恰当，不能太高，也不能太低，目标应略高于其实际能力；三是可把大目标分解成若干小目标，小目标较容易实现，当员工完成一个小目标后，会产生成就感，从而激发其积极性，朝下一目标努力，最终实现大目标。

（2）员工参与管理和授权。首先，员工有参与酒店决策和管理的需要，不应只把员工当作命令的执行者。征询员工的意见、让员工参与决策、实行意见征集、让员工在自己倡导的环境下工作等，可以提高员工的满意度，不但不会影响酒店正常的管理，反而会使管理更加顺利。其次，优秀的人才都希望有自由发挥的空间，而不希望被管得太死。给予员工相对充分的自主权，让其得到施展才华的空间，感受尊重和信赖，而变得更有责任心。授权有助于培养员工的忠诚度，留住优秀人才。

（3）员工职业生涯规划。基层员工对自己的职业生涯缺乏系统的规划，为了薪酬他们会频繁跳槽。因此，要想稳定员工，就必须重视帮助员工进行职业生涯规划，提供较完善的晋升机制与培训体系，并将员工个人的职业生涯规划与培训计划紧密衔接，培养员工的归属感。

（4）培训激励。根据培训对象的不同，培训可分为三个层次：一是决策管理层，培训重点是战略管理、企业文化等；二是督导管理层，培训重点是执行力、人际关系、客户管理等；三是操作人员层，培训重点是提高整体素质，强化其专业知识、业务技能与工作态度。培训能提升员工的能力与素质，让员工感觉到做这份工作是有前途的，从而激励员工努力工作。

（5）工作激励。首先，岗位要与员工的能力相匹配，岗位需要的是合适的人，否则无法产生应有的绩效，而人也发挥不了其才能。只有把合适的人放在合适的岗位，才能激发员工的兴趣和热情。其次，实行岗位轮换制。酒店服务工作复杂烦琐且一成不变，员工很容易产生厌倦感，积极性减弱。酒店可适当调整工作内容，采取岗位轮换，甚至可由员工自己挑选合适的、感兴趣的岗位。再次，建立良好的工作环境。客观环境，包括齐全的设施设备和令人舒适的工作环境，它能让员工提高工作效率；人文环境，包括和谐的同事关系以及健康的工作氛围，它能使员工保持高效工作的状态和饱满的工作热情。

3. 情感激励

情感是人的本能需求，任何一个人都不能脱离情感而生活。酒店管理者在管理时要有人情味，从情感上关心和尊重员工，从而调动员工的情感因素，激励员工满腔热情地投入工作。

（1）尊重。要得到别人的尊重，就必须先尊重别人，员工也有受尊重的需要。零售业巨头沃尔玛几乎所有的经理都佩戴着“我们关心我们的员工”的徽章，员工都被称为“合伙人”，而不是雇员，这是沃尔玛成功的原因之一。对员工的尊重，可以使其感觉到受重视，其内在激励的动因会明显增强。

（2）沟通。开诚布公的沟通可以形成平等、宽松的工作氛围，消除上下级的误会。沟通是员工发泄不满、提出意见和建议的良好方式，可以帮助员工以更愉快的心情投入工作。沟通的形式有多种，如总经理热线和信箱、座谈会、与员工共同进餐等。

（3）赞赏。管理者对员工的成绩要给予认可。成绩不管大小，都应予以认可，最好能在公开场合表扬，以满足员工的荣誉感和被尊重感。同时，管理者对员工的错误要宽容。当员工失败、犯错时，重要的不是追求失败带来的损失，而是要跟员工一起分析失败的原因和对策，这样才能杜绝员工再次犯错。一味批评会使员工不愿在工作中进行尝试、承担责任，最终变得畏首畏尾、消极怠工。

（4）关心。酒店要关心员工的生活，让员工感受到温暖和关怀。真诚相待才会产生团结和忠诚。酒店员工工作比较枯燥，必须不断丰富员工的业余生活，消除员工对酒店工作的厌倦感。有条件的酒店可建设或让员工使用运动场所，如乒乓球室、游泳池等，还可配备图书室、摄影室、计算机房等，让员工在追寻自己的爱好中寻找快乐。还可以不定期组织歌唱比赛、舞会、运动会等，让管理者与员工公平竞技。在员工情绪低落的时候，管理者应与员工真诚沟通，耐心劝导，帮助员工驱散心头的阴霾，保持健康的心态。

## 复习思考

1. 请你指出在酒店中常见的团队类型，并思考为何要在酒店中形成团队。
2. 如何才能使团队形成自己的团队目标？
3. 什么是团队沟通？如何才能克服团队沟通中的误区？
4. 团队冲突的处理程序有哪些？
5. 谈谈你对如何改进沟通效果的看法。
6. 举例说明激励过程的基本模式。
7. 举例说明激励的主要功能。
8. 举例说明酒店常用的激励方法。

## 应用分析

### 艰难的抉择

梅利莎已经意识到，酒店的预订人员所创造的业绩水平和工作质量在过去的几个月持续下降。客人抱怨说，电话接通后，他们要拿着电话等很长时间才有人接听。预订人员常常回答不了他们的问题，而且询问详细情况时他们还表现得很不耐烦。一位不满的客人和梅利莎面谈时说："我原想在您的酒店订一间套房。但预订人员回答不了我的问题。我感觉她心不在焉，在想着更重要的事情，不想抽出时间回答我的问题。所以我选择了另一家酒店。"

梅利莎在观察预订人员的工作时，发现他们工作时漫不经心。他们的语气消极、冷淡，经常让客人在电话里等待，看上去并不关心部门工作的好坏。梅利莎意识到这是一个亟待解决的重大问题，预订人员通常是客人接触的第一个酒店员工，他们对房间的销售负有直接责任，而且酒店每年的盈利要依赖于他们的业绩。如果他们工作表现差、态度不端正，势必影响酒店的效益。

首先，梅利莎向她的上级前厅运营经理汇报了情况。经理感谢她注意到了此事，她也同样认识到了问题的严重性，她说："梅利莎，我现在正好没有时间来处理这件事，但我想让你拿出一个方案解决这个问题，我觉得这件事很重要。我相信你会处理好的。咱们下周再见，到时把方案告诉我。"

梅利莎首先分析了情况，认识到导致问题的部分原因是预订人员缺乏客人服务和销售方面的技巧培训。所以，其方案的第一步是制定并实施质量培训计划，向预订人员教授如何与客人有效地交往以及如何运用适当的销售技巧来创收。但她也发现只靠训练还不能解决问题。预订人员似乎根本没有将工作做好的愿望。她意识到如果激励问题不解决，再好的培训也不能建立高绩效的员工队伍。梅利莎需要通过导师的帮助来制定调动员工积极性的计划。

**分析：**

请尝试帮助梅利莎制定一个调动员工积极性的计划。

## 实践训练

**实践一　团队游戏——盲人排队**

实践目的：通过游戏加强学生对团队沟通的障碍、误区及交流的认识，体会沟通受限后的团队沟通方式、方法，从而明确加强团队建设的重要性，最大限度地挖掘员工的潜力，形成高效团队是酒店人力资源开发和管理所追求的目标。

实践要求：分组按照游戏规则开展活动，并能在游戏过程中观察团队成员的表现，分析胜负的原因，对团队沟通有直观的感悟。

实践指导：

(1) 游戏规则：人数 12 人左右，准备好眼罩和贴纸。

(2) 游戏步骤：让每位学生戴上眼罩；给每位学生一个号码，但这个号码只有本人知道；让小组根据每人的号码，按从小到大的顺序排列出一条直线；整个过程中大家都不能说话，只要有人说话或脱下眼罩，游戏则结束。

(3) 游戏结束后讨论：你是用什么方法来告知小组你的位置及号数？与团队成员沟通中遇到哪些困难，你是如何解决的？你的解决方法是最佳的吗？是否有更好的解决方式？

**实践二　酒店员工生日活动策划书**

实践目的：让学生能结合所学明确员工团队建设的渠道和方法，通过员工生日活动策划，清晰酒店 HR 组织各类活动的准备及具体流程。

实践要求：了解酒店员工生日会的具体步骤，有主题地设计形式新颖的活动方案，并在实践中培养团队合作能力。

实践指导：

(1) 全班同学以 4～6 人为小组，自行分组，选定组长，明确分工。

(2) 上网查找或去酒店调研，收集酒店员工生日活动的照片或方案。

(3) 确定本期员工生日活动的主题。

(4) 根据主题，策划员工生日活动，具体包括：活动目的、时间、地点、参加对象、活动议程、各部门配合要求、活动场地布置、活动预算等。

（5）指导教师根据方案设计内容的完整性，在主题相符性、是否有可行性及创意性等方面给予评价。

## 延伸阅读

典型激励理论概述

巴黎酒店国际集团的员工激励计划

# 第十章 劳动关系管理

## 【本章导读】

劳动关系是酒店人力资源管理工作涉及的基本经济关系，在酒店人力资源战略中具有重要的地位。劳动关系从劳动合同生效开始到劳动合同终止，是一系列权利和义务的综合。劳动关系涉及的领域广泛，包括劳动关系的确立、劳动规章制度的制定、劳动合同管理、劳动争议处理等方面。

## 【学习目标】

- 掌握劳动关系的概念与构成要素
- 了解酒店劳动规章制度的内容与制定步骤
- 掌握酒店劳动合同的主要内容
- 掌握劳动合同订立、履行、变更、解除、终止的程序与要点
- 了解酒店劳动合同争议处理的概念与内容
- 掌握劳动争议处理的一般方法与程序

## 【关键术语】

劳动关系、劳动安全、劳动保护、劳动关系管理、劳动合同、劳动合同订立、履行、变更、解除、终止、调解、仲裁、劳动争议

## 案例导入

### 新劳动合同法出台后一个人力资源总监的烦恼

奥利顿酒店的人力资源总监慕容鸿雁是个响当当的名字，可如今，这个大家公认的杰出 HR 主管，却陷入深深的自责和无奈之中。从年初到现在，已经大半年过去了，她一直无法对一个在她和大家看来明显违纪违规、公开挑战公司管理秩序的员工进行处理。

这个令慕容头疼的员工叫陆正根，是一名在奥利顿酒店干了 19 年、与公司签订了无固定期限劳动合同的保安员。今年春节前的一个下午，保安部经理洪大兴怒气冲冲地找到慕容，要求处理陆正根，理由是担任监控室保安员的陆正根连续数日不接受他安排的去大堂临时顶岗的任务。在过去的十几年中，保安部每天都会安排监控室的人去大堂临时顶岗 10 分钟左右，没有人提出过异议，陆正根也不例外。洪大兴认为陆正根拒绝顶岗并不像他自己说的“不高兴”这么简单，怀疑他另有动机，洪大兴还提醒慕容去年年底陆正根上班时睡觉的事。慕容认为不管怎样，陆正根接连五次拒绝工作任务，应该说是比较严重的不服从管理。因此，人力资源部根据《员工手册》，作出给予陆正根书面警告，同时停职察看两天、停职期间扣发工资的处罚决定。

陆正根接到警告信后，拒绝签字。不过，接下来的两天，他也没来上班。第三天早上，他来找慕容，并交给慕容一封申诉信。在申诉信中，他反复强调自己不接受临时指派的任务主要有两个原因：第一是他的胜任力不够，英语不好，不适合做大堂保安工作，哪怕是临时的；第二，顶岗不是他职责范围内的事，在他的岗位描述中没有列明。最后，他强烈要求公司撤销对他的处分，返还他被停职期间的工资，还说如果公司不还他公道，他将让法律还他公道。

慕容不理解陆正根为什么要如此小题大做。她想起去年年底在餐厅吃饭时一位员工说的话。那位员工说，《劳动合同法》实施后，像他们这些已经签了无固定期限劳动合同的人，只要不犯大错，公司也不能把他们怎么样，不如想办法让公司单方来解聘，这样就可以拿一大笔补偿金走人。慕容不得不怀疑陆正根也有此动机。慕容约了陆正根，与他进行了长时间的沟通，向他说明公司方面作出的处分决定是正当、合理的，希望陆正根端正态度、积极工作。对此，陆正根既没点头，也没摇头。

那次谈完话一个多星期后，洪大兴再次安排陆正根去大堂顶班，陆正根的回答仍然是“不”。慕容与公司法律顾问苏黎商讨是否能以违规之名解除与陆正根的劳动合同。苏黎在电子邮件中告诉慕容，那样将使公司承担法律风险。不但如此，苏黎在邮件中还说，奥利顿酒店现行的《员工手册》未走民主程序，因而也是无效的。

这个答复令慕容很苦恼，面对太多的无奈，她不禁对《劳动合同法》产生了质疑。

慕容去见总裁约翰，向他正式汇报陆正根的事。约翰无法理解苏律师对《劳动合同法》有关规定的解释，他让慕容全权处理这件事。

慕容找到洪大兴进一步了解情况，同时，也听到了其他保安员对这件事的反馈。从他们的话中，慕容得知：公司现有 300 多名签订了无固定期限劳动合同的员工都在观望，如果公司再不处理陆正根，他们很可能也学他的样子磨洋工；如果公司与陆正根有偿解除劳动合同，那么他们也会逼着公司来解聘，赔他们钱。

**思考：**

以违章之名解除与陆正根的劳动合同，公司要承担法律风险；不解除合同，公司的管理秩序将遭到破坏；有偿解除合同，公司又将面临巨大的成本压力。慕容应该怎么办？

# 第一节　酒店劳动关系概述

## 一、酒店劳动关系的概念

酒店劳动关系是指劳动者和酒店之间在劳动过程中发生的关系。酒店所有者、经营者、普通职工及其工会组织之间在酒店的生产经营活动中形成的各种责、权、利关系主要包括：所有者与全体职工（包括经营管理人员）的关系、经营管理者与普通职工的关系、经营管理者与工人组织的关系、工会与职工的关系。

要把握酒店劳动关系，需要明确酒店劳动关系的三个基本要素：

其一，酒店劳动关系是在酒店实现劳动的过程中所发生的酒店劳动力使用者与劳动者之间的关系。酒店劳动关系涉及与酒店劳动直接相联系的酒店劳动关系的运作、酒店劳动立法、酒店劳动合同、酒店集体谈判、酒店集体合同、酒店劳动争议和酒店工会等诸多方面的内容。

其二，酒店劳动关系的一方主体是劳动者，只有同酒店劳动关系的另一方主体即酒店管理者签订劳动合同，并保证合同的履行，酒店劳动关系的运作才算开始。

其三，酒店劳动关系的主体有两个，即酒店管理者和劳动者，且只有这两个主体同时存在，酒店劳动关系才有可能成立。

## 二、劳动关系的构成要素

劳动关系由三个基本要素构成，即劳动关系的主体、劳动关系的内容和劳动关系的客体。

### （一）劳动关系的主体

劳动关系的主体是劳动关系的参与者，包括劳动者、劳动者的组织（工会、职工代表大会）和酒店。

### （二）劳动关系的内容

劳动关系的内容是指劳动主体双方依法享有的权利和需要承担的义务，也就是酒店与员工各自享有的责、权、利和义务。

### （三）劳动关系的客体

劳动关系的客体是指主体的劳动权利和劳动义务共同指向的事物，如劳动时间、劳动报酬、安全卫生、劳动纪律、福利保险和教育培训等。

《中华人民共和国劳动法》（以下简称《劳动法》）规定的劳动者的主要权利有：劳动权、民主管理权、休息权、劳动报酬权、劳动保护权、职业培训权和社会保险权等。

《劳动法》规定的劳动者的主要义务有：按质、按量完成生产任务和工作任务，学习政治、文化、科学技术和业务知识，遵守劳动纪律和规章制度，保守国家和企业机密。

《劳动法》规定的用人单位的主要权利有：依法录用、调动和辞退员工，决定企业的机构设置，任免企业的行政干部，制定劳动工资、报酬和福利方案，奖惩员工。

《劳动法》规定的用人单位的主要义务有：依法录用、分配、安排职工的工作，保障工会和职工代表大会行使其职权，按劳动质量、数量支付劳动报酬，加强对职工思想、文化和业务的教育及培训，改善劳动条件，搞好劳动保护和环境保护。

## 三、劳动关系的显著特征

劳动关系的显著特征包含以下三个方面：

### （一）劳动关系是劳动的社会形式

劳动是这种关系的基础，也是其实质和内容。劳动关系以劳动力的所有权与使用权相分离为核心；酒店以拥有生产资料的产权为条件，使其成为劳动力的使用者。

### （二）劳动关系具有人身关系属性和财产关系属性相结合的特点

由于劳动力是一种特殊商品，劳动力是人体中的一种机能，只能在人体之中，因此劳动力的存在和消费与劳动者人身片刻都不能分离，劳动者向酒店提供劳动力，实际上就是将其人身在一定限度内交给酒店，因而劳动关系从其本质意义上说是一种人身关系。

人身关系的隶属性使得劳动关系的运行具有极其复杂的特征，从而对酒店人力资源管理提出了有别于其他管理的特殊要求。

### （三）劳动关系具有平等性和隶属性的特点

劳动关系的当事人即酒店与员工之间是平等主体的劳动合同关系，二者具有平等的法律人格。但是，在劳动合同签订以后，劳动者就成为酒店的员工，酒店就成为劳动力的支配者和管理者，员工必须听从酒店的领导，并遵守酒店内部的劳动规则，这样一来使得劳动关系具有隶属性，也就是说成为一种隶属主体之间的以指挥和服从为特征的管理关系。

# 第二节 酒店劳动规章制度

## 一、酒店劳动规章制度的执行原则与基本内容

酒店劳动规章制度是酒店依据国家劳动法律、法规的规定，结合酒店的实际，进行劳动管理而制定的办法、规定的总称，是酒店的“劳动法”。

酒店劳动规章制度的制定主体为酒店，是酒店和劳动者共同的行为规范，是酒店经营权与职工民主管理权相结合的产物。优秀的酒店都有完善的劳动规章制度，健全的规章制度是酒店良性发展的必然。

### （一）酒店劳动规章制度的执行原则

在具体执行酒店劳动规章制度的过程中需要遵守一定的原则。

#### 1. 警告性原则

酒店制定规章制度的目的主要是预防和约束酒店与劳动者双方本身，在执行过程中首先就要遵循警告性原则，尽量在破坏制度之前进行预警，防止破坏事件的发生。因此，对酒店劳动规章制度的有效宣传和普及非常重要。

#### 2. 因果性原则

规章制度的执行要遵循因果性原则，即只要触犯了酒店的规章制度，就应该由果溯因，追查相关责任人，对其进行惩处，而且惩处的方式应该严格按照制度的规范要求执行。

3. 及时性原则

惩处必须在错误行为发生后立即进行，绝不能拖泥带水，不能有时间差，以便达到及时纠正错误行为的目的。

4. 公平性原则

规章制度成稿以后一定要注意审查，防止以后出现争议。在制定时可以借鉴其他酒店的规章制度，但一定要结合酒店自身的实际情况，还要注意价值观的差异。

### （二）酒店劳动规章制度的基本内容

酒店劳动规章制度是指酒店为保证服务质量和酒店运转秩序所制定的各种规则、章程、程序和办法的总称，是酒店员工共同遵守的规范和准则。科学、合理的酒店劳动规章制度是酒店现代化管理的重要方法，是国家法律法规在酒店中的具体体现，对促进酒店的依法经营和管理具有重要意义。酒店劳动规章制度的基本内容有劳动合同管理制度、劳动纪律、劳动定员定额规则、劳动岗位规范制定规则、劳动安全卫生制度等。

当前，许多酒店，特别是星级酒店，都制定了严密、科学的规章制度，如管理方案、员工手册、服务规程等，对促进酒店的经营管理起到了重要作用。但是，不少酒店在制定规章制度方面存在一些问题，如有些规章制度违背国家法律法规，有些规章制度缺乏整体性，有些规章制度过于简单、不够规范，有些规章制度之间缺乏协调性等。因此，酒店劳动规章制度的基本内容应具有合法性、实用性、规范性、协调性。

1. 合法性

酒店规章制度是国家法律法规在酒店得以贯彻落实的基础，酒店规章制度只有符合国家法律法规才是有效的。要做到酒店制定的规章制度具有合法性，首先要做到管理权限合法，酒店规章制度是酒店的管理措施，反映酒店的管理权利，这种权利必须在法律法规赋予的权限之内。如果酒店制定的规章制度超越了国家法律法规赋予的权限，其规章制度就是无效的。例如：国家法律规定，只有公安机关、检察机关等具有依法对个人进行搜查的权力，但某酒店在制定《行政督察条例》时却规定，对外出带包的员工，值班保安有权进行搜查，显然这超越了权限，违反了法律规定，该条无效。

其次，要做到管理内容合法，酒店管理涉及很多方面，国家都有相关的法律规定，如经营决策、财务管理、劳动管理、食品卫生、消防管理、环境保护等。酒店制定的规章制度必须符合国家法律法规的规定，不能出现规章制度规定的内容与法律规定相冲突的情况。例如：某酒店的《临时工管理暂行办法》规定，各部门临时用工如司炉工、洗碗工等不签订劳动合同，不缴纳社会保险费等，就不符合《劳动法》第 16 条（建立劳动关系应当订立劳动合同）和第 72 条（用人单位和劳动者必须依法参加社会保险，缴纳社会保险费）的规定。

最后，要做到管理手段合法，管理手段的合法性是使管理内容得以实现的保证。现在，不少酒店对违反规章制度的员工采用各种手段进行处罚，如某酒店的《职工奖惩条例》规定，新录用员工试用期间违反酒店有关规定的，除扣发当月奖金外，延长试用期 6 个月，这与《劳动法》第 21 条（劳动合同可以约定试用期，试用期最长不得超过 6 个月）的规定相悖。

2. 实用性

酒店制定规章制度是为了实现获得良好的经济效益和社会效益的目标，所以酒店的规章制度必须符合酒店的实际情况，能够执行且有利于酒店的发展。从内容上看，制度的实用性一方面要求酒店制定的规章制度有利于酒店参与市场竞争，有利于推动酒店发展；另一方面，要与酒店内部实际情况相符，在促进酒店加强科学管理的前提下，做到实事求是，可以执行。例如：某酒店为强化内部监督，按现代企业制度的要求制定了《酒店内部审计条例》，由于后续改革和配套规章没有跟上，导致一项好的制度无法执行，损害了制度的严肃性。

3. 规范性

酒店规章制度要做到形式规范统一，文字明确具体，表述简明扼要，体例保持统一。可采用序言、主体、附则式，也可采用总则、分则、附则式或条目式。每项规章制度都应有具体的执行部门和违规监督部门。例如：某酒店在制定《关于外勤管理的几项规定》时，只有执行部门，没有违规监督部门，虽然制定了制度，却因不规范，造成没有检查、没有落实，形同虚设。

4. 协调性

酒店的全部规章制度构成酒店的管理体系，规章制度之间应互相联系，不能互相矛盾。酒店制定的规章制度要注意与其他相关制度的相互关系，避免冲突和遗漏。同时，应注意规章制度在批准和发布程序上与其他规章制度的统一性，防止规章制度的审议、批准、发布程序发生错误和政出多门。《公司法》第 49 条规定经理负责“拟订公司的基本管理制度，制定公司的具体规章”，第 46 条规定董事会负责“制定公司的基本管理制度”。因此，酒店规章制度有些要由经理办公会讨论决定，有些要提交董事会讨论通过，讨论通过的规章制度均应由经理签发。

## 二、编制酒店劳动规章制度的步骤

酒店劳动规章制度具有严肃性、权威性、规范性和强制性的特点，一旦实施，酒店员工在工作中的行为就必须以此为准则，违反将受到惩罚。因此，酒店在制定劳动规章制度时，应严格按照以下步骤进行：

### （一）确定协调人

协调人（召集人）的主要工作是：协调过程中的每一个步骤，并如期完成；召集有关人员，拟定政策初稿；审议初稿；对内容进行编辑及加工，并依程序完成全过程，直至最终完成。协调人应是酒店中担任重要职位的成员，如负责全面工作的副总经理或分管行政工作的副总经理；应比较熟悉酒店的运作情况，并对国家、地方的法律法规、政策比较了解；在酒店业工作时间较长，对酒店文化非常熟悉；能掌握现代酒店管理制度，对人力资源工作有正确的认识；个人素质、品质修养较好，人格健全。

### （二）确定主题及政策纲目

在横向上，酒店每项规章制度之间应互相联系，不能互相矛盾；在纵向上，酒店规章制度的制定要考虑今后相关环境的发展趋势，保证规章制度在相当长时间内能够发挥作用。同时，酒店的规章制度必须符合酒店的实际情况。酒店劳动规章制度的目标是提高劳动生产率，保障酒店生存和促进酒店发展。

### （三）审议

审议的目的是保证酒店劳动规章制度的合理性、合法性、代表性、可行性。审议成员由部门主管、员工或工会代表、酒店领导（董事会）组成。审议的内容有：规章的内容和制定程序是否合法，是否具有可操作性，内容是否全面，对不可预见的事件是否有应对措施，权限范围是否明确等。

### （四）征求员工意见

员工意见可以从不同的角度、不同的看法、不同的心态、不同的级别来收集。

### （五）送审和备案

送审和备案的程序如图 10－1 所示。

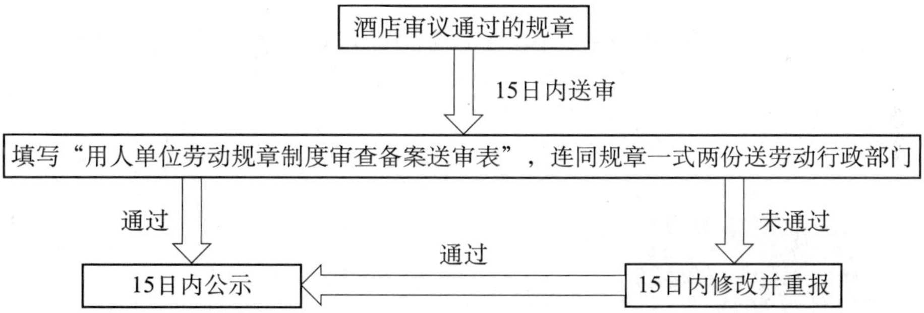


**图 10－1　送审和备案的程序**

### （六）公示和员工知情记录

这一步骤包括：通过成立规章编制小组的决定，审议制定规章的记录、员工大会（股东大会、员工代表）审议的意见、工会组织与酒店协商通过的决定，管理当局通过规章颁布的决定和印发规章手册（员工手册）。注意事项有：标明版本、时间；在进行入职培训时要将手册发放时间、员工签名情况保存在员工档案中；力求每位员工对规章的理解与酒店的意思表达一致。

**实践经典**

### ××酒店劳动规章制度（部分）

1. 基本政策

公司员工在被聘用及晋升方面享有均等的机会；填补空缺职位时，本公司将在可能情况下首先考虑已聘用的员工，然后对外招聘；工作表现是本公司晋升员工的最主要依据。

2. 入职手续

应聘者通过公司面试，并经确认合格后，可被公司聘为正式员工。新入职员工必须填写《公司员工登记表》一式二份并准备彩色一寸照片两张；公司将组织新入职员工参加新员工培训，以使员工对公司概况有初步了解。

3. 试用期

新员工被录用后，一律实行试用期，试用期时间为三个月，试用期间公司将对员工的表现及其对工作的适应程度进行考核。试用期薪资执行公司标准；试用期届满，经公司考核合格者，可转为正式员工；考核不合格者，公司予以辞退。正式员工薪资待遇按公司工资制度执行。

4. 聘用的终止

试用期后，公司或员工均可提出终止劳动合同，但应提前一个月（至少22个工作日）提交书面通知。若员工严重违反国家法律法规或违反公司的规章制度及劳动纪律，公司可不必提前通知员工与其解除双方的劳动合同。

5. 劳动合同

新员工在入职一个星期内，公司与其签订劳动合同，员工应严格执行劳动合同。

## 第三节 酒店劳动合同管理

酒店劳动合同既是酒店和劳动者建立劳动关系的基础，也是酒店和劳动者协调和处理劳动关系争议的依据。劳动合同应当遵循依法订立、规范条款、突出个性化三个要求。集体合同是酒店和全体职工就劳动报酬、工作时间、休息休假、劳动安全卫生、保险福利等事项，通过平等协商订立的协议。

《劳动法》第16条规定：“劳动合同是劳动者与用人单位之间确立劳动关系、明确双方权利和义务的协议。”根据这一协议，劳动者加入企业、个体经济组织、事业组织、国家机关、社会团体等用人单位，成为该单位的一员，承担一定的工种、岗位或职务工作，并遵守所在单位的内部劳动规则和其他规章制度；用人单位应及时安排被录用的劳动者工作，按照劳动者提供劳动的数量和质量支付劳动报酬，并且根据劳动法律、法规规定和劳动合同的约定提供必要的劳动条件，保证劳动者享有劳动保护及社会保险、福利等权利和待遇。



## 一、酒店劳动合同的种类

根据《中华人民共和国劳动合同法》第 20 条的规定，劳动合同的期限分为固定期限、无固定期限和以完成一定的工作量为期限。

（1）固定期限劳动合同是指用人单位与劳动者约定合同终止时间的劳动合同。用人单位与劳动者协商一致，可以订立固定期限劳动合同。

（2）无固定期限劳动合同是指用人单位与劳动者约定无确定终止时间的劳动合同。

（3）以完成一定工作量为期限的劳动合同是指没有固定期限，以完成一定工作任务为期限的劳动合同，即用人单位与劳动者约定以某项工作的完成为合同期限。

## 二、酒店劳动合同的内容

劳动合同的内容可分为两方面：一是必备条款，二是约定条款。

### （一）必备条款

《劳动法》第 19 条规定了劳动合同的法定形式是书面形式，其必备条款有 7 项：

#### 1. 劳动合同期限

法律规定合同期限分为三种：有固定期限，如 1 年期限、3 年期限等均属于这一种；无固定期限，合同期限没有具体时间约定，只约定终止合同的条件，无特殊情况，这种期限的合同应存续到劳动者达到退休年龄；以完成一定的工作为期限，如劳务公司外派某员工去另外一公司工作，两个公司签订了劳务合同，劳务公司与外派员工签订的劳动合同期限是以劳务合同的解除或终止而终止，这种合同期限就属于以完成一定工作为期限的种类。用人单位与劳动者在协商选择合同期限时，应根据双方的实际情况和需要来约定。

#### 2. 工作内容

在这一必备条款中，双方可以约定工作数量和质量、劳动者的工作岗位等内容。在约定工作岗位时可以约定较宽泛的岗位概念，也可以另外签一个短期的岗位协议作为劳动合同的附件，还可以约定在何种条件下可以变更岗位条款等。掌握这种订立劳动合同的技巧，可以避免工作岗位约定过死，因变更岗位条款协商不一致而发生的争议。

3. 劳动保护和劳动条件

此必备条款可以约定工作时间和休息休假的规定、各项劳动安全与卫生的措施、对女工和未成年工的劳动保护措施与制度，以及用人单位为不同岗位劳动者提供的劳动、工作的必要条件等。

4. 劳动报酬

此必备条款可以约定劳动者的标准工资、加班加点工资、奖金、津贴、补贴的数额及支付时间、支付方式等。

5. 劳动纪律

此必备条款应当约定用人单位制定的规章制度，可采取将内部规章制度印制成册，作为合同附件的形式加以简要约定。

6. 劳动合同终止的条件

此必备条款一般是在无固定期限的劳动合同中约定，因为这类合同没有终止的时限。但其他期限种类的合同也可以约定。需注意的是，双方当事人不得将法律规定的可以解除合同的条件约定为终止合同的条件，以避免出现用人单位应当在解除合同时支付经济补偿金而改为终止合同不予支付经济补偿金的情况。

7. 违反劳动合同的责任

一般约定两种违约责任形式：第一种是一方违约赔偿给对方造成经济损失，即赔偿损失的方式；二是约定违约金的计算方法，采用违约金方式应当注意根据职工一方承受能力来约定具体金额，避免出现显失公平的情形。此处的违约，不是指一般性的违约，而是指严重违约，即致使劳动合同无法继续履行的违约，如职工违约离职、单位违法解除劳动者合同等。

### （二）约定条款

按照法律规定，用人单位与劳动者订立的劳动合同除上述7项必备条款外，还可以协商约定其他内容，一般简称为协商条款或约定条款，其实称为随机条款似乎更准确，因为必备条款的内容也是需要双方当事人协商、约定的。这类约定条款的内容，是当国家法律规定不明确或者国家尚无法律规定的情况下，用人单位与劳动者根据双方的实际情况协商约定的一些随机性条款。

劳动行政部门印制的劳动合同样本，一般都将必备条款写得很具体，同时留出一定的空白由双方随机约定一些内容。例如：可以约定试用期、保守用人单位商业秘密的事项、用人单位内部的一些福利待遇、房屋分配或购置等内容。

随着劳动合同制的实施，人们的法律意识、合同观念越来越强，劳动合同中的约定条款的内容会越来越多。这是改变劳动合同千篇一律的状况、提高合同质量的一个重要体现。

## 三、酒店劳动合同的订立

### （一）订立原则

1. 合法原则

劳动合同必须依法以书面形式订立，做到主体合法、内容合法、形式合法、程序合法。只有合法的劳动合同才能产生相应的法律效力。任何一方面不合法的劳动合同，都是无效合同，不受法律承认和保护。

2. 协商一致原则

在合法的前提下，劳动合同的订立必须是劳动者与用人单位双方协商一致的结果，是双方“合意”的表现，不能是单方的意思表示。

3. 合同主体地位平等原则

在劳动合同的订立过程中，当事人双方的法律地位是平等的。劳动者与用人单位不因为各自性质的不同而处于不平等地位，任何一方不得对他方进行胁迫或强制命令，严禁用人单位对劳动者横加限制或强迫命令。只有真正做到地位平等，才能使所订立的劳动合同具有公正性。

4. 等价有偿原则

劳动合同明确了双方在劳动关系中的地位，劳动合同是一种双务有偿合同，劳动者承担和完成用人单位分配的劳动任务，用人单位付给劳动者一定的报酬，并负责劳动者的保险金额。

### （二）订立程序

由用人单位提出劳动合同的草案，劳动者如果完全同意，即视为承诺，劳动合同即告成立。如果劳动者对劳动合同草案提出修改意见或要求增加新的内容，应视为对合同草案的拒绝。双方继续经过新的合同，反复协商，直至最终达成一致的协议。

劳动合同应由用人单位的法定代表人或其书面委托代理人与劳动者签字（盖章），并注明签订日期。经双方当事人签字（盖章）的劳动合同一式两份，用人单位和劳动者各持一份。

## 四、酒店劳动合同的履行

酒店劳动合同的履行包括以下几项原则：

### （一）亲自履行

合同是当事人之间设立、变更、终止民事权利义务的协议。一般情况下必须坚持当事人亲自履行原则。

### （二）全面履行

当事人应当按照约定全面履行自己的义务。这就是通常所称的合同全面履行原则，具体包括如下内容：（1）在能够履行的前提下应当实际履行而不能以支付违约金或者赔偿金的方式代替履行；（2）必须履行合同约定的全部义务而不能只履行部分义务；（3）必须按合同约定的时间履行义务而不能随意改变；（4）必须按合同约定的地点、方式等履行义务而不能加以改变或者增加对方的成本。

### （三）实际履行

实际履行是指合同生效后，一方当事人违反合同义务时，另一方当事人有权请求法院或仲裁机关强制违约方继续履行合同义务。

### （四）诚实信用

当事人应当遵循诚实信用原则，根据合同的性质、目的和交易习惯履行通知、协助、保密等义务。用人单位变更名称、法定代表人、主要负责人或者投资人等事项，不影响劳动合同的履行。

**知识拓展**

#### 酒店合同履行中的试用期及加班规定

劳动合同试用期，俗称适应期、考查期，是劳动关系双方当事人可以在劳动合同中，依法平等自愿、协商一致约定一定期限互相了解、选择的考查期间，适用于初次就业或再次就业时改变劳动岗位或工种的劳动者。根据《劳动合同法》第19条规定：劳动合同期限三个月以上不满一年的，试用期不得超过一个月；劳动合同期限一年以上不满三年的，试用期不得超过二个月；三年以上固定期限和无固定期限的劳动合同，试用期不得超过六个月。同一用人单位与同一劳动者只能约定一次试用期。以完成一定工作任务为期限的劳动合同或者劳动合同期限不满三个月的，不得约定试用期。试用期包含在劳动合同期限内。劳动合同仅约定试用期的，试用期不成立，该期限为劳动合同期限。

酒店的三种工时制：标准工时制就是每天工作8小时、每周工作40小时的工作制度；不定时工作制是根据工作的性质和特点，对某些岗位不具体规定工作时间，以完成岗位职责任务为标准；综合计算工时工作制即分别以周、月、季、年等为周期，综合计算工作时间，但其平均日工作时间应与法定标准工作时间基本相同。

一般将法定节假日和公休日内进行工作称为加班；在标准工作日内的标准工作时间外进行工作称为加点。加班加点加班费的计算如表10-1所示。

表 10-1 加班加点加班费的计算

| 加班时间 | 加班方式 | 计算方法 | 备注 |
|---|---|---|---|
| 标准工作日 8 小时以外的上班时间 | 加点 | 工作小时数×时薪×150% | 通常指周一至周五每天 8 小时以外的工作时间 |
| 公休日上班 8 小时 | 加班 | 时薪×200% | 通常指周六、周日上班 8 小时 |
| 公休日 8 小时以外的上班时间 | 加点 | 工作小时数×时薪×200% | 通常指周六、周日 8 小时以外的上班时间 |
| 法定节假日上班 8 小时 | 加班 | 时薪×300% | 指元旦、春节、五一、十一等上班 8 小时 |
| 法定节假日 8 小时以外的上班时间 | 加点 | 工作小时数×时薪×300% | 法定节假日 8 小时以外的上班时间 |

## 五、酒店劳动合同的变更

合同的变更是指在合同成立以后，尚未履行或未完全履行以前，当事人就合同的内容达成的修改和补充。《劳动合同法》第 35 条规定，用人单位与劳动者协商一致，可以变更劳动合同约定的内容。变更劳动合同，应当采用书面形式。其特征如下：

（1）合同的变更必须经当事人协商一致，是在原来合同的基础上达成变更协议；

（2）合同内容的变更是指合同内容的局部变化，不是合同内容的全部变更；

（3）合同变更后，原合同的变更的部分依变更后的内容履行，原合同没有变更的部分依然有效，即合同的变更并没有消灭原合同关系，只是对原合同的内容进行了部分修改。

## 六、酒店劳动合同的解除

合同解除包括双方解除和单方解除。双方解除是当事人双方为了消灭原有的合同而订立的新合同，即解除合同。单方解除是指当事人一方通过行使法定解除权或者约定解除权而使合同的效力消灭。

### （一）劳动者与用人单位双方协商一致解除劳动合同

《劳动法》第 24 条规定，经劳动合同当事人协商一致，劳动合同可以解除。

### （二）劳动者单方面解除劳动合同

根据《劳动合同法实施条例》第 18 条的规定，具有下列情形之一的，劳动者可以与用人单位解除劳动合同：

（1）劳动者与用人单位协商一致的；

（2）劳动者提前 30 日以书面形式通知用人单位的；

（3）劳动者在试用期内提前3日通知用人单位的；

（4）用人单位未按照劳动合同约定提供劳动保护或者劳动条件的；

（5）用人单位未及时足额支付劳动报酬的；

（6）用人单位未依法为劳动者缴纳社会保险费的；

（7）用人单位的规章制度违反法律、法规的规定，损害劳动者权益的；

（8）用人单位以欺诈、胁迫的手段或者乘人之危，使劳动者在违背真实意思的情况下订立或者变更劳动合同的；

（9）用人单位在劳动合同中免除自己的法定责任、排除劳动者权利的；

（10）用人单位违反法律、行政法规强制性规定的；

（11）用人单位以暴力、威胁或者非法限制人身自由的手段强迫劳动者劳动的；

（12）用人单位违章指挥、强令冒险作业危及劳动者人身安全的；

（13）法律、行政法规规定劳动者可以解除劳动合同的其他情形。

劳动者提前三十日以书面形式通知用人单位，可以解除劳动合同。劳动者在试用期内提前三日通知用人单位，可以解除劳动合同。

### （三）用人单位单方面解除劳动合同的情形

1. 过失性解除

根据《劳动合同法》第39条规定，劳动者有下列情形之一的，用人单位可以解除劳动合同：

（1）在试用期间被证明不符合录用条件的；

（2）严重违反用人单位的规章制度的；

（3）严重失职，营私舞弊，给用人单位造成重大损害的；

（4）劳动者同时与其他用人单位建立劳动关系，对完成本单位的工作任务造成严重影响，或者经用人单位提出，拒不改正的；

（5）劳动者以欺诈、胁迫的手段或者乘人之危，使用人单位在违背真实意思的情况下订立或者变更劳动合同的；

（6）被依法追究刑事责任的。

以上六种情况是由于劳动者自身原因造成的，其主观上有严重过失，因而用人单位有权随时解除合同。过失性解除不受提前通知的限制，不受用人单位不得解除劳动合同的法律限制，且不给予经济补偿。

2. 非过失性解除

根据《劳动合同法》第40条规定，有下列情形之一的，用人单位提前三十日以书面形式通知劳动者本人或者额外支付劳动者一个月工资后，可以解除劳动合同：

（1）劳动者患病或者非因工负伤，在规定的医疗期满后不能从事原工作，也不能从事由用人单位另行安排的工作的；

(2) 劳动者不能胜任工作，经过培训或者调整工作岗位，仍不能胜任工作的；

(3) 劳动合同订立时所依据的客观情况发生重大变化，致使劳动合同无法履行，经用人单位与劳动者协商，未能就变更劳动合同内容达成协议的。

3. 经济性裁员

根据《劳动合同法》第41条规定，有下列情形之一，需要裁减人员二十人以上或者裁减不足二十人但占企业职工总数百分之十以上的，用人单位提前三十日向工会或者全体职工说明情况，听取工会或者职工的意见后，裁减人员方案经向劳动行政部门报告，可以裁减人员：

(1) 依照企业破产法规定进行重整的；

(2) 生产经营发生严重困难的；

(3) 企业转产、重大技术革新或者经营方式调整，经变更劳动合同后，仍需裁减人员的；

(4) 其他因劳动合同订立时所依据的客观经济情况发生重大变化，致使劳动合同无法履行的。

裁减人员时，应当优先留用下列人员：

(1) 与本单位订立较长期限的固定期限劳动合同的；

(2) 与本单位订立无固定期限劳动合同的；

(3) 家庭无其他就业人员，有需要扶养的老人或者未成年人的。用人单位依照本条第一款规定裁减人员，在六个月内重新招用人员的，应当通知被裁减的人员，并在同等条件下优先招用被裁减的人员。

### (四) 用人单位不得解除劳动合同

为了充分保障劳动者的合法权益，根据《劳动合同法》第42条的规定，劳动者有下列情形之一的，用人单位不得依照本法第40条、第41条的规定解除劳动合同：

(1) 从事接触职业病危害作业的劳动者未进行离岗前职业健康检查，或者疑似职业病病人在诊断或者医学观察期间的；

(2) 在本单位患职业病或者因工负伤并被确认丧失或者部分丧失劳动能力的；

(3) 患病或者非因工负伤，在规定的医疗期内的；

(4) 女职工在孕期、产期、哺乳期的；

(5) 在本单位连续工作满十五年，且距法定退休年龄不足五年的；

(6) 法律、行政法规规定的其他情形。

**实践经典**

#### ××酒店劳动合同解除的四个重要说明

说明1：劳动者提出解除合同，不承担补偿的条件有：在试用期内，劳动者可以提出解除劳动合同，并且无须说明理由或者承担赔偿；酒店未按照劳动合同的约定支付劳动报酬或者提供劳动条件；酒店以暴力、威胁、非法限制人身自由的手段强迫劳动。相反，酒店提出解除合同，不承担补偿的条件有：试用期被证明不符合录用条件的；严重违反劳动纪律和单位规章制度的；严重失职、营私舞弊，对酒店利益造成重大损失的；被追究刑事责任的。

说明2：劳动者以辞职的形式解除劳动合同必须提前30天通知酒店。劳动者如果违反劳动合同的约定解除劳动合同，对酒店造成损失的，应赔偿酒店的下列损失：酒店招收录用所支付的费用、酒店支付的培训费用、对生产经营和工作造成的直接经济损失、劳动合同约定的其他赔偿费用。如未提前30天，应支付等同天数的代通知金。此外，第三方招用未与原酒店解除劳动合同的劳动者对原酒店造成损失的，除该劳动者承担直接赔偿责任外，该酒店承担连带赔偿责任。

说明3：酒店不能解除劳动者劳动合同的条件有：患职业病或者因工负伤并被确认丧失或部分丧失劳动能力的；患病或者负伤，在规定的医疗期内的；女职工在孕期、产期、哺乳期内的；法律、法规规定的其他情形。其中，医疗期是指劳动者患病或非因工负伤停止工作治疗休息不得解除劳动合同的期限。医疗期的长度根据劳动者的实际工作年限和在本单位的工作年限确定。医疗期应从病休第一天开始，累计计算，病休期间的公休假日和法定节日包括在内。医疗期期限的具体规定如表10－2所示。

**表10－2　医疗期期限的具体规定**

| 工作年限10年以下 | | 工作年限10年以上 | |
|---|---|---|---|
| 单位工龄 | 医疗期（月） | 单位工龄 | 医疗期（月） |
| 1～4年 | 3 | 1～4年 | 6 |
| 5～10年 | 6 | 5～10年 | 6＋3 |
| / | / | 11～15年 | 6＋3＋3 |
| / | / | 16～20年 | 6＋3＋3＋6 |
| / | / | 21～30年 | 6＋3＋3＋6＋6 |
| / | / | 30年以上 | 6＋3＋3＋6＋6＋12 |

说明4：由于酒店原因解除劳动者劳动合同的，其补偿金的核算标准为：按劳动者在酒店的工作年限，每满一年发给相当于一个月的经济补偿金；不满一年的按一年计算；一般经济补偿金不超过12个月的工资。经济补偿金按“就高不就低原则”，即劳动者解除合同前12个月的月平均工资为计算经济补偿金的基数，如果该平均工资低于酒店平均工资，按酒店平均工资执行。

经济补偿金有以下3种情况是不以12个月工资封顶的。

a. 酒店因情势变更致使劳动合同无法履行而解除劳动合同的，其向劳动者发放经济补偿金时不应以12个月的工资为限。

b. 酒店生产经营状况发生严重困难而裁减人员的，其向被裁减人员发放经济补偿金时不应以12个月的工资为限。

c. 劳动者非因工负伤导致酒店解除劳动合同的，酒店发放经济补偿金时不应以12个月的工资为限。

## 七、酒店劳动合同的终止

《劳动法》第23条规定，劳动合同期满或者当事人约定的劳动合同终止条件出现，劳动合同即行终止。劳动合同的终止是指劳动合同期满或当事人双方约定的劳动合同终止条件出现，劳动合同即行终止。终止条件包括：

（1）劳动合同期满的；

（2）劳动者开始依法享受基本养老保险待遇的；

（3）劳动者死亡，或者被人民法院宣告死亡或者宣告失踪的；

（4）用人单位被依法宣告破产的；

（5）用人单位被吊销营业执照、责令关闭、撤销或者用人单位决定提前解散的；

（6）法律、行政法规规定的其他情形。

# 第四节 酒店劳动争议及处理

## 一、酒店劳动争议概述

### （一）酒店劳动争议的概念

酒店劳动争议，又称酒店劳动纠纷，或称酒店劳资争议和酒店劳资纠纷，是指酒店劳动关系的双方主体及其代表之间在实现劳动权利和履行劳动义务等方面产生的争议或纠纷。酒店劳动关系就其本质而言是酒店劳动关系双方主体之间的一种经济利益关系。因此，酒店劳动争议就其本质上来说，主要是双方主体围绕经济利益产生的权利和义务的矛盾和争议。

### （二）酒店劳动争议的内容

酒店劳动争议的内容基本上有以下几个方面：

（1）涉及集体合同的执行、撤销和重新谈判等问题而发生的争议。

（2）涉及劳动合同的执行、解除、变更和终止等问题而发生的争议。

（3）涉及员工的录用、辞退、辞职和工作变动等问题而发生的争议。

（4）涉及工资、津贴和奖金等问题而发生的争议。

（5）有关就业培训和职业训练等方面问题而发生的争议。

（6）有关劳动保险、劳动福利以及女员工、未成年劳工特殊保护等方面问题而发生的争议。

（7）有关社会宏观因素和酒店外部环境如通货膨胀、失业、社会保障、外国投资、政治因素和税率等问题而发生的争议。

（8）有关工会的成立、运作、管理和代表权等问题而发生的争议。

（9）有关工作安全和劳动卫生等问题而发生的争议。

（10）有关工作时间和休息、休假等问题而发生的争议。

### （三）酒店劳动争议的特点

酒店劳动争议是发生在酒店内部的酒店劳动者与酒店管理者之间的利益矛盾、利益争端或纠纷。它与一般的民事纠纷或民事争议相比，具有以下几方面明显的特点：

1. 有特定的争议内容

只有围绕经济利益而发生的酒店劳动权利和劳动义务的争议，才是酒店劳动争议；凡是在酒店劳动权利和劳动义务范围之外的争议，都不属于酒店劳动争议。如酒店因财务问题、营销问题以及员工的股份分红问题而发生的争议就不属于酒店劳动争议。

2. 有特定的争议当事人

酒店劳动争议的当事人就是也只能是酒店劳动关系的双方主体，即一方是酒店管理者及其代表，另一方是酒店劳动者及其代表。只有劳动者及其代表与酒店管理者及其代表之间通过集体合同或劳动合同建立了劳动关系，他们才有可能成为酒店劳动争议的双方当事人。只有发生在酒店劳动关系双方主体之间的争议，才是酒店劳动争议。

3. 有特定的争议手段

争议手段是指争议双方当事人坚持自己主张和要求的外在表达方式。酒店劳动争议的手段不仅包括劳动者的怠工、集体罢工等方式，也包括酒店劳动关系双方主体经常使用的抱怨、旷工、工作周转、限制产量、工作意外事故以及工具破坏活动等方法。这些便构成了酒店劳动争议特定的手段。

## 二、引发劳动争议的原因

劳动争议的发生，说明劳动关系在运行过程中碰到了障碍，是劳动关系中存在的不稳定因素的显性化、复杂化，是劳动关系这一矛盾诸方面运动的结果。酒店劳动争议的产生有多种多样的原因，如酒店内部劳动规章制度不合理、不健全或不依合理程序制定；酒店管理层法制观念淡薄，人力资源管理人员缺少在劳动争议管理方面的专业训练或由于酒店经营困难导致了劳动争议的产生等。

根据引起劳动争议的原因不同，可以将劳动争议划分为以下几种：

### （一）因用人单位开除、除名、辞退员工和员工辞职、自动离职而产生的劳动纠纷

开除是用人单位对严重违反劳动纪律，屡教不改，不适合在单位继续工作的劳动者，依法令其脱离本单位的一种最严厉的行政处分。除名是用人单位对无正当理由经常旷工，经批评教育无效，连续旷工超过 15 天，或者 1 年以内累计旷工超过 30 天的劳动者，依法解除其与本单位劳动关系的一种行政处分。辞退是用人单位对严重违反劳动纪律、规章、规程或严重扰乱社会秩序但又不符合开除、除名条件的劳动者，经教育或行政处分仍然无效后，依法与其解除劳动关系的一种行政处分。辞职是劳动者辞去原职务，离开原用人单位一种行为。自动离职是劳动者自行离开原工作岗位，并自行脱离原工作单位的一种行为。上述情况均导致劳动关系终止，也是产生劳动纠纷的重要因素。

### （二）因执行国家的工资、保险、福利、培训、劳动保护等规定而产生的劳动纠纷

工资是劳动者付出劳动后应得的劳动报酬。保险主要是指工伤、生育、失业、养老、疾病等社会保险。福利是指用人单位用于补助职工及其家属和举办集体福利事业的费用。培训是指职工在职期间的职业技术培训。劳动保护是指为保障劳动者在劳动过程中获得适宜的劳动条件而采取的各种保护措施。由于上述规定较为繁杂，又涉及劳动者切身利益，不仅容易发生纠纷，而且容易导致矛盾激化。

### （三）因劳动合同而产生的劳动纠纷

劳动合同是用人单位与劳动者为确立劳动权利义务关系而达成的意思表示一致的协议。劳动合同纠纷在劳动合同的订立、履行、变更和解除过程中都可能发生。

### （四）法律法规规定的其他劳动纠纷

根据劳动纠纷当事人是否为多数和争议内容是否具有共性来划分，劳动纠纷还可以分为集体劳动纠纷和个人劳动纠纷等。

## 三、处理劳动争议的一般方法

处理劳动争议的一般方法有以下几种：

### （一）双方自行协商解决

协商是指劳动者与用人单位就争议的问题直接进行协商，寻找纠纷解决的具体方案。与其他纠纷不同的是，劳动争议的当事人一方为单位，一方为员工，因双方已经发生一定的劳动关系而使彼此之间相互有所了解。双方发生纠纷后最好先协商，通过自愿达成协议来消除隔阂。实践中，酒店员工与单位经过协商达成一致而解决纠纷的情况非常多，效果很好。但是，协商程序不是处理劳动争议的必经程序。双方可以协商，也可以不协商，完全出于自愿，任何人都不能强迫。

### （二）申请调解

调解程序是指劳动纠纷的一方当事人就已经发生的劳动纠纷向劳动争议调解委员会申请调解的程序。《劳动法》第 80 条规定：在用人单位内，可以设立劳动争议调解委员会负责调解本单位的劳动争议。调解委员会委员由单位代表、职工代表和工会代表组成。这些委员不仅具有法律知识，有较高的政策水平和实际工作能力，而且了解本单位具体情况，有利于解决纠纷。除因签订、履行集体劳动合同发生的争议外，均可由本企业劳动争议调解委员会调解。但是，与协商程序一样，调解程序也是当事人自愿选择，且调解协议也不具有强制执行力，如果一方反悔，同样可以向仲裁机构申请仲裁。

### （三）仲裁

仲裁是劳动纠纷的一方当事人将纠纷提交劳动争议仲裁委员会进行处理的程序。该程序既具有劳动争议调解灵活、快捷的特点，又具有强制执行的效力，是解决劳动纠纷的重要手段。劳动争议仲裁委员会是国家授权、依法独立处理劳动争议案件的专门机构。申请劳动仲裁是解决劳动争议的选择程序之一，也是提起诉讼的前置程序，即如果想提起诉讼，必须经过仲裁程序，不能直接向人民法院起诉。

劳动争议仲裁应该注意的几个问题是：仲裁申诉时间为劳动争议发生的 60 日内，仲裁时效为 60 日；申诉是否受理须在 7 日内答复，15 内提交答辩书和证据；仲裁调解书送达，当事人不反悔的，即发生法律效力；仲裁裁决书自双方收到之日起的 15 日内不向法院起诉的，即发生法律效力。

根据我国法律的规定，劳动争议的申诉时效为 60 日，即提出仲裁要求的一方应在争议发生之日起的 60 日内向劳动争议仲裁机构提出申请，超过 60 日，仲裁委员会可以不予受理。因不可抗力或其他正当理由超过这一时效，仲裁委员会应当受理。劳动争议的仲裁时效为 60 日，即仲裁裁决应在收到仲裁申请的 60 日内作出；案情复杂需要延期的，经仲裁委员会批准可以适当延期，但延期不得超过 30 日。

### （四）诉讼程序

《劳动法》第 83 条规定：“劳动争议当事人对仲裁裁决不服的，可以自收到仲裁裁决书之日起 15 日内向人民法院提起诉讼。一方当事人在法定期限内不起诉又不履行仲裁裁决的，另一方当事人可以申请人民法院强制执行。”诉讼程序是由不服劳动争议仲裁委员会裁决的一方当事人向人民法院提起诉讼后启动的。诉讼程序具有较强的法律性、程序性，作出的判决也具有强制执行力。

## 复习思考

1. 简述劳动关系的构成要素。
2. 简述编制酒店劳动规章制度的主要步骤。

3. 哪些情况下劳动者可以单方面提出解除合同？

4. 试述劳动争议处理的一般方法。



## 应用分析

### 病假期间外出旅游单位是否可以解除劳动合同？

王某于2018年10月1日进入浙江某五星级酒店前厅部工作。2019年6月，王某经医院确诊怀孕，同年8月20日至浙江省人民医院就诊。病历单记载系王某提出要求休息，且无任何检查及治疗记录，医嘱建议休息一周，病假证明单显示具体休息时间为2019年8月20日至8月27日。2019年8月21日至8月26日期间，王某搭乘飞机往来杭州、丽江，并在朋友圈发了丽江风景照。经查明，王某于2019年7月初就将往返机票订好。2019年8月28日，王某病假期满后回到酒店上班时收到了单位向她发出的解除劳动合同通知书。酒店称王某在病假期间，乘坐飞机前往丽江旅游，与病假情形不符，王某借病假赴外地旅游，恶意欺骗酒店，在2019年8月20日至8月27日期间扣除双休日后的五天被视为旷工，属于严重违纪。酒店《员工手册》中规定："员工月累计旷工超过2日（含）或1年旷工累计6日（含），单位可以解除合同。"王某认为在病假期间去丽江不是旅游，而是家中无人照顾，随丈夫一同出差，在此期间，基本在酒店休息，并未外出旅游。2019年9月6日，王某向当地劳动人事争议仲裁委员会申请仲裁，认为酒店认定旷工并解除合同没有依据。

**分析：**你认为酒店解除王某的劳动合同是否合理？为什么？

## 实践训练

**实践一　酒店劳动争议典型案例**

实践目的：通过实际调查发现如今酒店企业在员工关系管理中常见的问题，有针对性地了解和掌握《中华人民共和国劳动法》《中华人民共和国劳动合同法》等相关法律法规，对引发酒店劳动争议的原因及典型案例、如何处理相关劳动纠纷等有一定的了解。

实践要求：要求每组同学至少调查一家酒店，收集并整理2个以上典型案例，学会运用所学内容分析问题，并逐步学会用相关法律法规处理劳动争议。

实践指导：

（1）全班同学以4～6人为小组，自行分组，选定组长，明确分工。

（2）收集劳动关系处理的相关案例，要求从酒店试用期的不合理性、劳动合同解除、经济补偿纠纷等方面进行案例收集。

（3）调查本地酒店，与人力资源部相关专员进行沟通，询问劳动关系处理的典型案例。

（4）至少收集2个案例，对案例进行整理，写清案例过程、处理结果、案例启示。

**实践二　模拟签订酒店劳动合同**

实践目的：结合酒店劳动合同管理学习，掌握酒店劳动合同订立的程序及劳动合同的必备条款，熟悉酒店劳动合同订立的相关法律法规。

实践要求：应熟知《中华人民共和国劳动合同法》中关于劳动合同订立的相关内容，并能在实际工作中灵活运用，指导老师提供一份酒店劳动合同范本，学生根据合同中非格式条款内容进行相应咨询，从而对劳动合同中的重点内容能较好掌握。

实践指导：

（1）根据指导老师提供的酒店劳动合同范本，一位学生模拟酒店HR，一位学生模拟新员工。

（2）HR把劳动合同交给员工，员工看完合同内容后对劳动期限、试用期、劳动地点、劳动报酬、社会保险、公积金等内容进行询问。

（3）HR对询问内容进行正确解释，并就劳动期限、试用期、社会保险等内容进行延申知识介绍。

（4）指导老师根据学生的表现给予评定。

**延伸阅读**

劳动争议
仲裁书

# 参考文献

[1] 陈建．职业生涯规划理论与实践［M］．北京：航空工业出版社，2014.

[2] 褚倍．酒店人力资源管理——理论实践与工具［M］．武汉：华中科技大学出版社，2017.

[3] 董克用，李超平．人力资源管理概论［M］．北京：中国人民大学出版社，2011.

[4] 方向红．陆勤．酒店人力资源管理实务［M］．北京：中国旅游出版社，2013.

[5] 房丽华．职业生涯规划的发展与指导［M］．合肥：中国科学技术大学出版社，2015.

[6] 富兰克·M. 戈等．酒店业人力资源管理［M］．孙红英，等译．大连：大连理工大学出版社，2002.

[7] 胡占友．餐饮酒店规范化管理操作全案［M］．北京：机械工业出版社，2014.

[8] 加里·德斯勒．人力资源管理［M］．刘昕，译．14 版．北京：中国人民大学出版社，2017.

[9] 凯茜·艾弗森．饭店业人力资源管理［M］．张文，等译．北京：旅游教育出版社，2002.

[10] 劳伦斯·S. 克雷曼．人力资源管理：获取竞争优势的工具［M］．吴培冠，译．4 版．北京：机械工业出版社，2011.

[11] 雷蒙德·A. 诺伊．人力资源管理：赢得竞争优势［M］．刘昕，译．7 版．北京：中国人民大学出版社，2013.

[12] 雷蒙德·A. 诺伊．员工培训与开发［M］．徐芳，译．3 版．北京：中国人民大学出版社，2007.

[13] 廖钦任．酒店人力资源管理实务［M］．广州：广东经济出版社，2008.

[14] 林雪莹，王永丽．人力资源管理［M］．北京：中国传媒大学出版社，2016.

[15] 刘昕．薪酬管理［M］．5 版．北京：中国人民大学出版社，2017.

[16] 刘新苗，张国庆．人力资源管理操作实务与范例大全［M］．北京：中国铁道出版社，2016.

[17] 罗伯特·马希斯，约翰·杰克逊．人力资源管理［M］．15 版．北京：电子工业出版社，2018.

[18] 罗毅．现代人力资源管理实战宝典［M］．北京：电子工业出版社，2018.

［19］吕建中．现代旅游饭店管理［M］．北京：中国旅游出版社，2004.

［20］玛丽•L. 谭克．饭店业人力资源管理［M］．徐虹，译．2 版．大连：东北财经大学出版社，2004.

［21］乔治•T. 米尔科维奇，杰里•M. 纽曼，巴里•格哈特．薪酬管理［M］．成得礼，译．11 版．北京：中国人民大学出版社，2014.

［22］秦迎林．人力资源案例集［M］．北京：清华大学出版社，2014.

［23］罗伯特•伍兹．饭店业人力资源管理［M］．张凌云，等译．3 版．北京：中国旅游出版社，2003.

［24］汤姆•雷德曼，阿德里安•威尔金森．当代人力资源管理［M］．聂婷，译．大连：东北财经大学出版社，2018.

［25］唐•约翰逊．旅游业人力资源管理［M］．朱虹，译．北京：电子工业出版社，2004.

［26］唐鑛．人力资源与劳动关系管理［M］．大连：东北财经大学出版社，2014.

［27］童丽，丁雯，吴嘉维．劳动关系管理项目化教程［M］．大连：东北财经大学出版社，2014.

［28］魏卫．旅游业人力资源开发与管理［M］．北京：高等教育出版社，2004.

［29］吴中祥，王春林，周彬．饭店人力资源管理［M］．上海：复旦大学出版社，2001.

［30］王文燕，石宝生，张俊枝．星级酒店人力资源管理大全：星级酒店人力资源管理［M］．广州：广东经济出版社，2018.

［31］薛永刚，孙勇兴．酒店员工培训教程［M］．北京：化学工业出版社，2012.

［32］谢凌玲．人力资源管理实践及其影响因素［M］．北京：知识产权出版社，2009.

［33］徐世勇，陈伟娜．人力资源的招聘与甄选［M］．北京：清华大学出版社，2008.

［34］徐文苑，贺湘辉．饭店人力资源管理［M］．2 版．北京：清华大学出版社，北京交通大学出版社，2010.

［35］闫飞龙．人力资源管理［M］．北京：中国人民大学出版社，2018.

［36］于海波．董振华．职业生涯规划实务［M］．北京：机械工业出版社，2018.

［37］游富相．酒店人力资源管理［M］．2 版．杭州：浙江大学出版社，2009.

［38］张健东，钱堃，谷力群．人力资源管理理论与实务［M］．北京：中国纺织出版社，2018.

［39］张明辉．人力资源总监教你做薪酬：操作实务与设计技巧［M］．北京：中国铁道出版社，2018.

［40］赵曙明，赵宜萱．绩效考核与管理［M］．2 版．北京：人民邮电出版社，2019.

［41］赵曙明，赵宜萱．人力资源管理：理论、方法、实务［M］．北京：人民邮电出版社，2019.

［42］赵西萍．旅游企业人力资源管理［M］．北京：高等教育出版社，2010.

［43］周亚庆，黄浏英．酒店人力资源管理［M］．2 版．北京：清华大学出版社，2019.

**图书在版编目（CIP）数据**

酒店人力资源管理实务/魏洁文，姜国华主编．--2版．--北京：中国人民大学出版社，2021.4

21世纪高职高专规划教材．酒店管理系列

ISBN 978-7-300-29190-1

Ⅰ．①酒… Ⅱ．①魏… ②姜… Ⅲ．①饭店—人力资源管理—高等职业教育—教材 Ⅳ．①F719.2

中国版本图书馆CIP数据核字（2021）第055118号

21世纪高职高专规划教材·酒店管理系列

**酒店人力资源管理实务（第2版）**

主　编　魏洁文　姜国华

Jiudian Renli Ziyuan Guanli Shiwu

| | | | |
|---|---|---|---|
| **出版发行** | 中国人民大学出版社 | | |
| **社　　址** | 北京中关村大街31号 | **邮政编码** | 100080 |
| **电　　话** | 010－62511242（总编室） | | 010－62511770（质管部） |
| | 010－82501766（邮购部） | | 010－62514148（门市部） |
| | 010－62515195（发行公司） | | 010－62515275（盗版举报） |
| **网　　址** | http://www.crup.com.cn | | |
| **经　　销** | 新华书店 | | |
| **印　　刷** | 唐山玺诚印务有限公司 | **版　　次** | 2015年9月第1版 |
| **开　　本** | 787 mm×1092 mm　1/16 | | 2021年4月第2版 |
| **印　　张** | 17.25 插页1 | **印　　次** | 2025年8月第10次印刷 |
| **字　　数** | 348 000 | **定　　价** | 39.80元 |